スッキリわかる!

今日から使える心理学

渋谷先生の一度は受けたい授業

著者
目白大学教授
渋谷昌三

ナツメ社

はじめに

心理学は「こころ」の問題をあつかっています。「こころ」とは何でしょうか。どうすれば分かるのでしょうか。

この疑問に即答することはできませんが、心理学は心の問題を科学的な考え方と研究方法によって探究しようとしています。心理学の知見《ちけん》があると、絡み合った糸がスルスルッと解けるように、つかみ所のない人の心が楽に紐《ひも》解けます。本書では、心の解明に役立つ科学的な考え方や研究方法を、授業形式で具体的に分かりやすく説明しています。

1時限では、はじめて心理学を学ぶ人のために、身近なところにある心理学の話を紹介しています。2時限目は、心理学の科学的な研究方法、人の心を理解するためにどんな実験が行われているのかを説明しています。それから10時限まで、性格、

深層心理、心の病、人間関係、集団の心理など、日常生活の中で必要な心理学の知識と活用法をたくさん紹介しています。最後の講義まで読み進めると、心理学についての全般的な知見が身につきます。

また、各授業の合間にある「休み時間」のコラムでは、すぐに役立つトピックスや心理テストを紹介していますので、他の人に話すと「ちょっとした物知り」と尊敬されるかもしれません。マンガのページでは、毎日の生活のあちこちに心理学がついて回っていることが手にとるように分かります。

本書は、本当は難しい心理学をわかりやすく、おもしろく解説し、すぐに役立てられるような工夫をしています。本書が、実生活での難問を解決する糸口になったり、周りの人にアドバイスするときの参考書になったり、人前で話すときのネタ本になったりすることができれば幸いです。

渋谷昌三

この本の使い方

一緒に楽しく
勉強しよう！
心

この本では、人気大学教授「渋谷昌三」先生の授業を受けている気分で、心理学を学べるようになっています。

特徴

POINT 1 大学の授業形式でわかりやすい！

先生の一言コメントから始まり、わかりやすい言葉で説明！　ポイントになる部分は太字やマーカーでチェック。まるでノートをとっているみたい！？

ことがあるとユングは考
つの働きにも注目
性格と心の機能で、ユングは人を８つのタイプに分類したよ

POINT 2 図解が豊富だからひと目でわかる！

心理学を初めて学ぶ人でもわかりやすいように、イラストや図を多用してやさしく解説しています。図解を見ればひと目で理解できます！

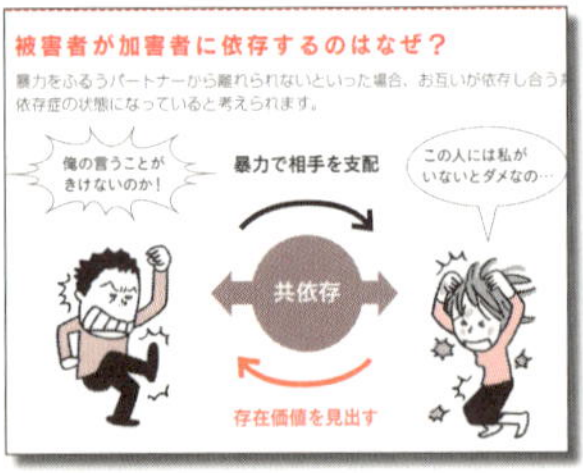
被害者が加害者に依存するのはなぜ？
暴力をふるうパートナーから離れられないといった場合、お互いが依存し合う
依存症の状態になっていると考えられます。
俺の言うことがきけないのか！
暴力で相手を支配
この人には私がいないとダメなの…
共依存
存在価値を見出す

POINT 3 便利＆楽しいコンテンツが充実！

マンガページや休み時間のコラムでは、日常生活で使えるとっておきの心理テクニックや、おもしろい心理テストを紹介！話のネタにも使えます。

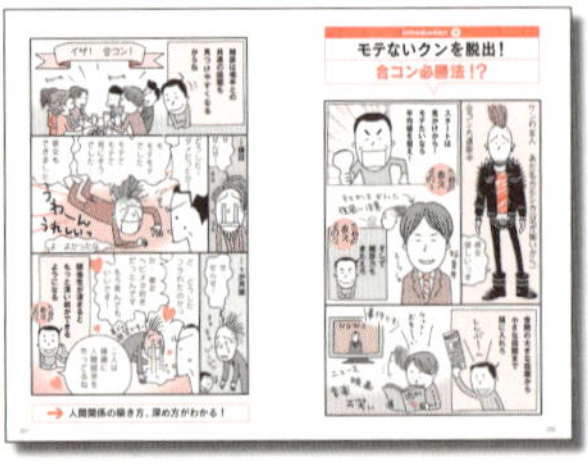
イザ！合コン！
人間関係の築き方、深め方がわかる！
モテないクンを脱出！
合コン必勝法!?

メインページの見方

授業時間は
ここで確認できます

人物名や用語は
太字で示しています

ポイントになる部分は
マーカーで
チェックしています

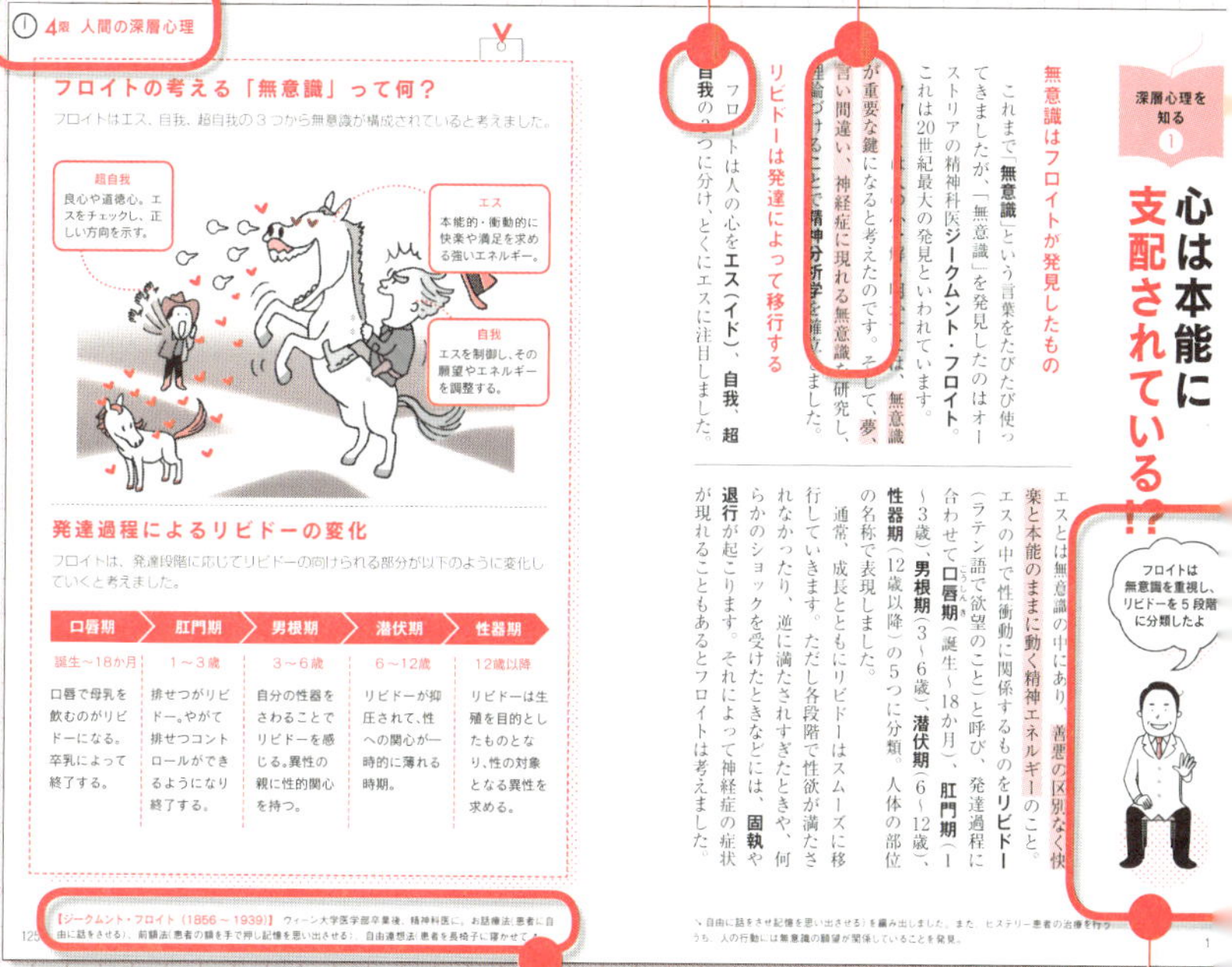

4限 人間の深層心理
フロイトの考える「無意識」って何？
フロイトはエス、自我、超自我の３つから無意識が構成されていると考えました。
超自我 良心や道徳心。エスをチェックし、正しい方向を示す。
エス 本能的・衝動的に快楽や満足を求める強いエネルギー。
自我 エスを制御し、その願望やエネルギーを調整する。
発達過程によるリビドーの変化
フロイトは、発達段階に応じてリビドーの向けられる部分が以下のように変化していくと考えました。
口唇期 誕生～18か月 口唇で母乳を飲むのがリビドーになる。卒乳によって終了する。
肛門期 1～3歳 排せつがリビドー。やがて排せつコントロールができるようになり終了する。
男根期 3～6歳 自分の性器をさわることでリビドーを感じる。異性の親に性的関心を持つ。
潜伏期 6～12歳 リビドーが抑圧されて、性への関心が一時的に薄れる時期。
性器期 12歳以降 リビドーは生殖を目的としたものとなり、性の対象となる異性を求める。

[ジークムント・フロイト（1856〜1939）] ウィーン大学医学部卒業後、精神科医に。お話療法で患者に自由に話しかけたり、催眠法で患者の語るままで彼の記憶を聞いたり、自由連想法で患者を長椅子に寝かせて…

深層心理を知る 1
心は本能に支配されている!?
無意識はフロイトが発見したもの
これまで「無意識」という言葉をたびたび使ってきましたが、「無意識」を発見したのはオーストリアの精神科医ジークムント・フロイト。これは20世紀最大の発見といわれています。

無意識が重要な鍵となると考えたのです。そして「愛」「言い間違い」「神経症に現れる無意識」について、とくにエスに注目しました。

リビドーは発達によって移行する

フロイトは人の心をエス(イド)、

エスとは無意識の中にあり、善悪の区別なく快楽と本能のままに動く精神エネルギーのこと。エスの中で性衝動に関係するものをリビドー（ラテン語で欲望のこと）と呼び、発達過程に合わせて口唇期（誕生～18か月）、肛門期（1～3歳）、男根期（3～6歳）、潜伏期（6～12歳）、性器期（12歳以降）の5つに分類。人体の部位の名称で表現しました。
通常、成長とともにリビドーはスムーズに移行していきます。ただし各段階で性欲が満たされなかったり、逆に満たされすぎたときや、何らかのショックを受けたときなどには、固執や退行が起こります。それによって神経症の症状が現れることもあるとフロイトは考えました。
フロイトは無意識を重視し、リビドーを５段階に分類したよ

心理学用語や
豆知識を
紹介しています

最初に先生が授業の
概要をコメント！

さっそく授業を始めるよ!

もくじ

2限 実験を通して知る心理学 43〜76

3限 性格・自分がわかる心理学 77〜120

5限 心理学が支えるさまざまな分野 153〜174

6限 知っておきたい心の病 175〜200

10限 集団の心理学 275～306

登場人物紹介

渋谷先生
心理学者

ユミ
28歳のOL

ケン
ユミの恋人

サトル
ユミの友人

ナミ
ユミの友人

レナ
ユミの後輩

BASIC ELEMENT IN PSYCHOLOGY

1限 はじめての心理学

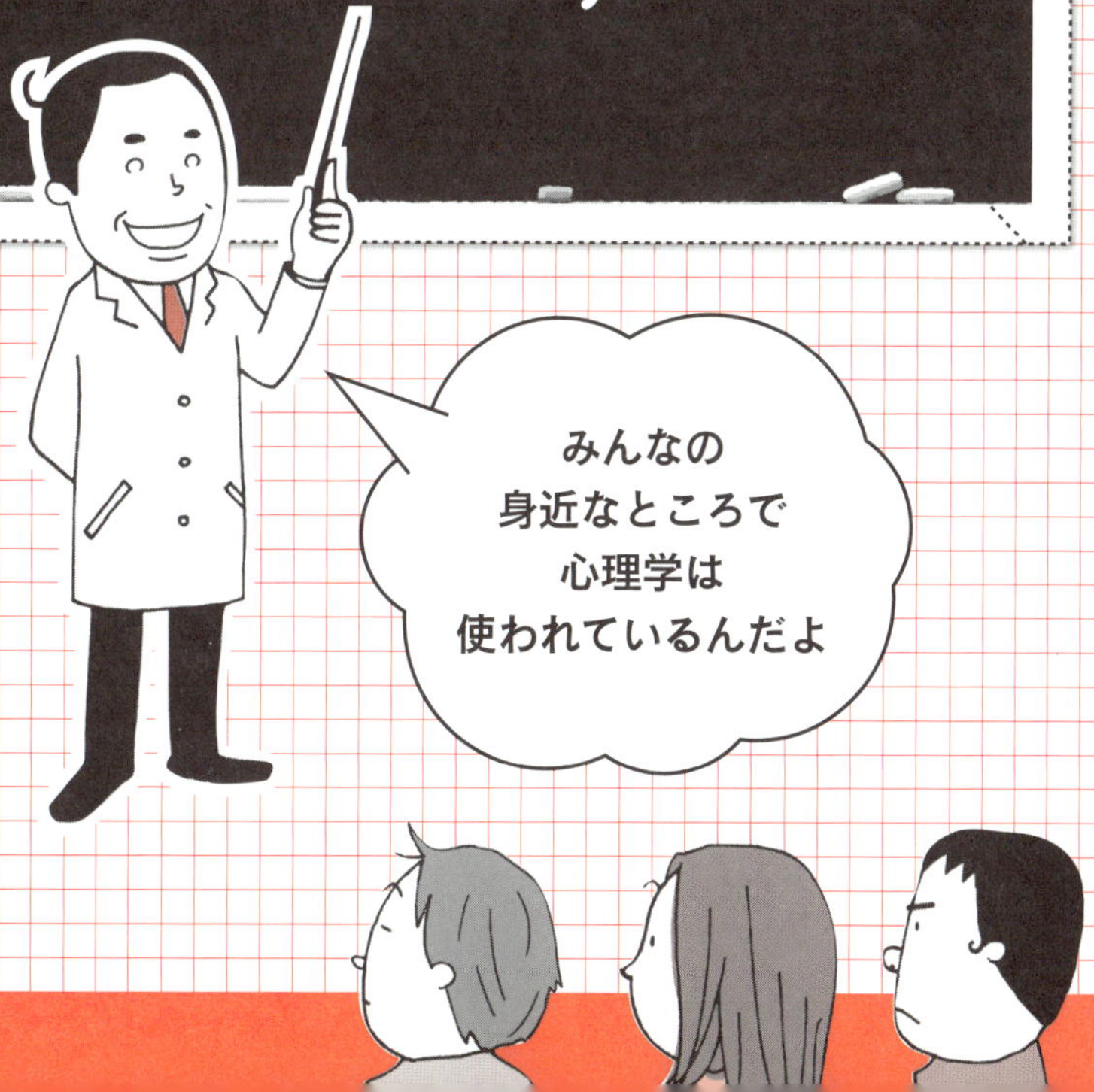
みんなの
身近なところで
心理学は
使われているんだよ

introduction ❶

心理学って なんだかスゴイぞ!?

※愛他心…自分より他者の利益を第一に考えようとする思いやりの気持ち。

→ **心理学を知るといつもの毎日がおもしろくなる！**

心理学ってなに？ 1

心理学を学ぶと毎日が楽しくなる

「心の謎」を解き明かすのが心理学

心理学はどんな学問だと思いますか？

「心理」とは、心の働き、あるいは意識の状態や変化のこと。つまり、人のしぐさや発言などから、人の心の動きを科学的に読み解くのが心理学なんです。こういう話をすると、「心理学って専門家が研究するものでしょ？　素人の私には関係ないわ」と考える人がいるかもしれませんね。でも、それは大間違い！　心理学は私たちの日々の生活に密着しているんです。

心理学は生活を豊かにする潤滑油

「気になるあの人の本音が知りたい！」「なぜ彼女は誰からも好かれるの？」「なんであんなことを言ってしまったんだろう」などなど、誰もが多少なりとも対人関係での疑問や悩みを持っているはず。心理学によって他人や自分の考え・行動の意味を理解できれば、こうした悩みの多くは解決できるのです。

また、ストレス社会の現代は**メンタルヘルス**の重要性が注目されていますが、心のトラブルのケアも心理学が活躍する分野です。さらに、色彩が心に与える影響を分析する**色彩心理学**や、**マーケティング心理学**など、私たちを取り巻くすべての事象に心理学は関わっています。

心理学を学び、活用することで、あなたの生活は今よりもきっと豊かで楽しくなるはずですよ。

【メンタルヘルス】　精神の健康のこと。国や企業が働く人々のメンタルヘルスの向上に取り組んでおり、心理学を学んだカウンセラーが悩みを抱える人の援助を行っています。

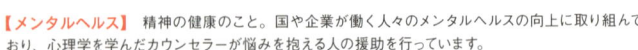

好きな色で性格がわかる!?

あなたは何色が好きですか？　心理学者ルッシャーは、色の好みで性格的傾向を以下のように分析しました。

赤
情熱的、積極的で、行動派。攻撃的な面もある。

ピンク
思いやりがあり、愛情深い。傷つきやすい面も。

オレンジ
明るく陽気な人気者。嫉妬深い面もある。

黄色
社交的、好奇心旺盛。野心家で執念深い面も。

青
物静かで落ち着いている。知的、クール。

緑
我慢強く、誠実。用心深いところもある。

紫
繊細で感受性が強い。ロマンチスト。

茶色
協調性があり、責任感が強い。堅実。

黒
頑固でプライドが高い。飽きっぽいところも。

白
真面目で正義感が強い。潔癖主義の傾向も。

【色彩心理学】色彩が心にもたらす影響を分析し、利用するための法則を見つけるための心理学。色の効果は医療、教育、ファッションなどさまざまな分野で活用されています。

「人間とはなにか？」を解き明かす

理系的アプローチで心を分析

大学の心理学科は文学部に属することが多いので、心理学は文系領域の学問だと思っている人が多いでしょう。でも、前のページで説明したように、心理学は心の動きを科学的に研究する学問ですから、じつは**理系的なアプローチが必要になる**んです。

といっても、科学的に心理学の研究が行われるようになったのは19世紀になってから。18世紀以前、心理学は哲学者によって論じられていたので、いわゆる文系分野の学問だったのです。

では、心理学を科学として成立させるためには、どんなことが必要だと思いますか？　正解は、**一定の条件のもとで行えば研究結果をつねに再現でき、誰が実験を行っても同じ結果が得られる客観的な成果と、誰もが納得できる矛盾のない論理**です。

しかし、「心」は目に見えないものなので、客観的に観測したり測定したりすることができませんね。そこで、心理学では心の動きが形となって現れる「行動」を研究の対象としたわけです。そして、観察・評定・測定のできるさまざまなデータを集め、それをもとに仮説を立てたり、理論を組み立てたりして、心の謎を解き明かそうとしているのです。

つまり心理学は、文系と理系の両方の要素を併せ持った学問なんですね。

観察、測定、分析という、理系的なアプローチをするよ

【基礎心理学】　心理学における一般法則を研究する学問。実験が研究のメインとなり、その結果を統計的に処理して心理を解き明かします。社会心理学、発達心理学、認知心理学など。

行動の意味を実験や観察などを通して解明

人が何らかの行動をするときには、必ず心の動き（＝心理）が働いています。「あのとき、どうしてあんなことをしてしまったのだろう」と、人は自分でも説明ができないような行動をとってしまうことがありますよね。これは自分では意識していない心（無意識）の働きが行動になって現れたのです。

このような無意識下の心の動きを**実験**や**観察**、**面談**、**病理学**などさまざまな観点から実証を重ね、心理の働き方や関連の仕方などを解明するのが心理学です。

要するに、心理学の目的は「人間とはなんなのか？」を科学的に研究すること。人間に関するあらゆる分野が心理学の研究対象になりますから、心理学の扱う領域はとても広いのです。そして、研究者が研究するテーマは多岐にわたっているんですよ。

COLUMN 心理学は自然科学と切っても切れない仲!?

18世紀になると天文学、数学、物理学、生理学、生物学、医学といった自然科学が一気に花開き、発展していきます。そうした自然科学の影響を受け、心理学は科学の一分野としてとらえられるようになりました。

たとえば、ダーウィンの進化論によって人間と動物の進化の過程が同じだと決定づけられたことで、動物心理学や比較心理学が発達したり、医学や大脳生理学の進歩によって、心理学分野に属する精神疾患や催眠術の研究が盛んになったりしました。以降、自然科学と心理学はお互いに影響を与え合いながら発展を続けていくことになります。

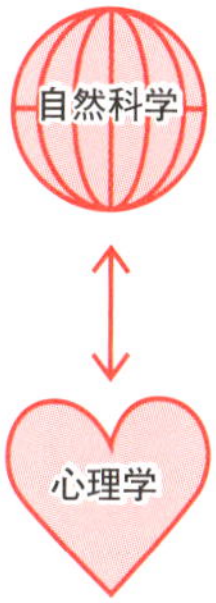

【応用心理学】 基礎心理学の研究によって得られた法則や知識を、実際の問題に役立てるのが目的となります。臨床心理学、教育心理学、犯罪心理学など。

心理学ってなに？ 3

心を客観的にとらえる方法は「観察」

心理学の研究は観察してデータを収集することから始まるよ

心はとらえどころがないもの

「心が温かくなった」「心に傷を負う」など、私たちはよく「心」という言葉を使いますね。では、ここでちょっと考えてみてください。「心」ってなんでしょう？　改めて考えると、「心」はとてもとらえどころのないものだとわかりますね。「心」とはなんなのか、正確なところは誰もわかっていません。だから、心理学という学問が成立するのです。

有効なデータを集めることから始まる

心理学の用語では、心のしくみを「心的過程」、心の働きを「心的機能」と呼びます。この2つは目に見えず、推測することしかできないので、少しでも正確に推測するには、客観的で有効なデータをできる限りたくさん集める必要があります。データの収集方法が心理学の研究ではとても重要になるのです。では、データはどうやって集めればいいでしょうか？

方法は実にシンプル。「**観察**」するのです。**行動観察法**、**面接法**、**事例研究法**、**意識（質問紙）調査法**、**検査法**といった方法が、心理学における観察にはよく用いられます。

そして、これらの方法で収集したデータを、統計的に処理→解析→妥当な推論を行うという結果を経て、多くの人が納得できる結論を導き出すのが心理学のプロセスとなります。

【自然的観察】日常生活における行動や意識の変化を、できるだけあるがままに、経過に沿って観察し、記録していく方法。

心理学の研究プログラム

心理学では、表に現れるしぐさや行動などを観察することで、目に見えない「心」を分析していきます。

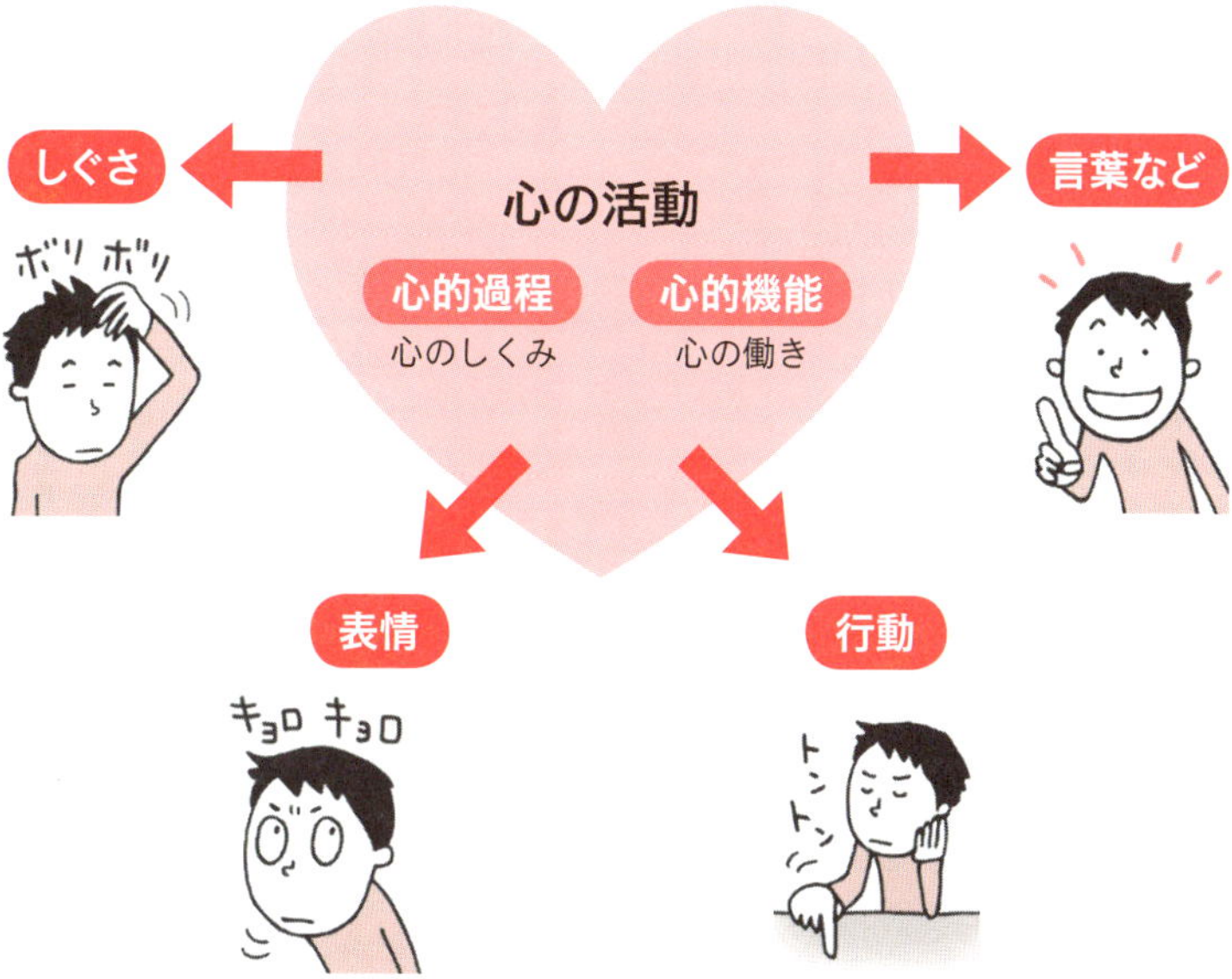
心の活動
心的過程
心のしくみ
心的機能
心の働き
しぐさ
ボリ ボリ
言葉など
表情
キョロ キョロ
行動
トントン

観察（データ収集）

観察・測定によって、客観的で有効なデータ（資料・事実）をできるだけ集める。

・行動観察法・面接法
・事例研究法・意識調査法など

解析

仮説を立てたり、理論をつくったりする。

結論を導き出す

【組織的観察】 あらかじめ研究目的に沿って行動や意識を分類し、その分類に沿った、ある種の行動や意識に重点を絞って観察・記録を行う方法。

心理学はすべてお見通し❶

相手の気持ちや、本当の自分の姿を知ることができるんだよ
心

相手の気持ちがわかり、関係が良好に

心理学によって人の何がわかるのか、とても気になるところですね。心理学を学ぶことの大きなメリットは、自分のことも他人のことも理解できるようになることです。

誰もが多かれ少なかれ、人間関係で悩むことがあるでしょう。こじれた関係を修復するには、相手のことを知る必要がありますが、他人の気持ちはそう簡単にはわかりませんね。ところが心理学を知っていれば、発言や行動、しぐさなどから相手の気持ちを推し量ることができます。

また、私たち人間は一人ひとり全く違う個性を持っていますよね。心理学によって相手の個性を理解し、それを尊重することで、良好な人間関係を築けるようにもなるのです。

相手との関係がもつれてしまったときも、解きほぐす糸口や、新しい関係のつくり方を提案することができます。家族問題なら**家族心理学**、恋愛の問題なら**恋愛心理学**、仕事の問題なら**産業・組織心理学**や**職業心理学**といったように、対人関係の心理学は細分化されているので、的確なヒントを得ることができるのです。

本当の自分を知り、生きる道が見つかる

「自分らしく生きたい」というのは万人の願いですが、人は思っているほど自分のことを理解していないものです。心は**意識**と**無意識**で構

【対人魅力】 他人に対して感じる好意や嫌悪感のこと。近親性、身体的魅力、類似性、相補性（足りないところを補い合う）、好意の返報性（→ P.61）が対人魅力を決定する要因となります。

成されており、私たちが自分の気持ちだと思っているのは意識のほう。無意識は、自分ではうかがい知ることができないものです。

私たちはさまざまな常識や価値観の中で生きていますから、知らず知らずのうちに「本当の自分」「裸の自分」は、心の奥底に隠してしまうもの。その結果、自分で自分のことがわからなくなってしまいます。

ところが心理学は、心の奥に潜む本当の自分（深層心理）まで引き出すことができます。本当の自分を知ることは、進むべき道を見つける手掛かりとなるのです。

心理学を知れば他人や自分自身への理解が深まる

心理学を活用することで、人間関係のトラブルが解決できたり、自分の本当の気持ちに気付くことも。

他人のことが理解できる

こいつは苦手だ
なんでいつも冷たくされるんだろう
けっこういいやつかも
この人とはこういう風に付き合えばいいんだ

自分のことが理解できる

教育
常識
世間体
これが本当の自分だったんだ

【QOL】「quality of life（クオリティ・オブ・ライフ）」の略。物質的な豊かさに精神的な豊かさを含めた生活全般の質のこと。人は皆、QOLの高い生活を求めています。

心理学ってなに？ 5

心理学はすべてお見通し②

心の働きに沿えば勉強の効率が高まる

心理学によって心のメカニズムを知ることで、仕事や勉強の効率を高めることができると言ったら、信じられない人もいるかもしれませんね。では、心理学と勉強がどう結びつくのかを考えてみましょう。

じつは「学習」という行為は、心理学の大きなテーマのひとつ。19世紀にドイツの心理学者**エビングハウス**が記憶に関する研究を始めて以来、現在までずっと研究が続けられています。

教えられたことを受け取る力、勉強したことを記憶する力、学んだことを応用する発想力など、仕事や勉強を効率よく片づけるために必要な力は、どれも心の働きが必要です。

つまり、心の働きを無視したり、心の働きに逆らうようなやり方で仕事や勉強をしても、ちっともはかどらず、時間を浪費するだけで終わってしまうということです。

心理学が逆境を乗り越える方法も提案

人生は山あり谷あり。とくに現代は何かと不安定な時代ですから、いつ、どこで、どのような困難にぶつかるか誰にも予想できませんね。そんなときにも心理学は役立つのです。

心理学を学び、自分の心の動きを冷静に判断する力や、予想外の出来事を受け止める心構えなどを身につけておくと、精神力が強くなりま

効率よく勉強を進めたり、困難に打ち勝つ心も身につくんだよ

【レディネス（学習準備性）】 何かを学び身につけるには、一定の身体・精神機能が発達していることが必要で、学習できる状態になっていることを表す用語。

す。すると、心が不安定になったり、何かで悩んだりしたときも、そこから脱却するための対策を講じることができるようになります。心理学は世間の荒波を乗り切る盾としても役立つというわけです。

また、欲求が充実していないと、心の健康も保たれないと心理学では考えます。イライラや不安の原因となる欲求不満や悩みで心がいっぱいになる前に、欲求を充足する方法を私たちは無意識のうちに実行しているのですが、**ストルツのLEAD《リード》法**のように、逆境を乗り越えるための解決法を提唱した心理学もあります。

逆境を乗り越えよう！ストルツのLEAD法

アメリカの組織的コミュニケーションの専門家であるポール・G・ストルツは、困難を乗り越えるための４つのステップを考えました。

① LISTEN（聞く）

相手の意見をよく聞くとともに、自分の内面にも問いかけ、何が問題となっているのか考える。

② EXPLORE（掘り下げる）

①で表面化した問題を解決する方法を冷静に考え、浮かんだアイディアを文字にして残す。

③ ANALYZE（分析する）

①の問題と②の解決方法を分析し、最も効果的な解決方法を選び出す。

④ DO（行動する）

③で選んだ方法を実行する。

【対人能力】 他人との関係を円滑に築けるかどうか。対人能力が高い人は困難に直面したときに他人からのサポートをうまく受けることができるので、試練を乗り越えやすくなります。

心理学ってなに？ 6

日常のあらゆる場面で役立つ心理学

生活の中に心理学は浸透している

ここまでは、人間関係が円滑になったり、仕事・勉強の効率がよくなるなど、心理学が個人に与える影響について説明してきました。じつは、心理学が私たちの生活に与える影響は、果てしなく広がっており、**ありとあらゆる場面で心理学の研究成果の影響が現れている**のです。

たとえば、選挙運動を行う政治家のスピーチ、世間で流行する言葉、新しく開発された商品など、皆さんが身近で見たり聞いたり触ったりしているものは、多かれ少なかれ心理学の研究成果が生かされ、少しでも多くの人に受け入れてもらえるように工夫されているのです。

心理学が現代生活を支えている⁉

前述のようなお話をすると「私たちの心はいつの間にか先読みされて、心理学にあやつられている……？」と、不安になるかもしれませんね。たしかに、私たちの生活のそこかしこに心理学が生かされ、心理学の影響を受けながら生活しているのですから、そういう意味では、「あやつられている」といえるかもしれません。

しかし、**利便性や暮らしやすさなどの追求**にも心理学は大いに役立っています。また、**人間関係の修復や家族支援**、さらにはストレス過多による**心の病へのケア**など、心理学が現代生活に与えるメリットは非常に大きいのです。

暮らしやすい社会や心のケアなど、生活の向上に役立つよ

【アニマルセラピー】 専門的な知識を持つ人が治療を目的に行う「動物介在療法」と、ボランティアが動物を連れて福祉施設を訪れる「動物介在活動」の両方を指します。

私たちは心理学の影響を受けながら生活している!?

普段の生活のいたるところに、心理学の研究成果は生かされています。

現代社会で増えている心の病

社会の変化にともなって、現代人ならではの心の病も増えてきています。

【ストレッサー】 ストレスを引き起こす要因のこと。物理的ストレッサー、化学的ストレッサー、生物的ストレッサー、社会・心理的ストレッサーの4つがあります。

心理学ってなに？ 7

時代の変化にも対応している

時代によって変わる心の在り方に対応

この本をここまで読み、心理学の基礎に関する知識を身につけた皆さんなら、「心理学とはどのような学問ですか？」と聞かれたら、「人の心の働きを探り、人とは何かを科学的に研究する学問」だと答えることができますね。そして、人間に関わるすべての事象が心理学の研究対象となり、人間がいるところには必ず心理学がある、ということも理解できていると思います。人の心の在り方は、社会情勢や時代によって変わっていきますよね。それにともなって研究分野も広がっていき、どんどん専門化、細分化が進んでいくのが心理学という学問の大きな特徴といえるでしょう。

細分化を続ける応用心理学

心理学は大きく分けると、**基礎心理学**と**応用心理学**に分類されます。基礎心理学は心の働きのメカニズムを研究し、心理学のベースとなる法則や規則性を見つけだすことを目的としています。そして、基礎心理学で得られた法則や知識をもとに、個人が抱える心の問題の解決など、心理学を実践で生かすことを目的としているのが応用心理学です。

社会問題の複雑化や人間の行動の多様化に対応するべく、とくに応用心理学の専門化・細分化が進んでいます。

【森田療法】 精神科医の森田正馬（もりたまさたけ）が考案した、精神衰弱患者への独自の治療法で、大正期に流行。禅の精神と関わっているといわれています。

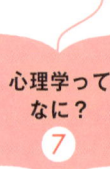

心理学の研究対象は広がり続けている

応用心理学は細分化し、そのフィールドは広がり続けています。現代ならではのユニークな研究も増えています。

キャラクター心理学

いわゆる「キャラ」、人間が自主的につくる傾向や価値観を分析。

防災心理学

被災時の群集心理や、その後のトラウマのケアなどを研究。

ポジティブ心理学

ポジティブな考え方や感じ方を分析して、具体化する心理学。

ロボット心理学

人工知能を中心とする、ロボットの心理的な側面について研究。

「悟り」も「ブログ」も研究テーマ

心理学は欧米文化をベースに、心を科学的にとらえることで発展してきた学問です。しかし研究が進むにつれて、人の心は科学的なアプローチだけでは解明できないこともわかってきました。すると多くの研究者が、悟りや神秘体験などいわゆる「東洋の神秘」に注目するように。科学では解明できない不思議な心の動きが、心理学の新しいテーマとなっているのです。

一方、インターネットの普及により、コミュニケーションの取り方がこれまでとはがらりと変わりつつあります。そのため「IT心理学」「ブログ心理学」などの新しい心理学も登場しています。

【ニュー・カウンセリング】 心理学者の伊東博（いとうひろし）が確立したカウンセリング方法。西洋的なカウンセリングに禅やヨガなどの東洋思想を取り入れているのが特徴です。

心理学ってなに？ 8

心理学を知れば一生を豊かに過ごせる

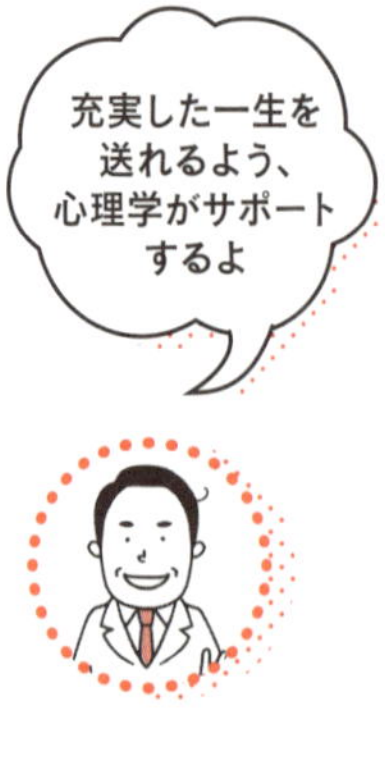
充実した一生を送れるよう、心理学がサポートするよ

中年期は思い悩むことがいっぱい

心理学がどのような学問で、どのようにして人の「心」を研究しているのかは、これまでの説明で理解できましたね。そして、その研究成果が社会全体に影響を及ぼしていることもイメージできたかと思います。ここではさらに、心理学が私たちの人生にとってどのように役立つかをお話ししましょう。

心理学では、人間が生まれてから死ぬまでの一生の間、どのように心が変化していくかについても研究しています。とくに最近注目されているのが、**中年期**以降の生活についてです。

中年期は体力や気力の衰えを自覚し始める時期。「もう若くない」という意識が芽生え、老化と死への不安が頭をよぎるようになります。また、老後の生活への不安も相当に大きくなりますし、親の介護や更年期障害といった、やっかいな問題も浮上するようになります。さらに、「自分の人生はこれでよかったのだろうか……」と思い悩むことも多くなるでしょう。このように、中年期の心の中は悩み事や不安でいっぱいなわけです。

こうしたさまざまな要因により、**中年期うつ**など精神的な危機状態に陥りやすくなります。そのためこの時期は、「中年の危機」と呼ばれているんです。

しかし、中年世代が抱える問題を、「新たな

【中年期うつ】 食欲不振、胃腸障害、頭痛、肩こり、動悸、めまいなど体の症状が先に現れるのが特徴。精神症状では睡眠障害、イライラ、物忘れ、気分が晴れないなどの症状が見られます。

COLUMN 中年期以降の人生に注目したユング

ユングは、自分が意識している自我と、無意識下の自己を認め、ひとつにすることで、中年期以降の人生が豊かで幸せなものになると考えました。そしてこの過程を、固定化（または自己成長）と呼びました。また、ユングは日の光と影の方向が正午の前後では逆になることを人生になぞらえ、40歳ごろを「人生の正午」とし、それ以降の中年期を「人生の午後」と呼びました。ユングが活躍した20世紀前半に比べ、現代は平均寿命が延びているので、現在の「人生の正午」は45～55歳ごろと考えられます。

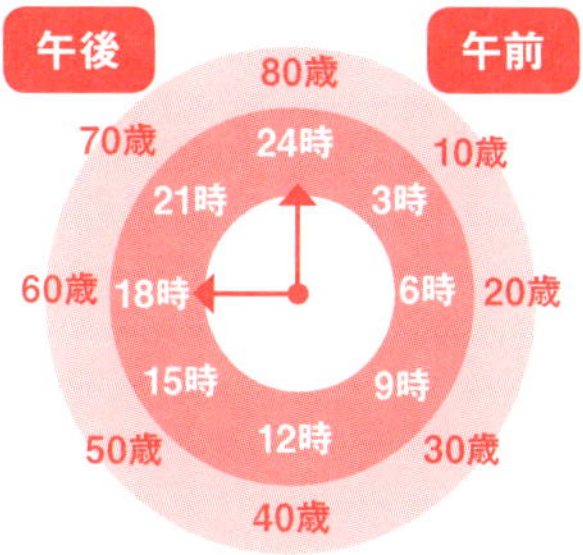

人生を歩き始めるためのいい機会だ」と考えられるようになれば、新しい自分を築き、自己実現を図ることができると思いませんか？　心理学はそのことに気づかせるきっかけになるとともに、問題の解決策を見つける役割も担っています。

中年期以降の人生を心理学がサポート

つまり、心理学によって心の問題を知ることで、中年期以降の人生を問い直し、生活を豊かなものにすることができるのです。

ちなみに、65歳以降は「**老年期**」となります。平均寿命が延びたことで、昔に比べて現代人の老年期は大幅に延びています。これからの高齢化時代を幸せに生きていくため、「老い」を研究する**老年心理学**や、**福祉心理学**も注目されています。

心理学は私たちの人生をサポートしてくれる、頼もしい味方といえるかもしれませんね。

【セルフケア】　自分の健康を自分で維持すること。体だけでなく心の健康も含まれ、心理学は少子高齢化時代を幸せに生きるセルフケアの方法としても重要な役割を果たしています。

心理学と仕事 1

心理学によって「買わされて」いる!?

心理面から人の購買意欲を分析

ビジネスシーンでの心理学の活用でとくに注目したいのは、マーケティングと心理学との関係です。従来、人の消費行動は経済学者や経営学者が分析してきましたが、心理学者が人間は必ずしも合理的には行動しないことを提唱し、経済学に影響を与えるようになりました。

これが発展し、現在では**産業心理学**や**経済心理学**という経済分野の心理学が確立。心理面からの経済行動の分析が進んでいます。

消費者を心理学でコントロール!?

経済心理学では、数ある選択肢（商品）の中から何を選ぶか、消費者一人ひとりの思考や感情などを分析し、研究しています。消費者が「これを買おう！」と決定する要因は何なのかを分析し、その結果に沿って消費者にアプローチすれば、特定の経済効果を出すように誘導することも可能になるのです。

皆さんは何か商品を購入するとき、自分の好みで選び、買っているつもりですよね。ところが実際は、経済心理学によって、かなり消費行動がコントロールされているんです！　消費者である皆さんは、心理学によって購買意欲を先読みされ、「自分で選んだつもりが、じつはその商品を選ばされていた」ケースもあるということです。

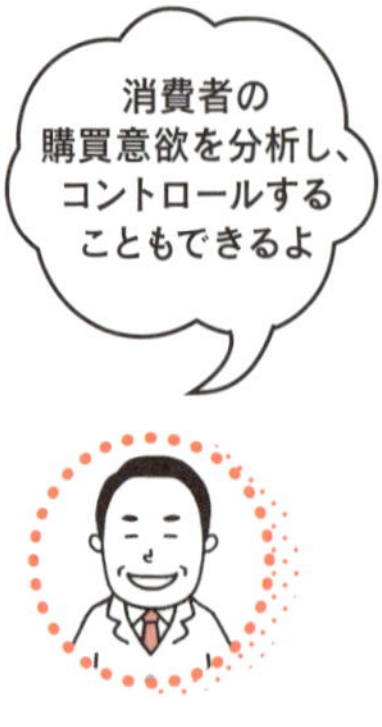
消費者の
購買意欲を分析し、
コントロールする
こともできるよ

【SD法】「よい」「悪い」など対になる形容詞を両端に取り、「非常によい」「ややよい」「どちらでもない」「やや悪い」「非常に悪い」などに分けて評価してもらう、心理学的測定法。

心理学は商品開発にも生かされている

企画から発売までの全ての過程で、心理学の知識が生かされています。

企画

アイディアを形にする際に心理学の考え方を応用し、人の心に響くようにアプローチ。

開発

人が気持ちよく感じるデザインや機能などを、心理学を活用して追求し、企画した内容をよりよい形にしていきます。

検証

消費者の代表となるモニターの感想や意見を、心理学的に検証して開発に反映します。

発売

消費者が商品に魅力を感じるよう、心理学を活用して宣伝・広告を行います。

消費者の心理を利用し、購買意欲を促進

消費者の心理を巧みに利用し、購買意欲を促進するしかけも数多くあります。

6段階の値段をつけたビールできき酒実験を行ったところ、高い値段がついているものを高品質なビールと感じる人が多いという結果が出た。

あえて高い値段をつけて高級感を演出したり、「最後の1個」などと限定感をあおる、商品価格の末尾を8円にしてお得感を出すなども購入を促すしかけ。

【選好逆転】 商品の情報次第で消費者の行動は変わることを表す、経済心理学の用語。定価の設定や値下げ幅を決めるときなどに活用されています。

心理学と仕事 2

暮らしやすさも生み出している

人と環境の関係を研究するのが、環境心理学という分野だよ

環境心理学は人の暮らしやすさを研究

心理学は人の暮らしやすさにも役立っています。人と環境がお互いに与える作用について研究しているのが**環境心理学**です。

たとえば、新しい商業ビルが華々しくオープンしたけれど、当初予想したほどお客さんが来てくれない……ということがありますよね。これは、環境心理学に基づく環境づくりがなされず、周囲の環境や近隣住民の行動パターン、嗜好を考慮に入れず設計・建築されたことが大きな敗因となっているのです。

ところで環境心理学では、環境が人に与える影響と、人が環境に与える影響の両方を研究しています。環境問題が重要視される昨今、とくに人が環境に与える影響の研究が注目されるようになってきました。都市計画は、この観点を抜きにして進めることはできなくなっています。

安全性、生産性、疲労を考慮した環境整備、快適性や利便性を追求した街づくりなど、現代社会で快適に過ごすための環境づくりには、心理学は欠かせないのです。

ポイ捨ても心理学で予防できる！

もっと身近なところにも、環境心理学の理論は活用されています。たとえば、「角地で電信柱があり人通りが少ない場所」は、ポイ捨てをすることにあまり後ろめたさを持たない心理が

【クラウディング】 人口が密集することでもたらされる不快感のこと。ビル設計や鉄道車両などの商品開発の現場では、クラウディングを減らすことを重視しています。

働くことがわかっています。ですから、該当する場所にゴミ箱を設置すれば、ポイ捨てを防止でき、街の美化に役立つわけですね。

信号が赤から青に変わる時間を点の数で表示している信号機も、環境心理学に基づいたもの。人は先の見通しが立つと冷静に待つことができるので、目に見えない時間の経過を点滅という形で表示し、イライラを予防しているのです。

ところで、部屋を使いづらく感じると、部屋の模様替えをしたくなりませんか？　自分の部屋を住みやすい環境に整えようとするのも、環境心理学の一種と考えていいでしょう。

高齢化社会の交通心理学

交通心理学では、高齢者のための、安全教育システムの開発や、環境改善施策などを研究しています。

ストレス社会の音楽心理学

音楽心理学の研究により、ストレスを和らげ、暮らしやすい環境をつくる環境音楽も生まれました。

【アフォーダンスの心理学】　心が周囲の環境からどのような影響を受けるかを研究する心理学で、環境心理学の出発点。「アフォーダンス」は心理学者ギブソンの造語。

心理学と仕事 3

職場や人間関係などのストレスから心を守る

現代社会に心理的サポートは不可欠

ストレス社会といわれる現代は、社会に対する不安や職場での精神的な疲労、人間関係や集団生活への不適応などが大きな問題になっていますね。そのため、さまざまな場面や場所で心理的なサポートが必要になっています。

人と人（＝心と心）が接する場所では、必ず何らかの葛藤や問題が生じるといってよく、それらのトラブルを解決するために欠かせない存在が**心理カウンセラー**です。

カウンセラーの仕事は細分化している

「心の専門家」といわれる**臨床心理士**は、臨床心理学の知識や技術を身につけており、病院などで心理療法や心理テストを実施。精神科医などとともに治療に当たっています。

一般企業に勤める人のメンタルヘルスをサポートするのは**産業カウンセラー**です。働く人たちが抱える問題を、心理学的アプローチによって自ら解決できるように援助しています。

そのほかには**教育カウンセラー**、**スクールカウンセラー**、**精神保健福祉士**、**音楽療法士**、**家族相談士**、**行動療法士**、**キャリアカウンセラー**など、多くの仕事があります。

心の問題を抱える人の増加にともない、心理学を生かした仕事はどんどん広がり、専門化しているんですよ。

カウンセラーが求められる場所は多く、専門化しているよ

【臨床心理士】カウンセリングなどの心理療法によって、相談者の心のトラブルの回復を目指します。心の治療に薬を使用することができる精神科医と連携して行うことが多いです。

カウンセラーの条件とは？

アメリカの心理学者カール・ロジャーズは、カウンセラーには以下の３つの条件が必要だとしています。

自己一致（純粋性）

つねにありのままの自分でいること。

無条件の肯定的配慮

相手が悪いことをしても否定せず、肯定して受け止めること。

共感的理解

相手の気持ちになって理解すること。

これが私

それで
いいんですよ

つらかった
ですね…

カウンセラーの活躍の場は広がっている

カウンセラーにはさまざまな種類があり、活躍する場も広がっています。

教育関係	医療関係	産業関係	福祉関係	司法関係
スクールカウンセラーとして、教育現場で不登校やいじめ、生徒の悩みに対応。	心療内科、精神科、小児科などで、心理療法や心理アセスメントを実践。	企業内の健康管理室などで、従業員の精神的ケアを行う。	児童相談所での子どもの心のケア、都道府県の相談所でDVなどの相談に応じる。	警察の少年相談、家庭裁判所の調査や観察、少年鑑別所での心理鑑別、面接など。

心理学関係の認定資格

臨床心理士（日本臨床心理士資格認定協会）、学校心理士（学校心理士認定運営機構）、認定カウンセラー（日本カウンセリング学会）、臨床発達心理士（臨床発達心理士認定運営機構）など。

【傾聴】 カウンセラーが相談者の話を効果的に聞くための技法。①うなづき・あいづち、②アイコンタクト、③繰り返し・要約、④沈黙、⑤共感的理解、⑥質問を行います。

心理学と歴史 1

心理学の始まりは古代の哲学者から

心理学は古代ギリシャに始まった

1限の最後に、近代心理学が確立するまでの流れを駆け足で見てみることにしましょう。

初めて人間の心を学問として考えたのは、古代ギリシャ時代の哲学者たち。**プラトン**は「人間は霊魂（心）と身体（肉体）の2つに分かれる」と考え、その流れを受けた**アリストテレス**が、心を学問的に研究しました。

しかしその後、キリスト教の普及によって「人間の心は神がつかさどるもの」と考えるようになり、心の研究は一度途絶えてしまいます。

再び心の研究が始まったのは、14世紀以降のこと。ヨーロッパで**ルネサンス**が起こり、神中心の文化から人間中心の文化へと変わったことで、心を科学的に研究しようという動きが現れたのです。しかし、依然として心を研究するのは哲学者たちでした。

「心理学の父」の登場で近代心理学が確立

心理学を哲学から切り離し、初めて科学的に研究したのは、「近代心理学の父」と呼ばれるドイツ生まれの哲学者**ヴント**。ヴントは人間の意識を感覚、感情、観念に分類し、分析。実験によって心をとらえようとしました。ヴントがライプツィヒ大学で公式ゼミナールを始めた1879年を、近代心理学が成立した年とすると、近代心理学の歴史はまだ130年程度しか

自然科学を取り入れた近代心理学は、19世紀に始まったよ

【ルネサンス】 14〜16世紀、イタリアを中心に西洋で興ったギリシャ・ローマの古典的文化を復興させようとする動き。科学的な研究も積極的に行われ、心理学が新しい時代を迎えます。

心理学の流れの概略

心理学は互いに影響を与え合い、ジャンルも多岐に渡るため、ここでは概略的な流れを示しています。

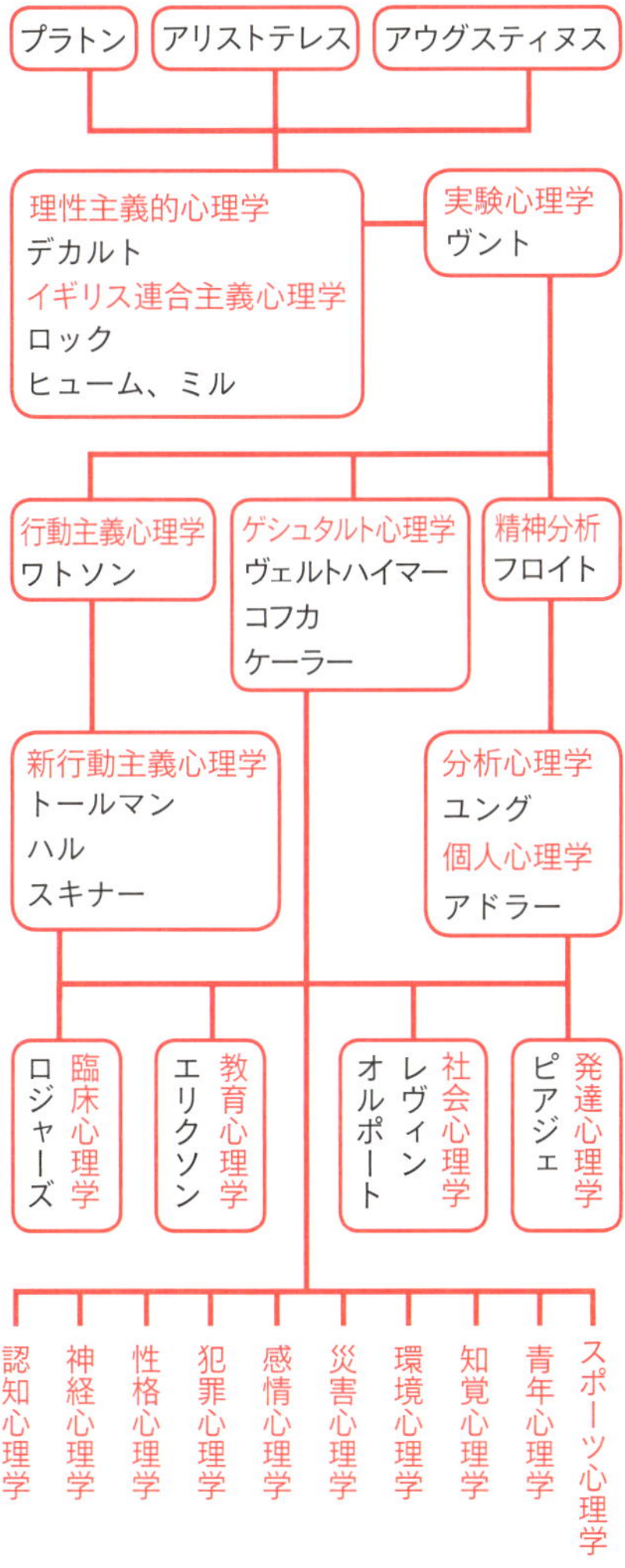
プラトン
アリストテレス
アウグスティヌス
理性主義的心理学
デカルト
イギリス連合主義心理学
ロック
ヒューム、ミル
実験心理学
ヴント
行動主義心理学
ワトソン
ゲシュタルト心理学
ヴェルトハイマー
コフカ
ケーラー
精神分析
フロイト
新行動主義心理学
トールマン
ハル
スキナー
分析心理学
ユング
個人心理学
アドラー
臨床心理学
ロジャーズ
教育心理学
エリクソン
社会心理学
レヴィン
オルポート
発達心理学
ピアジェ
認知心理学
神経心理学
性格心理学
犯罪心理学
感情心理学
災害心理学
環境心理学
知覚心理学
青年心理学
スポーツ心理学

経っていないわけです。新しい学問なんですね。

ちなみに日本の心理学は、文明開化とともに始まります。「心理学」という言葉は、西洋で社会学や哲学を学んだ**西周**《にしあまね》の造語なんですよ。

そしてアメリカ留学で実験心理学を学んだ**元良**《もとら》**勇次郎**《ゆうじろう》が明治23（1890）年、東京帝国大学哲学科で日本初の心理学教授となりました。

20世紀になると、ヴントの心理学に対抗する心理学が次々に現れます。それにともない心理学の領域はどんどん拡大。医学や社会学、経営学などほかの学問と関連しながら、今も発達を続けているのです。

【構成主義心理学】 すべてのものはさまざまな要素の集まりで構成されているという考えに基づく、ヴントが唱えた心理学。心の内面を観察する内観法で、意識を観察・分析します。

心理学と歴史 2

知っておきたい代表的な研究者

フロイト、ユングは無意識を重視

前のページで近代心理学が確立するまでの流れを見てきました。ここでは、数いる心理学者の中でもとくに重要で、知っておきたい人物について簡単に解説しますね。

「近代心理学の父」である**ヴント**が**意識**を重視したのに対し、**無意識**を重視したのがオーストリアの精神科医**フロイト**です。フロイトは夢や言い間違い、神経症に現れる無意識を研究。**自由連想法**と**夢分析**によって無意識を探り、心の奥で抑圧されているものを解放すれば、心の病や不安を解消できると考えました。

スイスの心理学者**ユング**も無意識に着目しましたが、ユングは無意識をもっと広い意味にとらえ、**個人的無意識**と**普遍的無意識**に分類。そして、患者が起こす意味不明な言動には必ず意味があると考え、心の病は意識と無意識のバランスが崩れて起こるものだとしました。

一方、行動から心を読み解く**行動主義**もあります。アメリカの心理学者**ワトソン**は、人間の行動は刺激に対応する現象と考えました。ワトソンの主張のもととなっているのは、ロシアの生理学者**パブロフ**が行った実験。犬にえさを与える直前にブザー音を聞かせることを続けると、やがて犬は音を聞いただけで唾液《だえき》を出すようになるというものです。「パブロフの犬」は、心理学を知らない人にも有名ですね。

心理学を発展させた代表的な研究者たちを覚えておこう

【自由連想法】 患者を長椅子に寝かせ、心に浮かぶことを自由に話してもらい、心の奥にある無意識を明らかにすることで、心の病の原因を見つけていく方法。

発達心理学の代表ピアジェ、エリクソン

人の心と体の発達の過程のメカニズムを研究する**発達心理学**も、心理学の重要な分野です。スイスの心理学者**ピアジェ**が提唱した**認知発達理論**と、アメリカの心理学者**エリクソン**が提唱した**心理社会的発達理論**が、発達心理学の代表的な理論となっています。前者は、人は生まれたときから認知するシステムを持っていて、発達によってその質が変化していくという説。後者は、人生を8つの発達段階に分け、各段階に発達課題と心理的危機があるとしています。

さらに、**人間性心理学**の生みの親であるアメリカの心理学者**マズロー**も、知っておきたい人物です。マズローは人間の欲求を**基本的欲求**（生理的欲求、安全欲求、親和欲求、自尊欲求）と**成長欲求**（自己実現欲求）に分けた**欲求5段階説**（自己実現理論）を提唱。心理学の世界のみならず、経営学などでも評判になりました。

音を聞くとよだれが出る!? パブロフの実験

ロシアの生理学者パブロフは、「条件反射」を発見しました。

1 犬にブザーの音を聞かせる。

2 そのあとにえさを与える。①～②を何度も繰り返す。

3 やがてブザーの音を聞くと、犬は唾液《だえき》を出すようになる。

【欲求5段階説】 人間の欲求は下位から順に生理的欲求→安全欲求→親和欲求→自尊欲求→自己実現欲求となっていて、1段目の欲求が満たされるとその上の欲求を志すという説（詳しくはP.117）。

休み時間

どんなスタイルで眠っている？
寝相でわかる性格＆心理状態

精神分析医のダンケルは、寝ているときの姿（スリープポジション）は、
その人の性格やそのときの心理状態を表していると考えました。
以下の寝姿のうち、あなたの普段の様子と近いものを選んでください。

A 完全なる胎児：丸くなって眠る

B 半胎児：横を向いてひざを少し曲げる

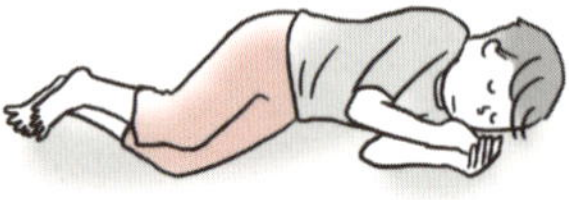

C うつぶせ：おなかを下にして眠る

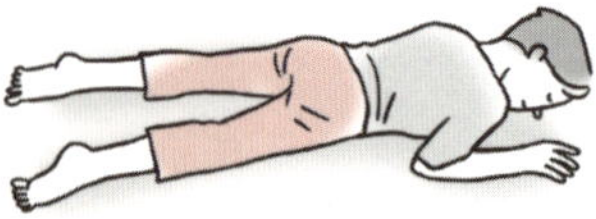

D 王者：あおむけで眠る

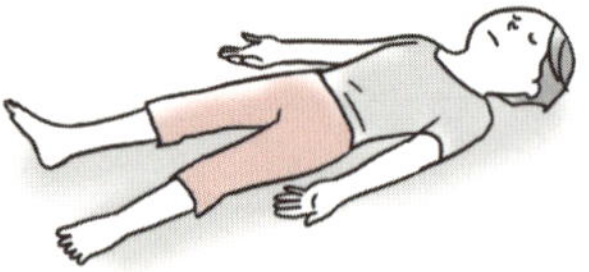

E 鎖につながれた囚人：くるぶしを重ねて横を向く

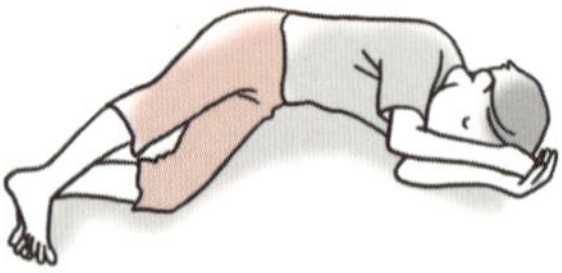

F スフィンクス：ひざまずいて眠る

診断結果

A を選んだ人 …… 依存心が強く、自分の殻にとじこもりがち。

B を選んだ人 …… バランスの取れた性格で、人に安心感を与える。

C を選んだ人 …… 几帳面。自分主導で物事を処理したがる。

D を選んだ人 …… 自信があり、安定した人柄。柔軟な性格。

E を選んだ人 …… 仕事に行き詰まりを感じるなど悩みを抱えている。

F を選んだ人 …… 眠りが浅い人や不眠症気味の人。
早く昼の世界に戻りたいと望んでいる。

BASIC ELEMENT IN PSYCHOLOGY

2限 実験を通して知る心理学

心理学者は
ユニークな実験で
人の心のしくみを
解き明かしたよ

introduction ❷

ヤンキーが天使に変身する方法!?

今日はカゼで病院へ
ゲホ
ゲホ
病院
ゴホゴホ
あれ?ユミ?
?
だれ?
え?えー?えーーーっ
ミサキ!?
どヤンキー
おもかげどこにっ
今ここで看護師やってるの
へー…
どけっ
ババア
看護師か…
トイレ
あぶないですよ
すっかり変わったなーミサキ…
そう人は制服で変わるもんですよ
天使かっ

あれ？先生？
先生もカゼ？
奇遇だね
ゴホゴホ
昔おもしろい実験があってね
ジンバルドーの監獄実験
一般人を看守役と囚人役に分けて
大学の疑似監獄で実験した
看守役
囚人役
囚人役を虐げ
支配的になる
無気力になり
依存的になる
この実験から普通の人でも制服を着るとその役割を演じることがわかったんだね
ま この実験はちょっと特殊だけど…
あコレ映画にもなってますね
ほらあそこにも制服の影響が…
ちゃんと寝てなきゃダメでしょー
すみません…
ほんとだ
制服おそるべしですね
これ着て試してみる？アイドルになれるかも
せ…先生

→オドロキの実験で心理を証明！

心理学の実験 1

他人の意見に左右されてしまう

不本意でも多数派の意見に賛同

集団の中で自分の意見だけ違っていたら、どんな行動をとりますか？　アメリカの心理学者**アッシュ**は、このことを実験で確かめています。

8人の男子大学生に、線が1本描かれたカードと、長さの違う3本の線が描かれたカードを見せ、1本だけ描かれている線と同じ長さだと思うのはどれか答えてもらいます。8人のうち7人はサクラ（実験協力者）で、わざと間違った回答をし、被験者は8番目に答えるようにすると、被験者はどんな答えを出すでしょうか？50のグループをつくって同じ実験を行ったところ、被験者の3分の1は協力者の答えに**同調**し、間違った答えを出してしまいました。

会議の前に賛同者を3人集めよう！

この実験では、サクラが3人いると、被験者の同調率が急増することもわかりました。そして、集団の中でひとりでも自分と同じ意見の人がいると同調率が急激に下がり、反対意見が多い中でも強い気持ちで自分の意見を主張できるようになることも判明しました。

つまり、話し合いの場で自分の意見や企画などを通したいと思ったら、事前に2～3人味方をつくっておけばいいということ。自信を持って発言できるようになるし、意見が通る可能性がかなり高くなりますよ。

間違った答えでも、多数の人が答えると賛同してしまうよ

【同調】　心理学で用いる場合は、自分が属している集団の行動パターンに従おうとする、個人の行動を意味します。同調は個人の行動に対して強い影響力を持っています。

人は多数派に賛同してしまう

自分だけが違う意見を持っている場合、多数の他人の意見に同調する心理が働きます。

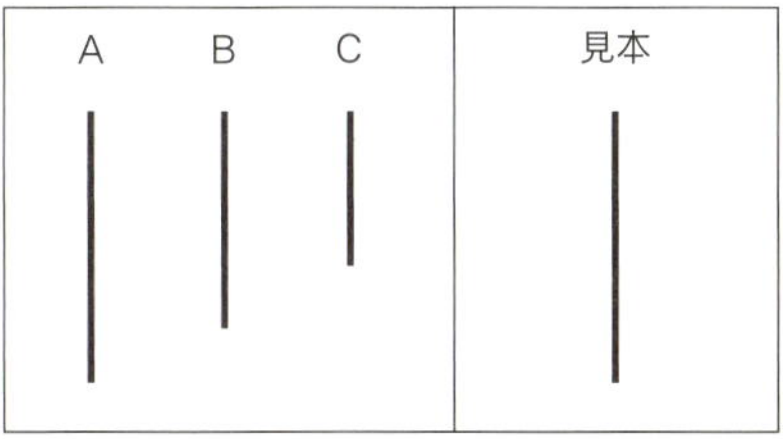

アッシュの実験

3本の線の中から、見本と同じ長さの線を答えてもらう。サクラが間違った答えをすると、被験者も自分の考えを曲げ、多数派と同じ答えをした。

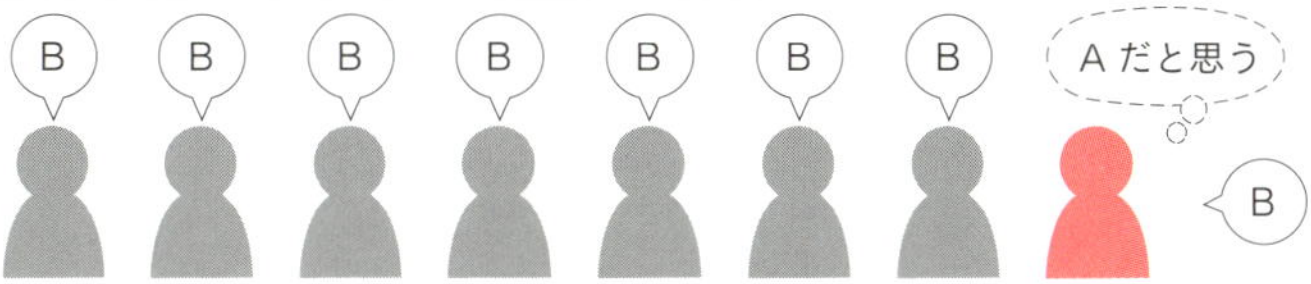

➡ 説得されずとも、自ら意見を変える

これを応用

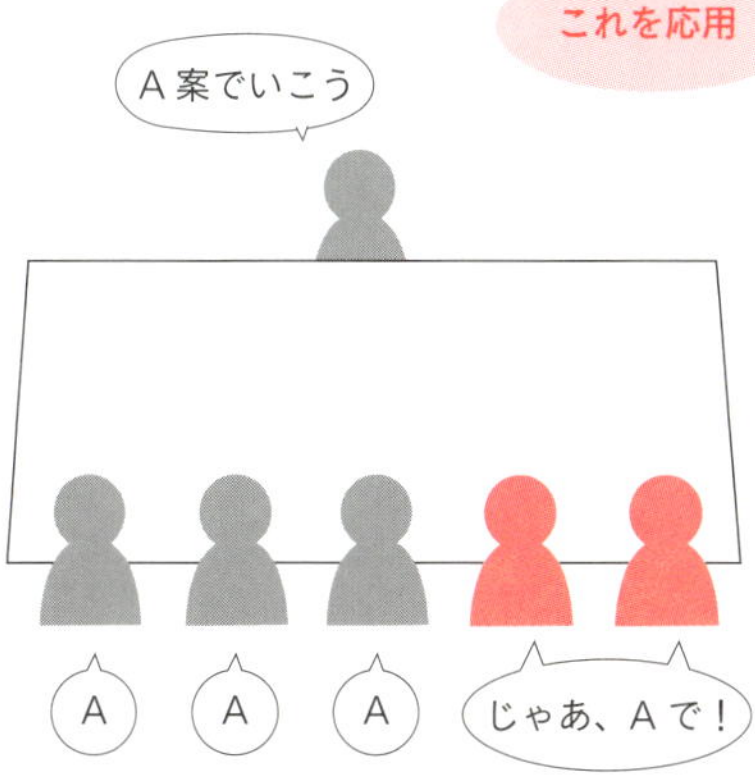

根回しの効果

会議の前に、最低でも3人の賛同者を得られるよう根回ししておけば、参加者に同調行動が働き、会議を優位に進めることができる。

➡ 自然に総意が誘導できる

【社会規範】 集団の中において、通常は言葉では示されないルールやガイドラインのこと。集団ごとに社会規範が決められ、集団に属する人は守ることが求められます。

心理学の実験 2

他人の行動につられてしまう

サクラの数が多いほどつられる

ついうっかり、人の行動につられてしまうことってありますよね。アメリカの心理学者**ミルグラム**は、**群集心理**（他人の行動につられる人の心理）について実験しています。

繁華街の歩道でサクラが立ち止まり、通りの反対側にあるビルの6階あたりを見上げるのです。サクラの人数を1人、2人、3人、5人、15人と変え、通行人の反応を比べました。

サクラが1人のときは通行人の4％しか立ち止まりませんでしたが、サクラが15人のときは通行人の40％が立ち止まりました。また、立ち止まらなくてもゆっくり歩きながらビルを見上げる人は、サクラが1人だと42％、3人だと60％強、5人だと86％にもなったのです。サクラの人数が増えるほど、その行動につられてしまう人も増えるということですね。

大勢がしていることは正しい!?

デパートなどの店頭販売では、こうした群集心理をうまく利用しています。

商品に興味を持ったお客さんが1人いたら、すぐに商品を売らず、そのお客さんと楽しそうに話をします。すると、通りすがりの人が気になって立ち止まり、3人、4人と人が集まってくれば、あとは特別な働きかけをしなくても人だかりができ、商品の売れ行きも高まるという

大勢の人がしていることをしないと、損した気分になるよ
心

【数の正当性】 何が本当なのかわからないとき、人は数が多いものほど社会的リアリティ（正当性）があると思い込むこと。

サクラの人数とつられる人数は比例する

サクラの人数が5人以上になると、約8割の通行人が、一緒にビルを見上げました。

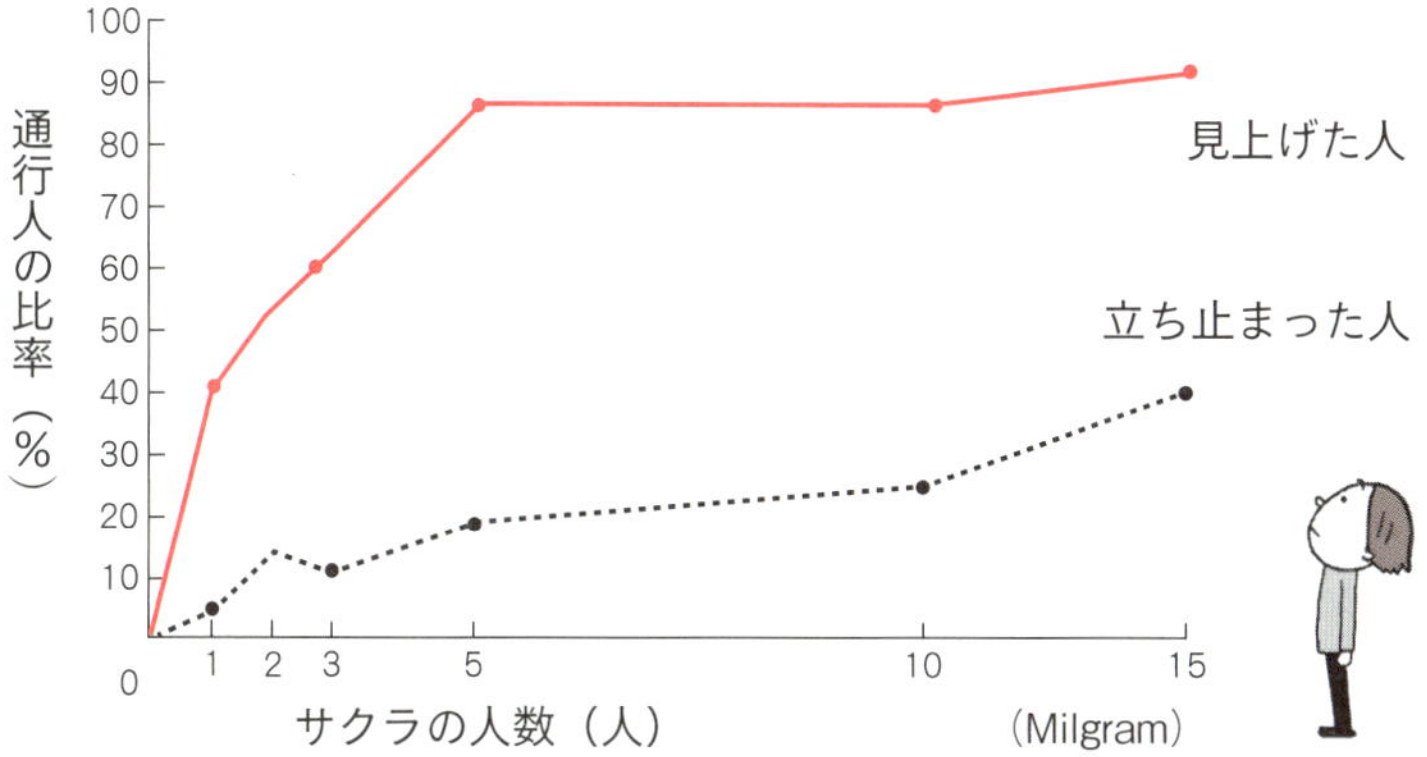
通行人の比率（%）
100
90
80
70
60
50
40
30
20
10
0
1
2
3
5
10
15
サクラの人数（人）
(Milgram)
見上げた人
立ち止まった人

わけです。

お店に行列ができているとつい並んでしまうのも、これと同じ心理。人だかりや行列ができていると興味を持ってしまうのは、**数の正当性**という原則が働き、大勢の人がやっていることに参加しないのは、損をしている気がしてしまうからです。

では、何人くらいの人が同じことをしていたら、気になってしまうと思いますか？

その答えは3人。人間は、人が3人集まっているのを見ると「たくさんの人がいる」と認識します。そして、その3人が同じことをしていたら、何か特別なことをしているのではないかと考え、自分もやらないと損をすると思ってしまうんですね。

もしもあなたが将来何かのお店をオープンさせたいと思っていたら、3人サクラを雇って行列をつくらせると、お店が繁盛するかもしれませんよ!?

【誘引力】　数の正当性により、大勢の人がやっていることに正当性を感じ、自分がそれに参加しないのは損をすると感じる心理を、ミルグラムはこう表しました。

心理学の実験 3

みんなと一緒だと安心する

作業人数が増えるほど手抜きが増え、効率が悪くなるよ

メンバーが増えるほど手を抜く

複数のメンバーで同じ作業をしているとき、「ちょっと手を抜いちゃおうかな」と思ったことはないでしょうか？　作業する人数と一人ひとりの手抜き度合いについて、アメリカの心理学者**ラタネ**は次のような実験で確かめました。

48人の学生を6人ずつのグループに分け、防音室に入れます。音圧を測る騒音計を置き、指示を与えた人に5秒間大声を出してもらいます。

そして、声を出す人数を1人、2人、4人、6人と変えて実験を行いました。そして、測定された数値は、比較のためにひとり当たりの音圧に換算し、単独と集団とでは大声の出し方に変化が見られるかどうかを調べたわけです。

その結果、1人で声を出したときの音量を100%とすると、2人で声を出していたときは66%、6人だと36%に低下しました。

ラタネはこのほかに、綱引きや手をたたくという方法でも人数と手抜きの度合いについて調べましたが、どれも同様の結果が得られました。

この実験から、一緒に作業する人数が増えるほど、個人は力をセーブする（＝手を抜く）ことがわかりますね。

みんなと同じなら手抜きも罪悪感なし

これは「**社会的手抜き**」という集団現象です。フランスの**リンゲルマン**が最初に発見した現象

【労働意欲の低下】　自分の労働量と報酬が見合っていないときや、自分より労働量・生産性が低い人が自分より報酬を多くもらっていると感じたときには、労働意欲が低下します。

集団になると手抜きをする

グループに分けて声や手をたたいて音を出させたところ、集団の人数が増えるほど、一人ひとりの出す力が弱くなっていることがわかりました。

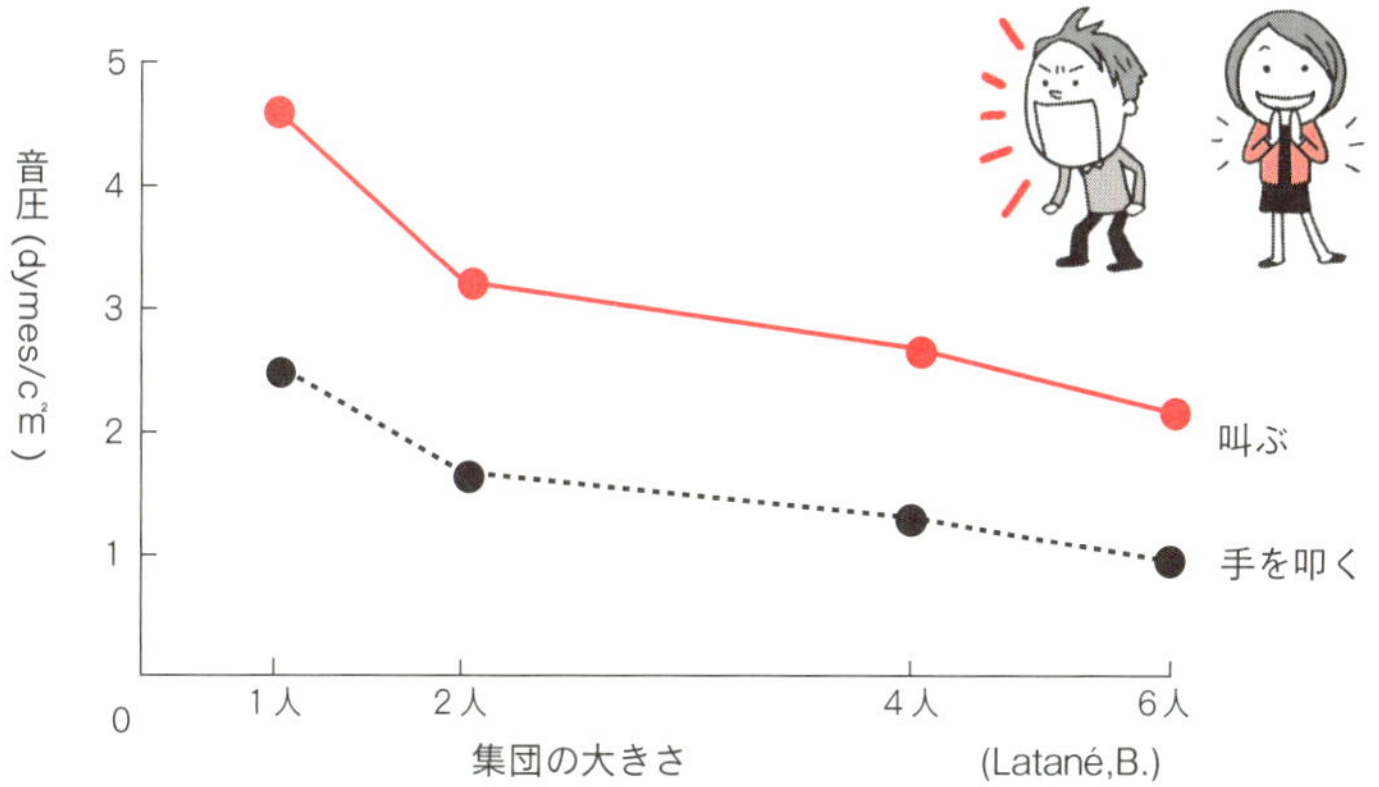
音圧（dymes/c㎡）
5
4
3
2
1
0
1人
2人
4人
6人
集団の大きさ
叫ぶ
手を叩く
(Latané,B.)

なので、**リンゲルマン効果**とも呼ばれています。

人数が増えるほど手抜きをするのは、一人ひとりに「自分がそんなに一生懸命やらなくても誰かがやるから大丈夫」という責任逃れの気持ちが強くなるから。また、集団では**協調性**が重んじられるので、ひとりだけ張り切って声を出していると思われたくない、自分だけ仕事を早く済ませて仲間から浮きたくないといった気持ちもわいてきます。そのため、自分の実力を十分に出さず手を抜いても責任を感じたり、罪悪感を持つことはないのです。

これらのことから、「みんなで一緒に仕事をしよう」は非常に効率が悪いことだとわかりますね。では、大勢での作業で効率を上げるにはどうすればいいと思いますか？

「Aさんはこれをやる担当、Bさんはあれをやる担当」と役割分担をきっちり行い、一人ひとりが自分の仕事に責任を持つようにすればいいんですよ。

【協調性】　異なった環境や立場などにある複数の人が、お互いに助け合ったり譲り合ったりすること。日本人は協調性を重視する国民性があります。

心理学の実験 4

不安なときは誰かと一緒にいたい

不安なときは親和欲求が強くなる

誰かにそばにいてほしいという気持ちを、心理学では**「親和欲求」**と呼びます。アメリカの心理学者**シャクター**が、親和欲求について行った実験があります。

女子大生を電気ショック装置の置かれた実験室に集め、「電気ショックの効果に関する実験に協力してほしい」と話します。そして、電気ショックは苦痛をともなうことがあるけれど、人体への影響はないことを説明。その後、実験開始まで10分あるので、①ひとりで個室で待つ、②大部屋でほかの学生と一緒に待つ、③どちらでもいい、のどれがいいか各自に選んでもらいました。すると、約6割の女子大生がほかの女子大生と一緒に待つことを選んだのです。

この実験からわかるのは、不安や心配を抱えているときは親和欲求が強くなるということ。皆さんが失恋したときに友達の家に駆け込んだり、病気のとき家族にそばにいてほしいと思うのは、こういう心理からなんですよ。

第一子、ひとりっ子は親和欲求が強い

では、不安なときは誰に一番そばにいてほしいと願うでしょうか。それは、自分と同じような境遇の人です。同じような立場の人が寄り添い、お互いを励まし合うことで、心が安定するわけです。就職活動がなかなかうまくいかない

不安だと同じ境遇の人と寄り添い、心を安定させたくなるよ

【愛他行動】 相手からの報酬を期待することなく、他人を思いやったり、他人のために何かをしたいと願い行動すること。近年、日本の中高生の愛他性の低さが問題になっています。

ときに、内定をもらった友だちより、自分と同じく就職活動で悪戦苦闘している友だちと一緒にいたいと思うのはそのためです。

ところで、親和欲求の強さは生まれ順で異なるんです。第一子やひとりっ子は高く、第二子以降は低い傾向にあります。親がたっぷりと手をかけて育てた第一子やひとりっ子は、人に頼ることに違和感がないので、不安や心配な場面では人を求めて安心を得ようとします。一方、第二子以降は親に放任されることが多く、困難を自力で解決する機会も多いため、不安な場面でもそれほど強く他人を求めないようです。

一般的に、不安が強いほど親和欲求が強くなるものです。ところが、不安や悲しみが強すぎる場合は、人の前で自分の感情をさらすことをためらい、人と一緒にいたくない、ひとりになりたいと願うようになります。とくに「男は人前で動揺しないもの」と刷り込まれている男性に、強く見られる傾向です。

不安を感じると親和欲求は強まる

強い不安を感じた人は、誰かと一緒にいることを望むようになります。

❶ 苦痛をともなう電気ショックをうける実験に協力してほしいと告げる。

❷ 実験までの間、ひとりで待つか、ほかの人と一緒に待つかを選択させる。

❸ 6割の被験者が、ほかの人と一緒に待つことを選んだ。

【認知的不協和】 たばこを吸いたいけれど身体に悪い、ぜいたくしたいけれど収入が低いなど、矛盾した考えや態度、信念などを抱え込み、緊張感や不快感を覚えた状態。

心理学の実験 5

人はどこまで孤独に耐えられる？

五感を遮断されると心と体に変化が起こる

いつも周りに人がいると、「たまにはひとりになりたい！」と孤独に憧れたりしますよね。でも、ずっとひとりで家にいる独居老人や、深夜ひとりで運転を続ける長距離トラックの運転手などは、実際にはないものが見えたり、急に強い不安に襲われるなど、心にトラブルを抱えやすくなります。孤独は人の心にどのような影響を与えるのでしょうか。

それについて、アメリカの心理学者**ヘロン**たちはちょっと怖い実験を行いました。

大学生を防音装置のついた小部屋に入れ、目には視覚刺激をできるだけ少なくする保護メガネを、手には木綿の手袋、袖口には長い筒をつけさせ、頭は気泡枕に当てて触覚刺激を制限します。つまり、可能な限り**五感**の刺激をシャットアウトするわけです。大学生はこの状態で24時間、食事と排泄以外はベッドに横たわっていなければいけません。ベッドは寝心地のいい快適なものです。そして実験の報酬は、当時としてはかなり高額の1日20ドルでした。

何人もの学生で実験が行われましたが、3日以上耐えられた人はゼロでした。しかも、実験開始から8時間を過ぎたあたりから、イライラしたり、口笛を吹いたり、独り言を言い始めたりし、数日後にはリスが行進する光景が見える、音楽が聞こえるなどの**幻覚**が現れるように。さ

刺激のない孤独状態が続くと、心の働きを損なう原因になるよ

【五感】 視覚、聴覚、味覚、触覚、嗅覚の5つの感覚で、人間が持つ感覚の代表的なもの。視覚からの情報が全体の9割を占めています。

らに手が震える、まっすぐ歩けない、応答が遅くなる、痛みに敏感になるなどの**身体的変化**も見られるようになりました。

孤独は判断力も鈍らせてしまう

実験開始前、実験中、実験後にランダムな文字の中から単語をつくったり、ある単語の文字からできるだけたくさん別の単語をつくるテストを行ったところ、実験2日目から急激に間違いが多くなり、元の状態に戻るのに実験終了から3日もかかってしまいました。

この結果から、人は感覚を奪われた完璧な孤独状態にいると、あっという間に心が正常に働かなくなり、脳の働きにも影響が出ることがわかります。

この実験はとても極端な状態ですが、前述の老人や運転手も似たような環境にいるといえます。人の心が健康でいるためには、適度に外からの刺激を受けることが欠かせないのです。

孤独な環境では正常さを失う

人は完全な孤独状態に置かれると、正常な感覚や思考を失ってしまいます。

1. 被験者は五感を遮断され、個室に隔離される。
2. 数日後には幻覚や、思考の混乱が生じてくる。
3. 実験終了から数日後まで、思考能力の低下は続いた。

【幻覚】　外界から刺激を受けていないのに、受けたように感じる感覚。実際にはないものが見える幻視や、実際にはない音が聞こえたり、誰かに話しかけられているように感じる幻聴など。

心理学の実験 6

会う回数が多いと好きになる？

顔を見る回数と好意の度合いは比例する

毎朝、なんとなくいつも同じ情報番組を見ていたら、だんだんその番組のキャスターを気に入り、毎朝見るのが楽しみになる……というような経験はないでしょうか。

会う回数と好意の持ち方の因果関係について確かめた、アメリカの心理学者**ザイアンス**の実験があります。

顔写真を12枚用意し、見せる回数を0回、1回、2回、5回、10回、25回に分け、学生たちにランダムに見せていきます。見せ終わったあと、学生たちにどの写真の人物に好意を感じたかを尋ねたところ、見た回数が多い人物ほど「好ましい」と答えました。

つまり、接触する回数が多い相手ほど、好意を持ったわけです。ザイアンスはこれを**「単純な接触の効果（単純接触《たんじゅんせっしょく》の原則《げんそく》）」**と呼んでいます。冒頭の例のように、最初はなんとも思っていない相手でも、顔を見る回数が多くなるほど好意を感じてしまうんですね。

何度も顔を見る相手には、好意を持ってしまうものだよ

第一印象が悪いと何度会っても効果なし

でも、ひとつ疑問がわきませんか？　会社にしろ学校にしろ、何かの組織に属していれば、毎日だいたい同じ人と顔を合わせます。「単純接触の原則」に従えば、毎日顔を合わせる人すべてを好きになるはずですが、実際には毎日顔

【印象操作】　相手に好印象を与えたくて、相手の好みに自分の印象を合わせようとする心理。ロングヘアーが好きな男性に合わせて髪を伸ばすなど。

を合わせても好きになれない人はいるものです。

じつは単純接触の原則が働くには、ひとつだけ欠かせない条件があるんです。初めて見たときの印象が「よい」もしくは「よくも悪くもない」であること。第一印象で「苦手」「怖そう」「いけ好かない」などマイナスなイメージを抱いてしまった相手は、その後何度顔を合わせても好意を持つことはないのです。

もしもあなたが、転職や進学などで新しい環境に移るときは、初日が肝心。第一印象を精一杯よくしておけば、その後はスムーズに受け入れてもらうことができるでしょう。

接触回数と好意度は比例する

接触回数が増えるほど、好意度も上がっていきます。

❶ 12枚の顔写真を、0、1、2、5、10、25回の6パターンの回数で被験者に見せる。

❷ 見た回数が多い顔写真ほど、好感を持った。実際に会った場合も同様の結果に。

❸ ただし、第一印象が悪かった相手の場合は、何度会っても好意度が上がらない。

【一目ぼれ】 特定の異性を初めて見た途端、性的に強くひかれること。過去に好きだった人に似た人、理想のタイプ、自分に似た雰囲気の人に一目ぼれをすることが多いようです。

心理学の実験 7

怖い思いをすると恋愛感情が生まれる？

怖くてドキドキすると、そばにいる人を好きだと思ってしまう

吊《つ》り橋で会った人は魅力的に見える!?

好きな人をデートに誘うなら、お化け屋敷やジェットコースターがある遊園地がいい、なんて話を聞いたことありませんか？　じつはこれ、心理学的に正解なんです。

このことを実験で証明したのが、カナダの心理学者**ダットン**と**アロン**。女性が橋の上にいて、歩いてきた男性に声をかけアンケートを依頼します。そして最後に、今回の調査についての問い合わせ先として電話番号を渡します。これを浅い小川の上にかけられたしっかりした構造の橋の上と、谷の上の高さ数十メートルのところにかけられた吊り橋の上で行いました。

すると、吊り橋の上で答えた人のほうが、アンケート内容に性的なイメージを含んだ表現が多かったうえ、後日、問い合わせと称して女性に電話してきた人が多くいたのです。

恐怖のドキドキ＝恋愛のドキドキ？

なぜ、吊り橋の上でアンケートに答えた男性のほうが、女性に強く関心を持ち、アプローチしてきたのだと思いますか？

小川の上の頑丈な橋は安全な場所ですから、平常心でいられます。一方、谷にかかる吊り橋は危険がともなう場所で、恐怖を覚えます。恐怖を感じると心拍数が上がり、ドキドキしますね。そして、誰かを好きになるときもドキドキ

【顔面フィードバック仮説】　悲しい気分のときに意識して笑顔をつくることで、気持ちを明るくすることができるという考え。

します。このドキドキが大きなポイントなんです。恐怖によるドキドキを、恋愛感情や性的な興奮のドキドキと思いこみ、相手のことを好きだと思ってしまったわけです。「人は自分の感情を読み間違える」というのは心理学では定説です。だから、付き合いたいと思っている人が、お化け屋敷やジェットコースターでドキドキしたとき横にいれば、恋愛感情を持ってもらえる可能性がグンと高まるわけです。

ちなみに、ドキドキすれば恐怖体験でなくてもOK。スポーツで心拍数を上げたあとでも同じ効果が現れますよ。

ドキドキすると人は恋に落ちる

鼓動が早くなるなどの生理的な反応を、恋愛感情と読み間違えることがあります。

1 コンクリートの橋の上で、女性が男性にインタビュー。後日女性に電話をかけてきた男性は、約16%だった。

2 吊り橋の上で、女性が男性にインタビュー。後日電話をかけてきた男性は、50%だった。

吊り橋を渡る恐怖感
生理的反応
ドキドキする
勘違い
相手が魅力的だから
恋に落ちる

【恋愛依存症】　つねに恋愛していないと不安になる状態。「彼（彼女）がいないと生きていけない」と考えるようになり、どんどん依存度が高くなっていきます。

心理学の実験 8

相手に好かれると自分も好きになる

けなされたあと
ほめられると、
その人に好意を
持ってしまうよ

ほめてばかりだと好かれない！

人からほめられたときとけなされたときで、相手に対してどのような印象を持つか、アメリカの心理学者**アロンソン**と**リンダー**が実験で明らかにしています。

サクラの女子学生と被験者の女子学生に7回会ってもらい、そのたびにサクラは被験者の印象を本人に伝えます。その際、

①「頭がいい」「かわいい」など、つねに肯定的な評価をする。

②「センスが悪い」「話がおもしろくない」など、つねに否定的な評価をする。

③肯定的な評価から否定的な評価に変える。

④否定的な評価から肯定的な評価に変える。

の4つのパターンで話をします。そして7回の面会後、被験者にサクラに対する好意度を答えてもらいました。

当然、①が最も好かれたのだろうと思いますよね。ところがなんと、最も好意を感じたのは④なのです。また、③は②より好意を持たれず、4つの中で最低の印象でした。

「私を好きになったみたい」で好感度UP

なぜ、「否定→肯定」の好感度が高かったのか考えてみましょう。被験者は、自分の評価が否定から肯定に変わったことで、相手から好意を持たれたと感じたわけです。また、初対面で

【挨拶行動】 比較行動学者のアイブル＝アイベスフェルトは、人の挨拶行動には、人種や国民に限らず、基本的な行動パターンがあると説明しました。

お世辞ばかりでは嫌われる！

自分のことを思ってくれていると感じると、好意を持つようになります。

否定→否定
ミスが多いぞ！
私のためなのね
否定→肯定
ミスがへったな！
ありがとうございます
肯定→肯定
次期社長は君だ！
本当かよ
肯定→否定
君にはがっかりだ
感じ悪いな！

否定的なことを言えるのは、自分に対して心を開いてくれているからとも考えます。このように、自分に好意を持っていると感じた人は印象がよくなり、好きになっていくのです。これを**「好意《こうい》の返報性《へんぽうせい》」**と呼びます。

自分のことを否定しかしない人に、それほど悪い印象を持たないのも、面と向かって欠点を指摘するのは「私のためを思って言っている」と解釈し、好きにはなれなくても嫌悪感は持たないから。反対に「肯定→否定」はほめられていい気分になっていたのに否定され、好意が一気に嫌悪へと変化。最悪の印象となります。

そして肯定ばかりの人にそれほど好意を持たないのは、「うわべばかり取り繕って、本心ではどう考えているかわからない」と感じ、ほめられてもそれほどうれしいと思えないからです。

ほめるところはほめるけれど、相手の悪いところはきちんと指摘する、本当の信頼関係を築くには、このバランスが大切なんですね。

【ラベリング】　第一印象で相手がどんな人間かを決めつけること。ラベリングされたほうは自分はそういう人間だと思い込み、ラベル通りの行動をするようになることがあります。

心理学の実験 9

依頼を断らせないアプローチ方法

面倒なことを頼むときは、「小さな依頼→大きな依頼」が効果的

1回の依頼では拒否される公算が大

相手から拒否されそうなことを依頼するとき、どんなふうに説得するのが効果的だと思いますか？　この答えを求めるために、アメリカの心理学者**フリードマン**と**フレイジャー**が行った実験があります。

ランダムに抽出した主婦156人に、消費者団体と名乗って電話をかけ、調査を依頼します。2回に分けて依頼する場合と、1回の電話でいきなり依頼する場合とで、違いが出るかどうかを実験しました。

2回に分けた依頼は、次の手順で行いました。

①1回目の電話
「消費者向けのパンフレット作成のため、家庭用品に関する調査に協力してほしい」と話し、承諾してくれたら、石けんについて質問をする。

②3日後に2回目の電話
「5〜6人の調査員がお宅に出向き、2〜3時間かけて家庭用品の調査をするのに協力してほしい」と依頼する。

すると、1回目の電話で協力を承諾し、石けんについての質問に答えた人は、2回目の相当面倒な依頼に対しても、過半数が承諾したのです。

一方、1回の電話でいきなり②の依頼をした場合では、協力を得られたのは全体の4分の1ほどでした。

【段階的要請法】　段階を踏んで相手を説得し、最終的には要請したいことを受け入れてもらうテクニック。「フット・イン・ザ・ドア・テクニック」はその代表的な方法です。

依頼は小さなことから切り出すべし

この実験結果から、人を説得するときは、どんなふうにアプローチすればいいかわかりましたね。「いきなり大変なことを頼むと断られる確率が高い。しかし、まずささやかなことを依頼し、それに応じてくれた人に対してもっと大きな要請をすると、応じてくれる可能性が高くなる」ということです。

この説得法を「**フット・イン・ザ・ドア・テクニック**（ドアにつま先を）」といいます。セールスマンが訪問先でドアを開けてもらえたら、ドアを閉められないように隙間に足を入れて商談に持ち込む様子を表しています。

ドアを開けてくれたら（＝小さな依頼への承諾）、渋々でも話を聞いてくれ（＝大きな要請への承諾）、その結果、セールスが成功する可能性が高まるというわけです。

COLUMN 「大きな要望」→「小さな要望」も効果的

「フット・イン・ザ・ドア・テクニック」とは真逆のアプローチ法で、「ドア・イン・ザ・フェイス・テクニック」もあります。最初に最も困難な要望、たとえば「休日出勤をしてくれないかな」と持ちかけ、相手に断らせるのです。

重要なのは、そこで素直に一度引き下がること。すると、相手には断ったことへの後ろめたさが芽生えます。そこで、あとから「午前中だけならどうかな」など、最初よりハードルの低い依頼をすると、相手は妥協しやすい心理状態になっているので、すんなり応じてくれることが多いのです。

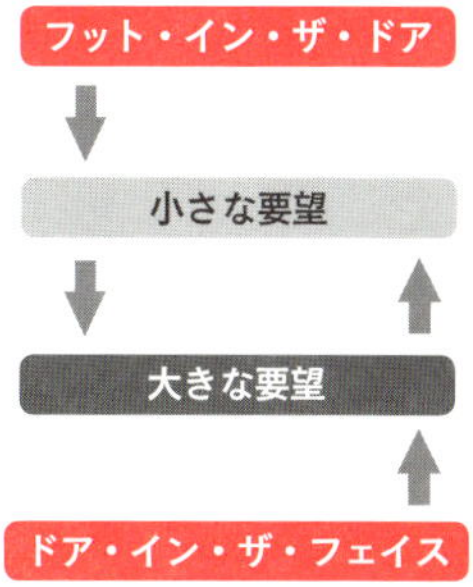

【ローボール法】 最初は相手が得をする条件で承諾を得たあとで、最初の条件を覆して、自分に都合のよい要請を承諾させるテクニック。最初は取りやすい低いボールを投げるという意味から。

心理学の実験 10

押しすぎないほうが取引では有利!?

「強引に押し通せば得をする」という考えだと損をするよ

おどして強引に進めると自分も損!?

「交渉事は相手をおどしてでも条件を飲ませるべき」と考える人がいますが、本当に得をするのか、**ドイッチ**と**クラウス**の実験から考察してみたいと思います。

Aさんと Bさんにトラックでの商品運搬を依頼し、1回の運搬ごとに「60セント－運行費」を報酬とします。運行費は、1秒1セント。つまり、できるだけ早く目的地に到着するほどもうかるわけです。左の図が、2人の運搬ルートです。まん中の直線道路を使えば最短でゴールできますが、一車線になっていて、2台がすれちがうことはできません。そしてこの最短ルートの出入り口には、相手を妨害できるゲートを設置。次の3つの条件で、20回運搬させました。

①2人とも妨害ゲートを使用できる
②Aさんだけが妨害ゲートを使用できる
③2人とも妨害ゲートを使用できない

Aさん、Bさんともに利益が出たのは③で、最も損失が大きいのは①でした。②は一方的にゲートが使えたAさんにも損失が出ており、一方的に邪魔をされたBさんの損失は、①ほど大きくなかったのです。

おどされたら無抵抗を貫くほうが得

この実験で使ったゲートは、相手への「おどし」ですね。おどしにはまったく効果がなく、

【ソーシャルスキル（社会技能）】 社会の中で人間関係をスムーズに進め、共に生きていくために必要な能力のこと。意思決定、問題解決能力、創造力豊かな思考、ストレスへの対処など。

むしろマイナスを増やす要因にしかならないことを、この実験は物語っています。

自分が相手より立場が上だったり、相手との力が互角なとき、相手を威嚇《いかく》して自分に有利に事を運ぼうとしたくなるかもしれません。でも、おどすことは相手、自分ともに損になるのです。

また、一方的におどされたほうが、双方がおどし合うよりも損失が少ないということも明らかになりました。もしも相手がおどしの手法を使ってきたときは、対抗しておどし返すよりも、グッと我慢して取引したほうが結果的には損が少なくて済むことも覚えておいてくださいね。

威嚇するのは得？それとも損？

ドイッチとクラウスは、以下のようなルートを用意して実験を行いました。

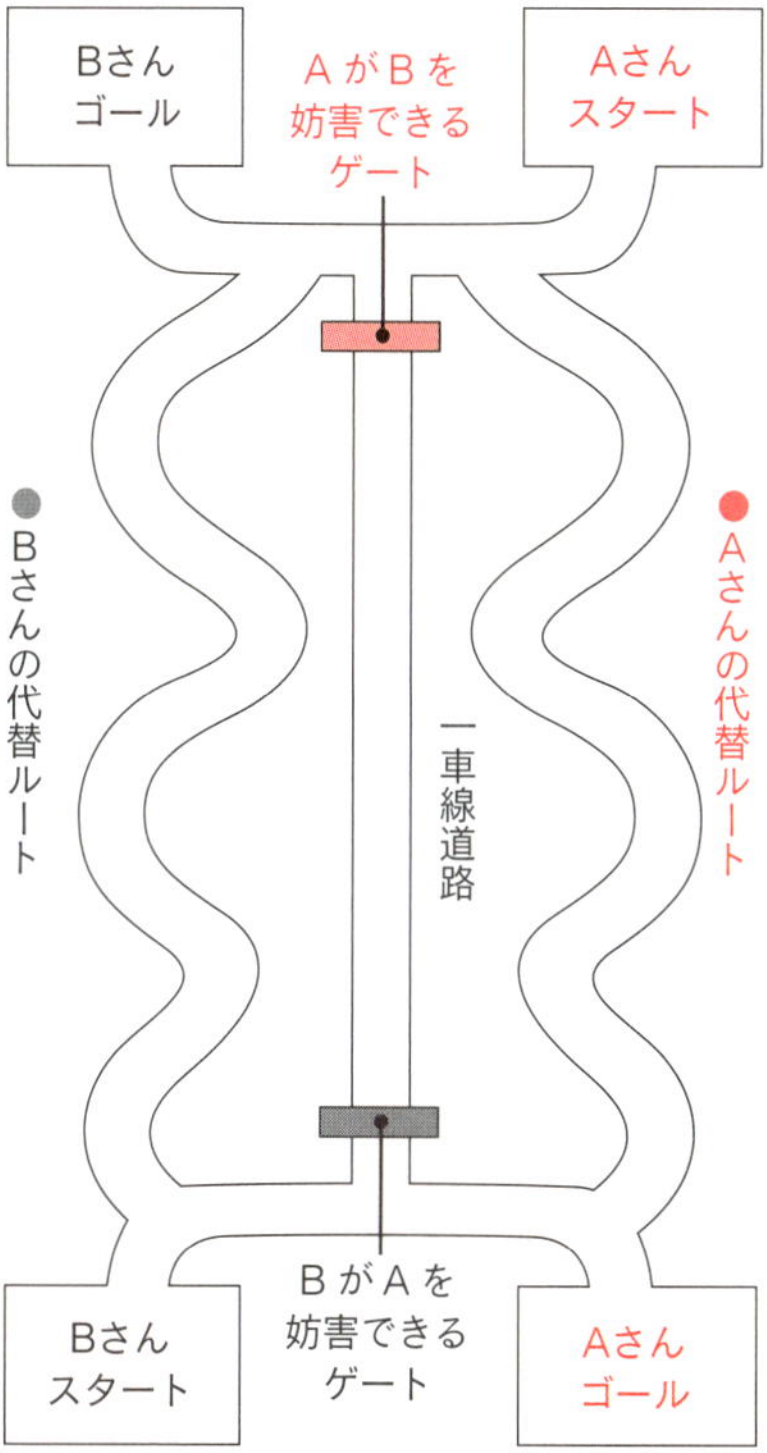
Bさん
ゴール
AがBを
妨害できる
ゲート
Aさん
スタート
Bさんの代替ルート
一車線道路
Aさんの代替ルート
Bさん
スタート
BがAを
妨害できる
ゲート
Aさん
ゴール

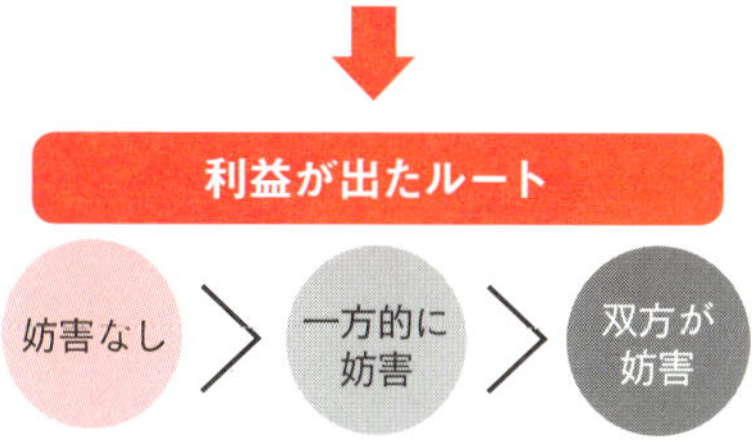
利益が出たルート
妨害なし
一方的に
妨害
双方が
妨害

【アサーション訓練】 アサーションは自己主張のこと。自分の意見を明確に伝える表現方法や、相手からの反論をきちんと受け止める態度などをグループレッスンによって学びます。

心理学の実験 11

うなずく回数が多いと会話がスムーズになる

相手がうなずくと発言時間が長くなる

「会話がスムーズにいかないなぁ」と感じるとき、相手の様子を観察してみてください。きっと、**あまりうなずいていない**はずです。会話におけるうなずきの効果を調べた、アメリカの心理学者**マタラッツォ**らの実験があります。

20人に対して面接を行い、試験官は①最初の15分はごく自然に対応、②次の15分はうなずく回数を多くしながら話を聞く、③最後の15分はまったくうなずかないと態度を変え、面接を受けた人の発言時間の長さを調べたのです。すると、20人のうち17人が、②の時間帯に発言時間が増えていました。

「もっと話していい」という意味も

なぜ、相手がうなずくことでたくさんしゃべるようになったのかというと、うなずく様子を見て、自分の話に興味を持っていると感じ、さらに一生懸命話しかけようとしたからです。

うなずきは、相手の意見への同調や賛同を表しています。うなずくことで、「あなたの話はよくわかります」という**承認**と、「もっと話していいですよ」という**許可**を与えていることになるわけです。「うんうん」「そうそう」など言葉による相づちも同様です。ですから、まったくうなずかない相手には、承認や許可を得られないと感じ、発言を控えてしまうのです。

うなずくことで、相手への同調や賛同を表すことになるんだよ

【非言語コミュニケーション】 表情、しぐさ、態度、ジェスチャー、声の大きさなど言葉以外の方法によるコミュニケーションのこと。

うなずくことで会話が増える？

うなずきには相手の話を促す効果があり、会話がスムーズになります。

うなずきの効果

同調　承認　許可

その通りですね
そう
そう
わかりますよ
うん
うん
どうぞ続きを
はい
はい

多くうなずいた場合

発言が増える

うなずかない場合

発言が減る

【非言語コミュニケーションの効果】 心理学者メラビアンの調査によると、話し手の印象を決めるのは視覚情報55％、聴覚情報38％、言語情報7％で、ほぼ非言語が占めています。

心理学の実験 12

大事な話は食事中にしよう

食べているときは説得に応じやすい

ビジネスマンが食事をしながら会議をしたり、酒を飲みながら交渉事を進めるのは、よく見る光景ですね。これは**「ランチョンテクニック」**というもの。アメリカのエグゼクティブでは、朝食をとりながら会議や打ち合わせをする**「パワーブレックファスト」**もよく行われます。

なぜ、飲食しながらだと話がスムーズに進むのか、飲食の効果を調べるために、アメリカの心理学者**ジャニス**らは次のような実験を行いました。

大学生216人に4つの異なるテーマの説明文を読んでもらうのですが、①コーラとピーナッツを飲食しながら説明文を読む、②飲食なしに説明文を読む、の2つのグループに分けました。すると、①のほうが説明文の内容を受け入れ、その主張するところに自分の意見を合わせる人が多かったのです。

つまり、飲食しているときのほうが、相手の説得を受け入れやすくなることが判明しました。

「おいしい！」と感じた瞬間がチャンス！

前述の実験により、ランチョンテクニックには効果があることがわかりましたね。では、さらに一歩進んで、食事の効果を最大限に活用するポイントについて考えてみましょう。

重要なのは、一番話したい内容を切り出すタ

おいしいものを食べた快感で、相手の話を寛容に受け入れるよ

【クライマックス法】 先に説明して、最後に結論を述べる方法。相手がこちらの話に興味を持っているときに有効です。

イミングです。それは、相手が最も気分がよくなっているとき。「これはおいしいね！」などの台詞が飛び出したら、すかさず重要な話題を持ちかけてください。相手は**「快体験《かいたいけん》」**に浸っている真っ最中ですから、受け入れてくれる可能性がグッと高まるはずですよ。

ちなみに、ランチョンテクニックの効果として、「口の中に食べ物が入っていると反論しにくい」という理由を挙げている説もあります。また、おいしいものを食べることに夢中になっていると反論する暇がなくなる、というのもあるかもしれませんね。

食べ物があると相手の意見を受け入れる？

おいしいものを食べると気分がよくなり、通常時よりも相手の意見を受け入れやすくなります。

説明文を読ませる実験

飲食あり　　飲食なし

よく
わかりました
納得できない
コ〜ラ

快体験が受容を高める

これを応用

例の見積もり
ですが〜
うん、
それでいこう

商談にも生かせる！

【アンチ・クライマックス法】　先に結論を話し、あとから説明を述べる方法。相手に聞く準備ができていないときや、興味を示していないときに有効です。

心理学の実験 13

匿名《とくめい》だと攻撃的になる

正体がばれないと行動が過激になる

匿名性と攻撃行動について、アメリカの心理学者**ジンバルドー**がこんな実験を行いました。

Aグループの2人は目と口だけ小さな穴が開いた実験衣で全身を覆い、どこの誰なのかわからないようにします。Bグループの2人も同じ実験衣を着用しますが、名札をつけて名前はわかるようにします。この状態で、

①2種類の音声を聞かせる。ひとつはけなげで好ましい印象を与える女性と実験者との面接を録音したもので、一方は、自己中心的で不快な印象を与える女性との面接を録音したもの。

②これから、マジックミラーの向こうにいる若い2人の女性に電気ショックを与える実験を行うことを話す。

③4人別々にボックスへ入れ、ランプが点灯したらショックを与えるボタンを押し、止める合図が出るまでショックを与えるように指示。

④実験開始前に、被験者は先ほど会話を聞いた2人の女性であることを話す。

⑤電気ショックを与えると女性が苦しむ姿が見え、かわいそうだと思えば、ほかの3人に気づかれないように、自分だけボタンを押すのをやめることができる。

これらの条件のもと、4人が電気ショックのボタンを押した回数と、時間をまとめたところ、Aグループのほうがたくさん電気ショックを与

個人が特定できない状態だと無責任になり、攻撃性も高まるよ

【炎上】 ブログ執筆者の発言や行動に反応し、批判や非難のコメントが集中して寄せられている状態。「荒らし」は悪意のある書き込みのこと。

誰だかわからなければ残酷になれる

相手に自分の正体がばれない場面では、抑制が弱まり攻撃的になります。

❶ 顔と名前が隠された被験者は、電気ショックを多く与えた。

❷ 名前が明かされている被験者は、①のグループより手加減した。

❸ 気に入らない相手に対し、攻撃性を強める傾向が見られた。

えていたことが判明。しかも印象が悪い女性に対してより長くショックを与えていたのです。

普段なら躊躇《ちゅうちょ》する残酷なことも平気に

自分がどこの誰だか特定されない匿名の状態を「**没個性化**《ぼっこせいか》」といいます。没個性化の状態だと、何をしても自分がやったことだとわからないので、普段ならやらないことも平気でできるようになります。これを「**没個性化現象**《ぼっこせいかげんしょう》」といいます。

前述の実験結果から、没個性化すると人はかなり攻撃的になり、気に入らない相手にはとくに容赦がないことがわかりました。

インターネット上の誹謗中傷が問題になっていますよね。ネットでひどい書き込みをする人が、実際に会ってみるとごく普通の人……というのも珍しいことではありません。インターネットはまさに没個性化の世界ですから、面と向かったら絶対言わないような残酷な言葉も、躊躇なく書けてしまうのです。

【サングラス効果】 サングラスをかけると目隠しをしたのと同じような状態（没個性化に近い状態）となり、心理的に優位に立てるようになります。

心理学の実験 14

人の感情は操作できる？

ラット＋大きな音＝ラットは怖い

「人の行動は外からの刺激に対する反応から起こる現象」と考えたのは、アメリカの心理学者**ワトソン**です。そして、「人は**情動**反応を学習する」ということを証明するために、ワトソンは以下のような実験を行いました。

①心身ともにとても健康な生後9か月のアルバート坊やに、白いラット、白うさぎ、サル、犬、髪の毛のないお面、髪の毛のあるお面、白い綿を見せました。アルバート坊やはどれにも興味を示し、怖がることはありません。

②アルバート坊やの背後で、激しく大きな音を立てると、怖くて泣きだしました。

③アルバート坊やに白いラットを見せ、手を伸ばそうとした瞬間に大きな音を立てて驚かすことを3回繰り返します。1週間後にも同じことを行います。

④白いラットだけを見せると、アルバート坊やはラットを非常に怖がり、ものすごい勢いでラットのそばから逃げ出そうとしました。

⑤1週間後、まだ白いラットを怖がることを確認したあと、白いうさぎや犬、白い毛皮、綿、白髪頭、サンタクロースのお面を見せたところ、すべて非常に怖がりました。

感情は、
外からの刺激で
学習されるもの
という説だよ

条件づけられた感情は似たものにも反応

前述の実験でわかることはなんでしょうか。

【情動】 快感・不快感、恐怖、不安など、人間以外の動物にも備わっている、より原始的で本能的な感情。動物が生き延びるために必要な行動を促します。

まず、本来は怖いものではなく、むしろ好ましく感じていたラットを、大きな怖い音と関連づける（＝学習する）ことで、怖いものだと認識するようになったということですね。さらに、ラットに似たものも怖がるようになっていますから、学習した感情がほかにも移ったことがわかります。この過程を「**般化**《はんか》」といいます。子どもが医者に注射されて痛かったことを覚えていて、料理人の白衣を見ても怖くて泣き出す、なんていうのも般化ですね。ワトソンは「条件づけられた恐怖心は永遠に消えない」と主張しました。

しかし、ワトソンの仮説を否定する研究者は、別の経験や時間の経過などによって**条件づけ**は消えてしまうことがあることを実証。これは心理学において、理論の正しさが認められています。人はさまざまな体験を通して、学習と学習の解除、条件づけと条件づけの解除を一生繰り返していくのですね。

学習によって感情は変化する

ワトソンは、遺伝や環境よりも、経験によって人の特質はつくられると主張しました。

❶ ラットを見せたとき、背後で大きな音を立てておどかす。 → ❷ ①を繰り返すうち、音がしなくてもラットを怖がるようになる。 → ❸ 結果的に、ラットの白い毛皮に似た複数のものを怖がるように。

【消去】 心理学の用語では、条件づけによって学習された感情や行動が、新しい経験や時間の経過などによって消え失せることを意味します。

心理学の実験 15

先入観が見方を変える

お金に困っているとお金が大きく見える⁉

硬貨はどれも大きさが決まっていて、サイズが変化することはありませんよね。ところが、あなたとあなたの横にいる人では、大きさが違って見えているかもしれません。アメリカの心理学者**ブルーナー**と**グッドマン**は、そのことを実験で確かめました。

貧しい家庭の子どもと、裕福な家庭の子どもに分け、1セント、5セント、10セント、25セント、50セントのコインの大きさを、思い出して示してもらいました。すると、貧しい家庭の子どもは、どのコインも実際よりかなり大きく判断したのです。一方、ボール紙でつくった円盤を見せ、同じような実験を行ったところ、ほとんど実寸と同じ大きさに判断できました。

また、こんな実験もあります。ある人を一方では「大学教授です」と紹介し、もう一方では「学生です」と紹介します。そして、紹介した人の身長を推測してもらうと、「この人は大学教授」と思っているグループのほうが身長を大きく見積もったのです。

重要なもの、優秀な人は大きいと考える

まず、最初の実験からは何がわかるでしょうか。貧しい家庭の子どもは裕福な家庭の子どもに比べて、お金の重要性を理解しており、お金の価値を高いものととらえているはず。そのた

価値観が違うと、大きさも違って見えるものなんだよ

【判官びいき】 弱者に同情したり、味方をしたりすること。日本人はこの国民性が強いため、欧米人よりも「小さいものに価値がある」と考える傾向にあります。

フィルターを通すと見え方が変わってくる

人は個人の価値観や、事前情報によってつくられたフィルターを通して、物を見ています。

硬貨の大きさの認識
貧しい家庭の子
裕福な家庭の子
コインはもっと大きい！
コインはこのくらいだよ

人の大きさの認識
学生です
大学教授です
170cm くらい
180cm かな

め、コインの大きさが実際より大きく見えたのです。ボール紙の円盤だと大きさが正確に判断できるのは、円盤には大きく見えるような特別な価値がないからですね。

2つめの実験も同様。単なる学生より大学教授は優秀な人だと認知されますから、大きく見えていたわけです。

自分の価値観で物の大きさを判断することを「**社会的知覚**」といいます。同じ物を見ても、その情報を処理するときに社会的知覚というフィルターを通していて、それが人によって違うから、見え方は人によって異なるのです。

【知覚】 五感がキャッチし、脳に届けられた外部の情報を認識する働き。形や大きさなど必要な情報を引き出し、物事を認識します。

休み時間

部屋が汚いと心にも悪影響!!

「男のひとり暮らしはキタナイ」と言われてきましたが、
最近は掃除ができない女性の“汚部屋”も話題になりますね。
汚い部屋に住んでいると、心理的にどのような影響があるのでしょうか？

心理学者マズローとミンツは、室内装飾が人の心理に与える影響について実験を行いました。物がゴチャゴチャと散乱した部屋（＝汚い部屋）と、物がきちんと整理されすっきりした部屋（＝きれいな部屋）で同じ人物の写真を撮り、第三者に人物評価をしてもらうのです。

すると、きれいな部屋で撮った写真のほうが、汚い部屋で撮った写真より、人物評価が高いという結果に。汚い部屋を見たときの嫌悪感や不快感が、人物評価にも影響を与えたというわけです。

知人を自分の家に招待するとき、たいていの人は事前に家の掃除をしますよね。それは、自分のことをよく見せたい、いい評価をしてほしいという心理が働くからなんですね。

ところで、汚い部屋のデメリットはほかにもあります。汚い部屋は住人の心にも影響を与え、疲れる、頭痛がする、やる気がなくなる、イライラする、敵意を抱くなど、ネガティブな感情が優位になるのです。反対にきれいな部屋に住んでいると、気持ちがいい、楽しい、力がわいてくる、偉くなった気がするなど、ポジティブな感情がわいてくるといわれています。

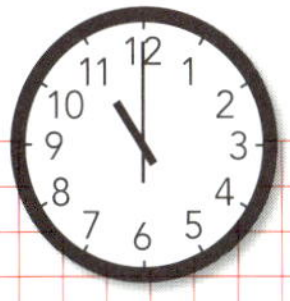

3限
性格・自分がわかる心理学

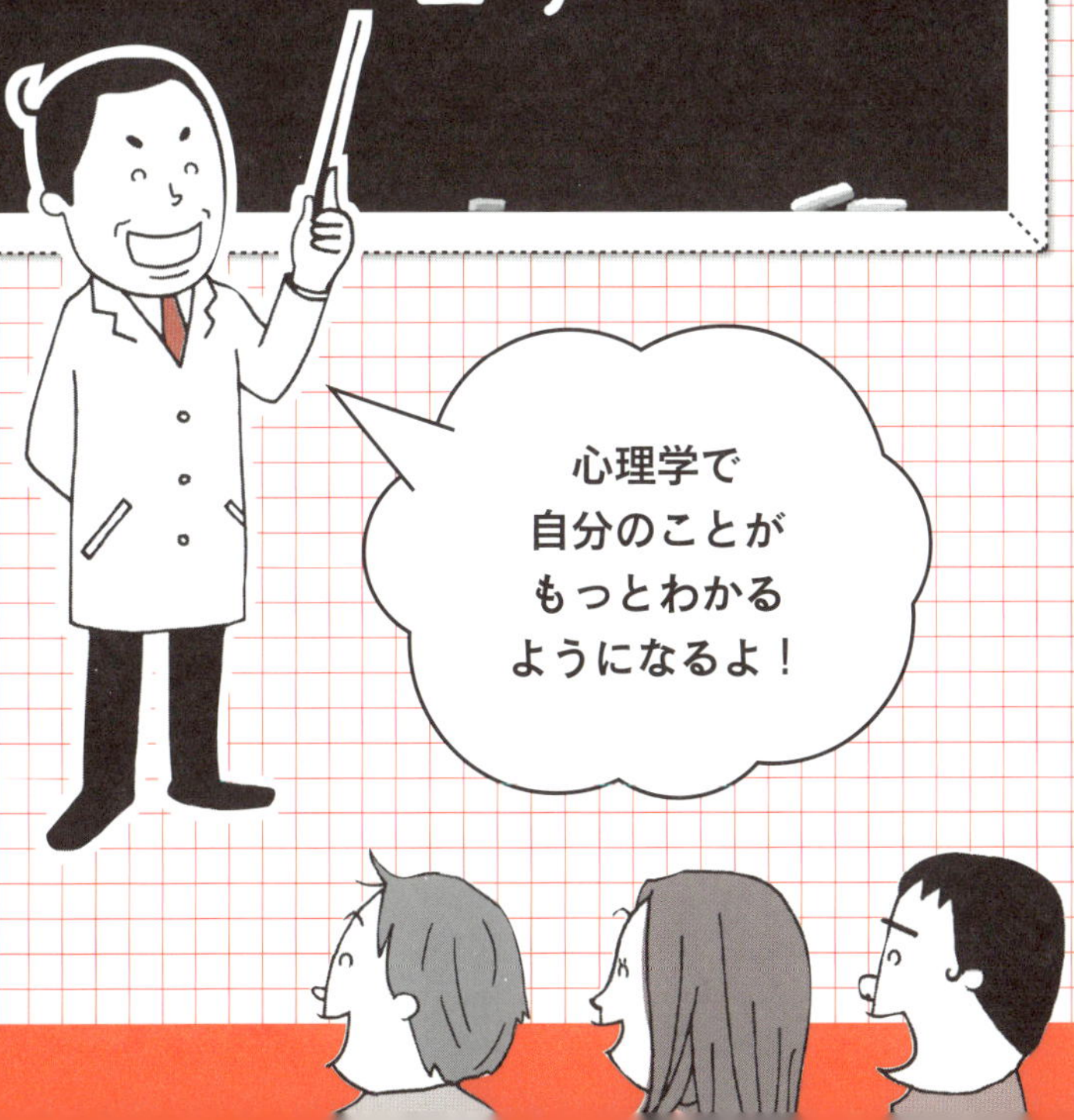
心理学で
自分のことが
もっとわかる
ようになるよ！

introduction 3

遅刻の理由は性格で変わる!?

ナミちゃんは内罰型《ないばつがた》
サトルくんは外罰型《がいばつがた》だね
ナミちゃんはいつも自分を批判的に見てる内罰型
優しいけど自己主張が足りないタイプ
私のせいでっ
だって
その通りです
サトルくんは周りに責任を押しつける外罰型
悩みはないけど自分勝手…
しかたないじゃ〜ん
周りは迷惑かな？
ブンブン
へ〜
心理学の先生なんですか
まあでも映画には間に合うから
行こーよー
ああ
本当に…私が悪かったです
まわりが悪くてさー
そうだね
じゃ 先生 またーー！
彼は無罰型《むばつがた》
とりあえず場を収めようとする「事なかれ主義」
はっきりしない態度でユミちゃんはヤキモキしそうだな
頑張れよユミちゃん…
シアワセになるんだよ
なぜか親心が…

➡ 言葉や行動から性格も読みとれる！

心理学と性格 1

性格は遺伝で決まる？

双子《ふたご》の性格で遺伝の影響を調査

性格がよく似た親子やきょうだいがいますよね。親子やきょうだいの性格が似るということは、性格は遺伝で決まるのでしょうか？

これを確かめるために行った、「**双《そう》生《せい》児《じ》法《ほう》**」という研究があります。一卵性双生児は1つの受精卵が分割して成長するため、遺伝子はまったく同じ。これに対して二卵性双生児は2つの受精卵が同時に成長したものなので、遺伝子的には普通のきょうだいです。一卵性双生児の性格の差が二卵性双生児よりも小さければ、性格は遺伝子の影響を大きく受けるといえますね。

そこで、①同じ環境で育った一卵性双生児、②違う環境で育った一卵性双生児、③同性の二卵性双生児、④異性の二卵性双生児に分け、似通った特性を調査。0＝不一致、50＝平均、100＝一致とした場合、①は92、②は87、③は55、④は56という結果となりました。

遺伝＋環境で性格はつくられる！

双子の研究では、同じ環境で暮らしていても性格に違いが現れるし、反対に離れて暮らしていても性格が似ることがあるということがわかりました。つまり性格は、遺伝子だけでなく環境の影響も受けて決まるということなんですね。また、生まれてからの脳の使い方によっても、性格に違いが出てくることがあるんですよ。

性格は遺伝と環境の影響を受けて、つくられていくよ

【性格】「刻み込まれたもの」というギリシャ語を語源とした「キャラクター」の訳語。現在は「パーソナリティ（人格）」という言葉も広義に性格の意味で用います。

両親の頭がいいと子どもの頭もいい？

ドイツの心理学者ラインエールが、親子の知能の相関関係を調べたところ、以下のような結果になりました。
※ A ■＝優秀な子ども、B ■＝普通の子ども、C ■＝優秀でない子ども

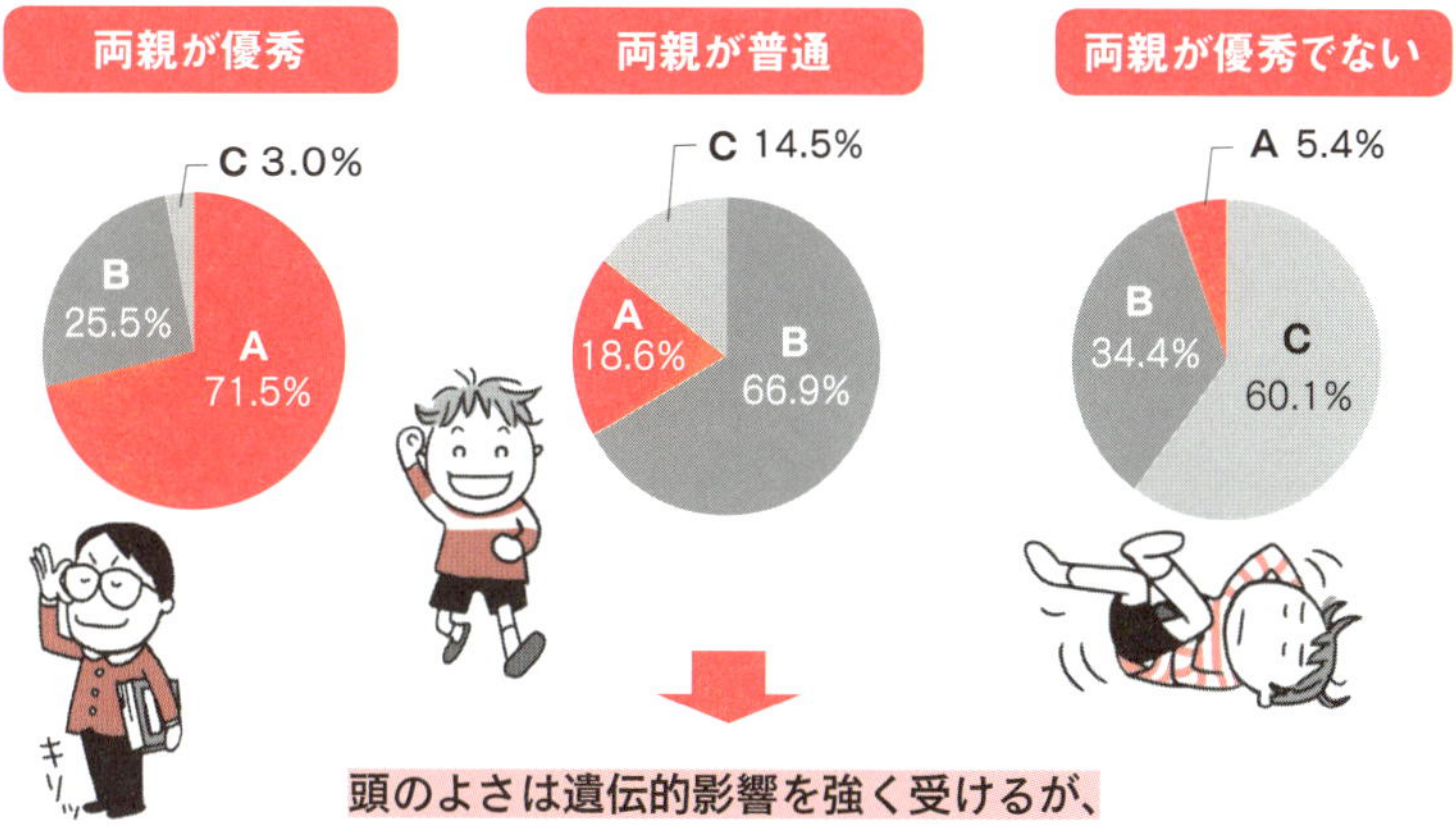

両親が優秀
C 3.0%
B 25.5%
A 71.5%
キリッ
両親が普通
C 14.5%
A 18.6%
B 66.9%
両親が優秀でない
A 5.4%
B 34.4%
C 60.1%

頭のよさは遺伝的影響を強く受けるが、「トンビがタカを産む」場合もある

遺伝的な才能を開花させる方法

アメリカの心理学者ジェンセンは、遺伝によって受け継いだ才能を開花させるには、そのために必要な環境が一定水準（閾《いき》値《ち》）与えられることが条件となると説いています（「ジェンセンの環境閾値説」）。身長や知能など遺伝的要素が強いものは、環境による影響は少なく、学業成績や音感、外国語の習得などは、その才能を伸ばすのに適した環境が与えられないと、遺伝的に才能を受け継いでいても伸びにくくなります。

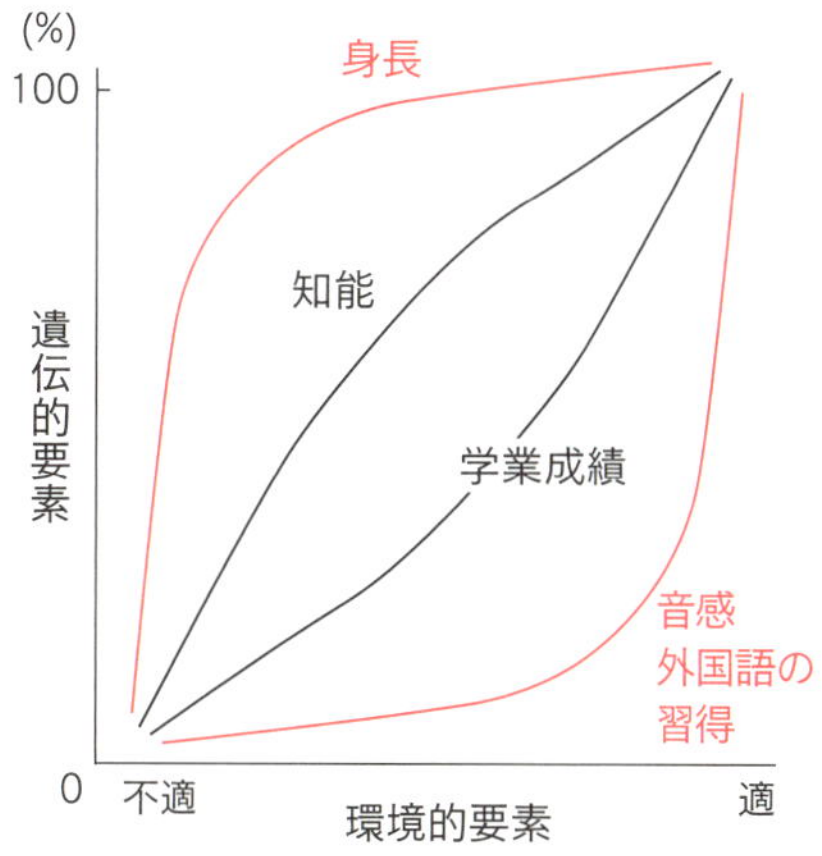

(%)
100
0
身長
知能
学業成績
音感
外国語の
習得
遺伝的要素
不適
環境的要素
適

【フィーリンググッド効果】 過ごしやすい環境にいると心身ともに良い状態となり、その場に一緒にいる相手にもいい感情を持つようになります。

心理学と性格 2

脳が性格を決めている？

海馬《かいば》と扁桃体《へんとうたい》の働きが性格に影響

脳と性格の関係について考えてみましょう。**大脳辺縁系**《だいのうへんえんけい》にある**扁桃体**は食欲、性欲、感情などをコントロールしている器官で、**海馬**は記憶がスムーズに行われるための器官です。そしてこの2つには、人の性格を穏やかに保つという役割もあります。扁桃体が壊れると、食欲、性欲、喜怒哀楽のコントロールが効かなくなり、海馬が壊れると、記憶障害が起こります。病気や事故などで脳が損傷を受けると、性格ががらりと変わり、怒りっぽくなったりすることがあります。それはおもに、大脳辺縁系がダメージを受けたことが原因なのです。

脳の働きで性格が変わる！

正常に機能している脳でも、全員が同じように働いているわけではありません。アメリカの心理学者**デボラ・ジョンソン**は、内向的な人と外向的な人で脳の働きに違いがあるか調べたのです。その結果、内向的な人の脳は前頭葉と視床前部の活性が強く、外向的な人は側頭葉や視床後部の活性が高いことがわかりました。さらに、恥ずかしがりさんは普通の人よりも、脳の扁桃体の活性が高いということも判明しました。つまり、脳の働き方には個人差があって、それが性格を形成するひとつの要因になっているということですね。

脳の機能には個人差があり、それが性格に影響しているよ
心

【扁桃体】 恐怖や不安などを生み出す器官でもあり、扁桃体が壊れると食欲、性行動、喜怒哀楽のコントロールができなくなるなどの異常が起こります。

脳の機能の差が性格に現れる

外向的か内向的かといった性格の違いも、脳の働きが生み出しています。また男女では脳の使い方に違いがあります。

内向的な人

扁桃体や海馬が外からの刺激に反応しやすい。

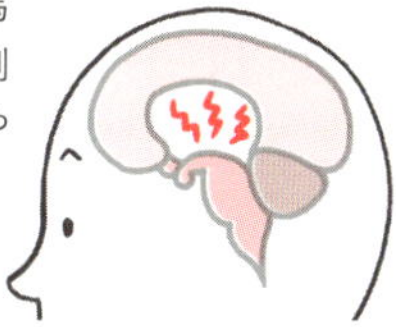

外向的な人

扁桃体や海馬が外からの刺激に反応しにくい。

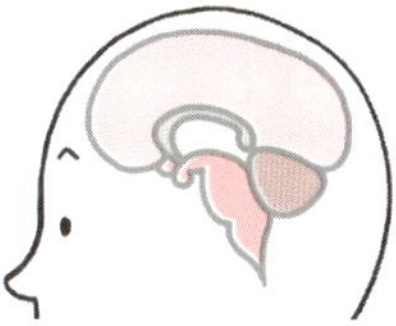

男性

右脳が活発で、方向感覚が優れている。

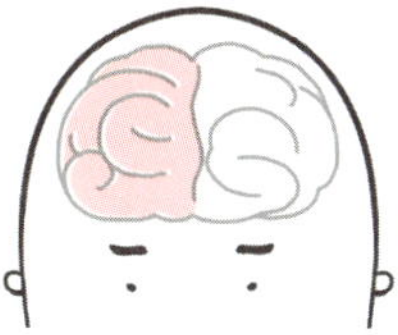

女性

左脳が活発で、会話力に優れている。

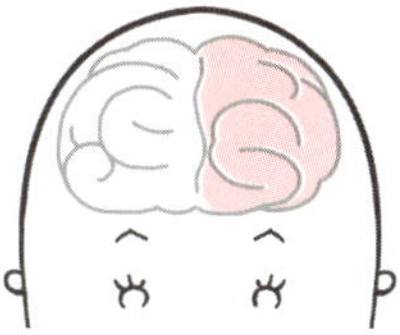

なぜ男性は失恋をひきずるのか

右脳と左脳をつなぐ役割を持つ脳梁《のうりょう》が、男性は女性より小さく、左右の脳の情報交換を臨機応変に行いにくいとされています。

そのため男性は、失恋や失敗したときなどにすぐにチャンネルを切り替えられず、なかなか気分を変えることができません。

次いこー
彼女がよかった…

【右脳・左脳】　右脳は空間認識をつかさどり、左脳は言語をつかさどる機能があります。一般的に、女性は左脳の機能が、男性は右脳の機能が優れているといわれています。

心理学と性格 3

性格には決まったタイプがある？

性格をいくつかのタイプに当てはめて分類するのが類型論

類型論と特性論で性格を診断

人の性格は心理学の大きなテーマなので、多くの学者が研究してきました。性格の分類法は大きく分けて**類型論**と**特性論**の2つがあります。

類型論では人間をいくつかの典型的なタイプに分け、「この人はどのタイプに当てはまるのか」を分類します。対して特性論では、いくつかの特性の組み合わせにより性格を分類します。特性論については後ほど説明しますので、ここでは類型論について説明します。

体型や細胞が性格をつくる!?

「やせている人は神経質」など、体型と性格を関連づけて考えることってありますよね。ドイツの精神医学者**クレッチマー**は、多くの精神病患者と接するうち、性格と体型にはある程度の相関関係があることに気付きました。そこで、「**体型別性格分類法**」を提唱。体型別に、性格を次の3つのタイプに分類しました。

①**肥満型（循環気質）**：親しみやすい性格で、周囲の環境に順応するのが得意ですが、やや慎重さに欠けます。

②**やせ型（分裂気質）**：繊細な神経の持ち主で、自分の世界にこもりがち。社交性はあまり高くありません。

③**筋肉型（粘着気質）**：粘り強く几帳面。曲がったことが大嫌いで、頑固で融通が利かないとこ

【四大体液説】　ヒポクラテスが説いた類型論。人間の体内を流れる血液、粘液、黄胆汁、黒胆汁の4つの体液のバランスが取れている状態を健康と定義しました。

ろがあります。

どうですか？「当たってる！」と思えるところもあるのではないでしょうか。

さらにアメリカの心理学者**シェルドン**は、クレッチマーの研究を踏まえ、人の体を構成している細胞と気質には一定の関係があると考えました。そして、4000人以上の人の体型と気質を分析し、次の3タイプに分け「**発生的類型論**《はっせいてきるいけいろん》」を唱えました。

①**内胚葉型**《ないはいようがた》**（肥満型）**：消化器に変化する内胚葉が発達したタイプ。温和でのんびり屋ですが責任感が薄く、約束を守らないことも。

②**中胚葉型**《ちゅうはいようがた》**（筋肉質型）**：筋肉や骨に変化する中胚葉が発達したタイプ。活動的で異性にもてますが、周囲と衝突しやすく、仕事や人間関係でトラブルになることもあります。

③**外胚葉型**《がいはいようがた》**（やせ型）**：神経系に変化する外胚葉が発達したタイプで、感受性が豊かで芸術肌。内気で心配症のため、友達は少なめです。

クレッチマーの体型別性格分類法

クレッチマーは、体型と気質の関係により、性格を以下の3つのタイプに分類しました。

肥満型

躁うつ気質で、気分にむらがある。

やせ型

分裂気質で、神経質なところがある。

筋肉型

粘着気質で、自分の意見を曲げない。

【価値類型論】 ドイツの心理学者シュプランガーが提唱。理論型、経済型、審美型、政治型、宗教型、社会型の6つの価値観で分類できるとしました。

心理学と性格 4

心の機能が個性をつくる

外向型と内向型に大きく分類

ユングは、心のエネルギーが外界の物事や自分以外の人に向かう**外向型**と、自分の内面に向かう**内向型**に分類しました。

外向型は楽天的で陽気、活発、リーダーシップがあり、社交的、周囲に流されやすい、自分の欲求に気づきにくいなどの特徴があり、内向型はマイペースで我慢強く、人付き合いや新しい環境が苦手、他人の意見をなかなか受け入れないなどの特徴があるとしています。

この2つの性格は誰の心にも存在するものですよね。より強いものが表面に現れているに過ぎず、隠れているもう一方が、無意識の中から現れることがあるとユングは考えました。

心の4つの働きにも注目

ユングはさらに、**思考**、**感情**、**感覚**、**直観**という4つの**心理機能**に注目し、より細かく性格を分類。この4つは誰もが持っているものですが、人によってとくに発達している**優越機能**があると考えたのです。そして、外向型・内向型の2つの性格と、心の機能を組み合わせて、性格を8つのタイプに分けました。

しかし、この8つのタイプは固定したものではありません。周囲の環境とのかかわりによって、機能の配置転換が行われるとしており、これを**個性化《こせいか》の過程《かてい》**といいます。

性格と心の機能で、ユングは人を8つのタイプに分類したよ

【心理機能】 思考と感情は判断をつかさどる機能で対立関係にあり、感覚と直観は背後にある意図を取り入れる機能で同類になります。

ユングが分類した８つのタイプ

ユングは、性格と心の機能を組み合わせて、８つの性格タイプを分類しました。

性格

外向型
楽天的、陽気、
活発、社交的、
リーダーシップが
ある

内向型
マイペースで
我慢強い、控えめ、
人付き合いが
苦手

×

心理機能

思考
物事を論理的
にとらえる

感情
好き嫌い、
快不快で判断

感覚
嗅覚など五感で
とらえる

直観
インスピレーション
を重視

＝

8つの性格タイプ

外向	外向思考型	外向感情型	外向感覚型	外向直観型
内向	内向思考型	内向感情型	内向感覚型	内向直観型

【外交的】「外交」は外部との交際・交渉という意味なので、「外交的」は積極的に人と接することができるということ。ユングの唱えた「外向」とは意味が異なります。

特性でみるパーソナリティ

その人ならではのパターンを分析

これまで紹介してきた類型論は、典型的な人のタイプにそれぞれの人間を当てはめたものです。しかし、それは大まかで、人の性格の多様さをとらえきれなかったのです。そこで20世紀に入り登場したのが**特性論**です。たとえば、思いやりのある性格の人は、会社では同僚の仕事を積極的に手伝い、電車では席も譲るでしょう。楽観的な人は、失恋しても立ち直るのが早いし、会社が倒産しても前向きに生きていけるでしょう。このような、その人ならではの行動・心理面でのパターンを**性格特性**《せいかくとくせい》といいます。

特性論では、**因子分析**《いんしぶんせき》という統計的な手法で性格特性を分析します。たとえば、「細かいことが気になる」といった質問に対して「はい、いいえ」で答えてもらい、その統計から、その人がどういった傾向が強いかを分析し、性格を分類するのです。

類型論よりも詳しく性格を分析するのが、特性論だよ

90年代から広まったビッグファイブ性格説

1990年代ごろから広まり、現在主流になっているのが、人の性格はだいたい同様の5つの基本的特性によって構成されるとする**ビッグファイブ性格説（性格五特性説《せいかくごとくせいせつ》）**です。人間には民族の違いを超えて現れる、普遍的な5つの共通する特性があるとし、5つの因子の強弱で性格の違いをとらえています。

【内田―クレペリン精神作業検査】 隣り合った数字をひたすら足していき、作業量の変化のパターンで性格や適性を診断する性格検査。

特性論による性格分析

ビッグファイブ説では、さまざまな質問（数十〜数百問）をし、答えの傾向を5つの因子ごとに統計するなどして、性格特性を分析します。

※因子の種類、質問項目などは研究者によって異なります。ここでは一例を挙げています。

①質問をする

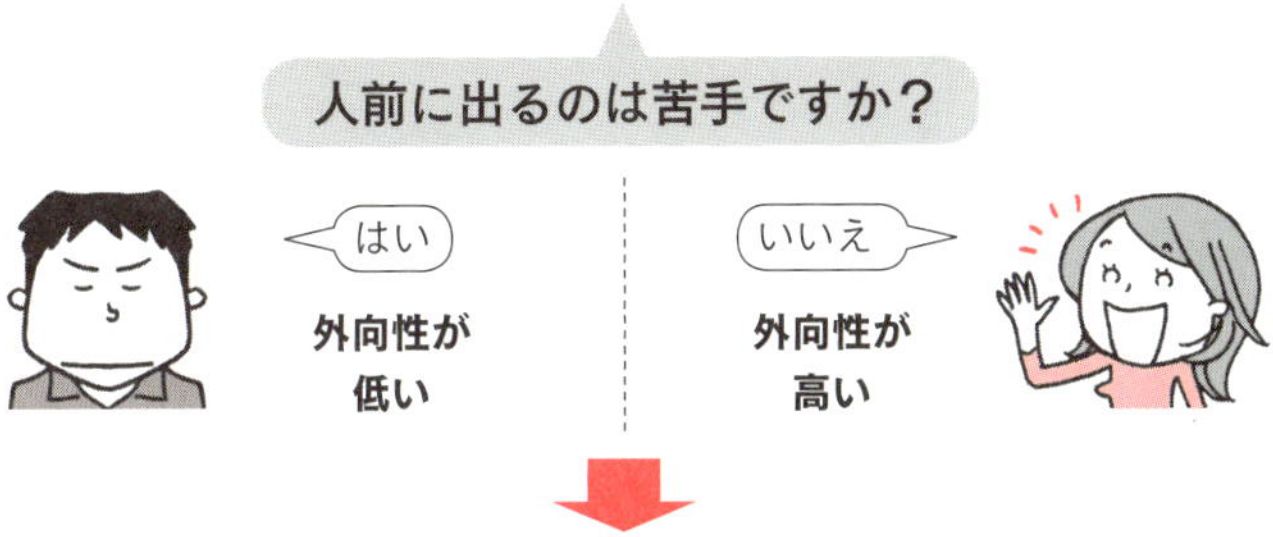
人前に出るのは苦手ですか？
はい
外向性が低い
いいえ
外向性が高い

② 5つの因子の強弱で性格を分析

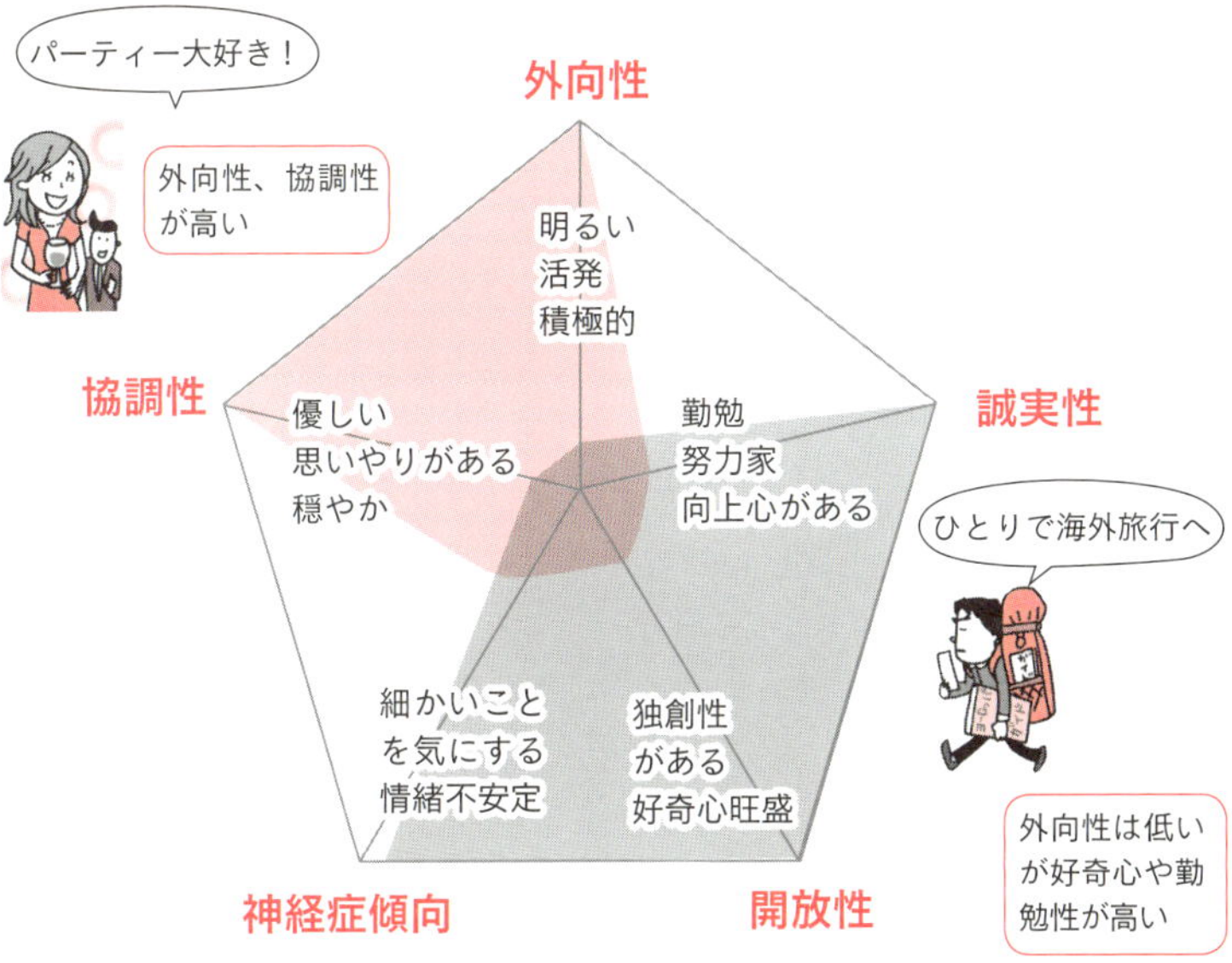
パーティー大好き！
外向性、協調性が高い
外向性
明るい
活発
積極的
協調性
優しい
思いやりがある
穏やか
誠実性
勤勉
努力家
向上心がある
ひとりで海外旅行へ
細かいことを気にする
情緒不安定
独創性がある
好奇心旺盛
神経症傾向
開放性
外向性は低いが好奇心や勤勉性が高い

【NEO 性格調査表】 心理学者のスタとマックケアは5つの特性を神経質、外向性、開放性、好感性、良心性と定義し、この分類をもとに作成した性格検査です。

性格テストで自己分析！

テストで性格が明らかに！

客観的に性格を理解するために有効なのが、性格テストです。大きく分けて以下の3つの方法があります。

①**質問紙法**：質問事項に「はい」「いいえ」「どちらでもない」などと答えていき、性格を判断。

②**作業検査法**：特定の検査場面を設定し、作業の結果や経過から性格の特徴を判断。

③**投影法**：ある刺激を与えたときの反応から深層心理を探り、性格を判断。

性格テストは、**特徴や気質などを分析し、性格を判断するもの**。一般的な性格が知りたいときや特定の分野での性格を知りたいときなど、目的に応じて使い分けられるものなんですよ。

困ったときに本当の性格が出る!?

アメリカの心理学者**ローゼンツワイク**は、その人の攻撃的傾向を知るためのテスト**「PFスタディ」**を考案しました。困ったことやいやなことが起こった場面をイラストで見せ、自分ならどのような反応をするかを、空白のふきだしに書かせるというものです。たとえば、「おねしょをしたことを母親に責められている子どもの気持ちになって、一言」といった具合です。

人は追いつめられたとき、本性が出るといいますよね。こうしたテストを受けることで、自分の深層心理を探ってみるのも面白いですよ。

人の性格を研究するために、いろいろな手法が使われているよ
心

【バーナム効果】　どんな人にでも当てはまる性格記述であっても、自分の性格を言い当てられたように思い込む心理的効果のこと。

木を描くだけで性格がわかる？

ドイツの心理学者コッホが考案したバウム・テスト。画用紙に１本の木を描くと、その木に自分が投影されると考え、木の形から性格を分析しました。

木の大きさ	木の幹	木の枝	樹冠
画面いっぱいに描いた人は自己顕示欲が強く、積極的。小さく描いた人は引っ込み思案で、劣等感がある。	幹が太いほど自分に自信があり、細い幹は自信のなさや無力感を、途中が大きく膨らむのは欲求不満傾向を表わす。	幹とバランスがよく、広く伸びているなら他者との関係づくりに積極的。鋭くとがった枝は、他者への攻撃性を表わす。	大きな樹冠は、大きな目標を持っていることを表わす。花や葉を細かく描く人は、自己承認欲求が強い。

※挙げたのは一例。ほかにも細かい項目を分析し、総合的に判断します。

【気質】 性格の中でも感情面の個性。気質は性格の基盤となるもので、遺伝の影響を強く受けているといわれています。

心理学と性格 7

会話から心の動きを分析！

5つの心を診断する交流分析

人と人との交流をテーマにする**交流分析**を提唱したのが、アメリカの精神科医**バーン**です。これは人には5つの心があるという考え方に基づいたものです。バーンの弟子で同僚でもある**デュセイ**は、5つの心のうちどの部分が優勢かを明らかにする、**エゴグラム**という自己診断リストをつくりました。

①**P（ペアレンツ＝親）**：発達の過程で取り入れた親的な心。これが**NP（養育的親）**と**CP（厳格的親）**の2つに分かれます。

②**A（アダルト＝大人）**：客観的に情報を収集し、論理的・知性的に状況を判断する心です。

③**C（チャイルド＝子ども）**：子どものままの心。これが**FC（自由な子ども）**と**AC（順応的な子ども）**の2つに分かれます。

エゴグラム分析をしてみよう

先輩社員との会話をエゴグラム分析してみましょう。上司に非難されてやけ酒を飲んでいる先輩社員にあなたはどんな言葉をかけますか？

①ノルマがきついから大変ですよね。先輩はよくやっているといつも感心していますよ。

②やけになっちゃだめですよ。もっと冷静になってください。

③飲み過ぎは体に毒ですよ。電車があるうちに帰りましょう。

相手との交流の形を分析すると、お互いの心を理解できるよ

【エゴグラム診断テスト】5つの心を視覚化するテスト。結果は固定的なものではなく、年齢や状況などによって変わります。

④私に当たられても困るんですよね。不満は部長に直接言ってくださいよ。
⑤先輩の意見は正しいです。

やけになっている先輩社員はFC（自由な子ども）な心理状態になっているわけですね。それに対して①はNP（養育的親）、②はCP（厳格的親）、③はA（大人）、④はFC（自由な子ども）、⑤はAC（順応的な子ども）が優位に働いています。

　このようにお互いの心理状態を分析することで、トラブルがあった場合でも解決法を見つけることができます。

エゴグラムで交流分析

エゴグラムで相手とのやりとりを分析してみると、以下のような図で表すことができます。

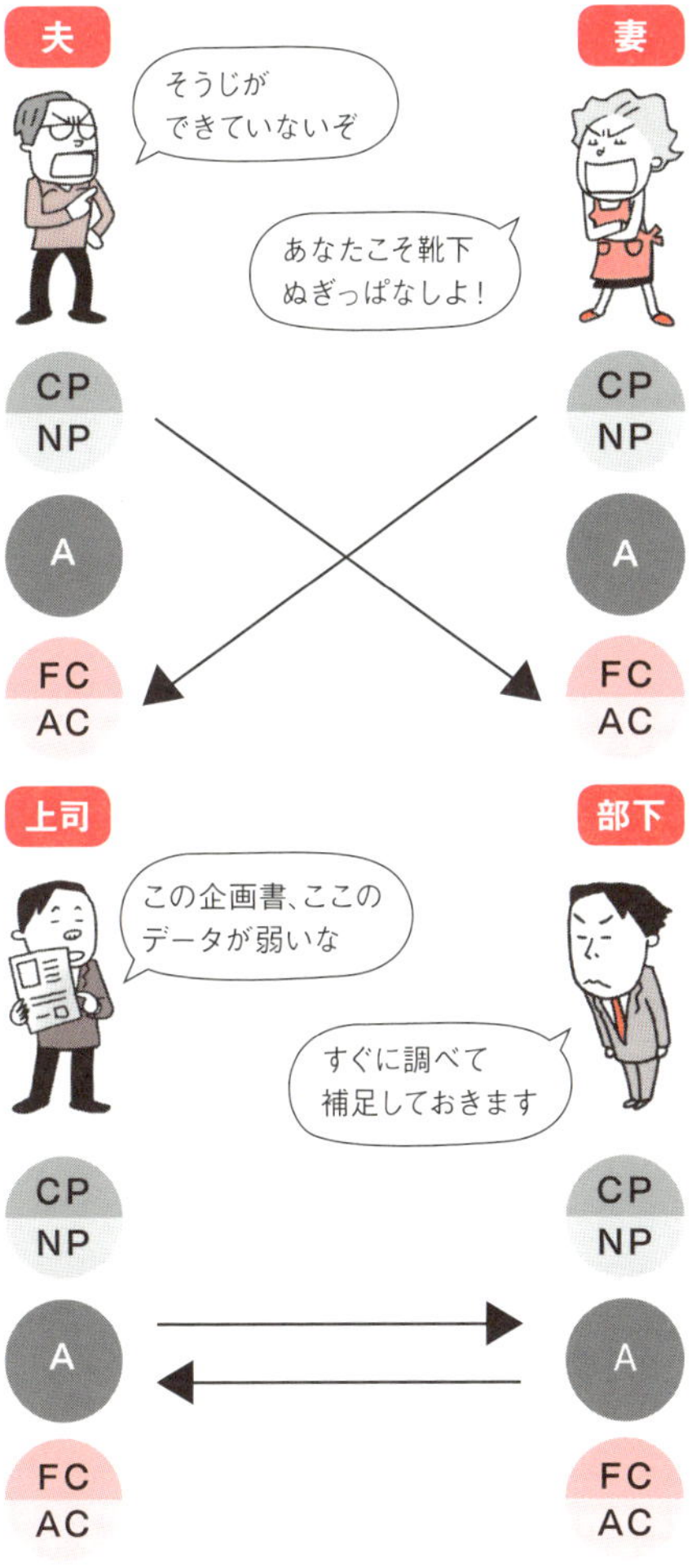
夫
妻
そうじができていないぞ
あなたこそ靴下ぬぎっぱなしよ！
CP
NP
A
FC
AC
CP
NP
A
FC
AC
上司
部下
この企画書、ここのデータが弱いな
すぐに調べて補足しておきます
CP
NP
A
FC
AC
CP
NP
A
FC
AC

【構造分析】　5つの心のバランスを見るもの。NPが強い人は世話焼き、CPが強い人は頑固おやじなど、性格をタイプ分けすることができます。

心理学と性格 8

兄は兄らしく、弟は弟らしくなる？

置かれた立場が違うから、きょうだいで性格が異なるんだよ

生まれ順の性格の差は親の接し方による

姉はしっかり者、弟はのんびり屋など、きょうだいなのに性格がまったく違うことってよくありますよね。同じ親の子どもとして生まれ、同じ環境で育っているはずなのに、なぜ性格に違いが出るのでしょうか。

生まれ順による性格の違いをつくる大きな要因は、親の接し方の違いです。上の子は初めての育児のため熱心に子育てし、愛情も精いっぱい注ぎますが、神経質にもなりがち。また下の子が生まれると、「早くしっかりしてほしい」と思うようにもなります。そのため上の子には、自制的、慎重、控えめ、親切、面倒なことを嫌う、といった特徴が見られるようになります。

一方、上の子でひと通り経験しているので、下の子はおおらかに育てることができますが、手抜きにもなりがち。最後の子育てだと思うと「いつまでも幼いままでいてほしい」という気持ちも抱きます。そのため下の子には、快活、活動的、おしゃべり、甘ったれ、強情、依存的、やきもちやき、といった特徴が見られるようになります。

年齢差や呼び方も性格に影響

生まれ順による性格の違いがよりはっきり出るのは、以下のようなときです。

①きょうだいの年齢差が2～4歳

【発達期待】「こういうふうに成長してほしい」と、親が子どもに抱く期待のこと。発達期待の在り方は国によって異なり、日本は従順で慎ましいことを期待されます。

適度な年齢差があると、お互いをきょうだいだと強く意識します。年子や5歳以上年が離れている場合は、きょうだいとしての役割を意識することが少なくなります。

②上の子をお兄ちゃん・お姉ちゃんと呼ぶ

親や下の子が上の子を名前など固有名詞で呼ぶ家庭より、「お兄ちゃん・お姉ちゃん」と呼ぶ家庭のほうが、きょうだいの役割分担が明確になりやすいのです。

いずれにしろ、子どもにとってきょうだい関係は最初に経験する人間関係であり、社会性を発展させていくベースになります。

きょうだいの性別や年齢差で関係が変わる

きょうだい間の関係は、性別や年齢差により変わるといわれています。

調和関係

年の近い姉妹は仲良しになりやすい。

対立関係

年齢差が小さいとけんかになりやすい。

専制関係

兄妹や姉弟の場合、上の子が強くなりやすい。

分離関係

年の離れたきょうだいは不干渉になりやすい。

【性役割】 その性に期待される役割で、いわゆる男らしさ、女らしさ。子どもは周囲の期待にこたえる形で、少しずつ自分の性にふさわしいふるまい方を身につけていきます。

心理学と性格 9

男らしさ、女らしさって何？

生物学的な性のほかに社会的な性がある

「男らしくきっぱりあきらめる」「夫を立てる女らしい妻」など、「男らしい」「女らしい」という言葉を聞く機会は多いですね。「男らしさ」「女らしさ」とは一体何なのか考えてみましょう。

身体的な特徴を見た場合は、両者の違いは明らかですね。身体的な性は「**セックス**」と呼びますが、性差はそれだけでは語れません。社会がその性に期待する役割を「**ジェンダー**」といい、これは**社会的な性**です。

ジェンダーは学習して身につける性

「女らしい女性とは？」と聞かれたとき、大半の人はおしとやか、男性を立てる、優しい、控えめ、気配りができるなどのイメージを思い浮かべると思います。しかしこれは万国共通のものではありません。たとえば、女性に一家の働き手としての役割を求める国では、たくましい、健康的、甲斐性があるといったイメージが女らしさになるでしょう。

つまり、セックスは生まれながらに持っている性ですが、ジェンダーは社会や周囲から求められる自分の性の役割を意識し、学習することで、身につけていく性。一般的に、小学校高学年ごろになると大人と同様のジェンダーを身につけ、その役割に合わせてふるまうようになるといわれています。

ジェンダーは、
周囲の期待に
応じて身につける
社会的な性だよ

【ジェンダー・ステレオタイプ】 「男はたくましいもの」など、その性の持つ役割を決めつけること。ステレオタイプは他者をカテゴリーに分けて判断する心の動きを意味します。

男らしさ・女らしさはどうつくられる？

子どもは後天的に、性別に期待される役割を身につけていきます。

1 周囲からの期待を受ける
男の子が
お人形遊びなんて…
男の子はヤンチャな
くらいがいいのよ
お父さんみたいに
たくましい男になれよ
男の子なんだから
泣かないの！
2 男らしさを意識する
3 「男らしい」人間になる

時代に合わせて求められる役割も変化している

女性の社会進出が当たり前になり、専業主夫も増えている昨今、従来の女性らしさ・男性らしさの概念は通用しなくなってきています。「男性性」「女性性」が両方とも高いほうが、社会でも家庭でもスムーズに生きていけると考えられるようになりました。

【ジェンダー・スキーマ理論】 さまざまな情報を処理する際、男性、女性というジェンダーをベースにしてカテゴリー分けするという考え方。

心理学と自己 1

大人だけど中身は子ども？

心が子どもから成長していない男性

もう立派な大人なのに、自己中心的で子どものようなふるまいをする男性、あなたのそばにいませんか？　アメリカの心理学者**カイリー**は、体は大人になっても心が成長せず、行動や感情が子どものままの男性のことを「**ピーターパン・シンドローム**」と名づけました。

ピーターパン・シンドロームの男性には、社会的に未熟、ナルシスト、無責任、反抗的、怒りっぽい、傷つきやすい、不安定、社会活動（就職など）に消極的といった特徴があります。

性的なコンプレックスが強く、女性に苦手意識を持ちますが、母性の強い〝お母さん〟的な女性に恋愛感情を抱きます。

いつまでも夢を追いかける

〝大人になりきれない男性〟といえば、いつまでも見果てぬ夢（＝青い鳥）を追いかけ続ける「**青い鳥症候群**」もあります。

現実的な自分の立場と、理想として描く自分の姿に大きなギャップがあり、自分に適した仕事や立場はほかにある、自分が本当にしたいことはほかにあると考えるんですね。

そのこと自体は悪いことではないし、青い鳥症候群の男性は好人物が多いです。しかし、転職を繰り返したり、家計を圧迫するほど趣味に打ち込むなど、周囲の人を困らせます。

実年齢に応じた態度で現実に向き合えない人がいるよ
心

【ウェンディ・ジレンマ】　ピーターパンの母親的存在だったウェンディのように、夫や恋人のことを甘やかすのはよくないと思いつつ、それが愛情表現だとも思う女性のジレンマ（葛藤）。

夢を追い続ける男、現実を受け入れられない女

精神年齢が現実に追いつかない、または現実の年齢を受け入れられないといった、心に問題を抱えた男女が増えています。

ピーターパン・シンドローム

いつまでも子どもでいたい願望がある。就職や結婚をせず、実家や母親に依存し続ける場合も。

このコが
恋人さ

青い鳥症候群

本当の自分、もっとふさわしい場所があるはず、と理想を追い求めて、転職などを繰り返す。

しあわせは
どこ～
会社

拒食症（思春期やせ症）

自分の体が大人の女性になっていくことを恐れ、食事をとることを拒否してしまう。

大人に
なりたくない

老女優症候群

老化によって自分の容姿が衰えていくのを認められず、現実逃避する。うつ状態になることも。

自分が
イヤ～

【シンデレラ・コンプレックス】 シンデレラが王子様に見初められて玉の輿に乗ったように、男性に高い理想を追い求め続ける女性の依存的願望のこと。

心理学と自己 2

コンプレックスを乗り越える方法

成長するにはコンプレックスが必要？

背が低い、目が細い、足が遅い、成績が伸びないなど、自分の外見や能力を人と比べて**コンプレックス**を感じることってありますよね。

日本ではコンプレックスを**劣等感**とも呼んでいますが、コンプレックスは本来、無意識の中に閉じ込められた感情や記憶の集合体のこと。劣等感以外の感情も含まれているのです。コンプレックスという概念を心理学で最初に使用したのは**ユング**なんですよ。

コンプレックスを感じるのは苦しいことですね。しかし、精神分析家の**アドラー**が「コンプレックスは人の心を動かす中心的エネルギー」と述べているように、コンプレックスをプラスのエネルギーに変換できれば、向上心が高まり、大きな成果を上げることが可能に。反対にコンプレックスがない人は成長しないし、挫折したときに踏ん張ることもできません。

過度のコンプレックスは心の病の原因に

前述のように、コンプレックスは必ずしも悪者ではありません。しかし、コンプレックスが強すぎると、対人恐怖症、依存症、うつなど精神疾患を起こすことがあります。その際は**催眠療法**で無意識に働きかけ、コンプレックス克服を目指す方法も。ユングもコンプレックスを克服できれば、心の病は治ると考えました。

コンプレックスをエネルギーに変えれば、成長できるんだよ

【催眠療法】　心の専門機関で行う対面催眠療法、家庭にいて受ける遠隔催眠療法、幼児体験から心の病の原因を探る退行療法などがあり、その人に適した療法が選択されます。

ところで、劣等感以外にもさまざまなコンプレックスがあり、中にはなかなか克服できない厄介なものもあります。成人男性と母親が依存関係を続け、そのことに疑問を感じない**マザー・コンプレックス**、いけないとわかっていても母親が子どもを虐待してしまう**白雪姫コンプレックス**、きょうだい間で敵意を持ったり、競争心を燃やす**カイン・コンプレックス**、異性のきょうだいに抑圧された性愛感情を抱く**オナリ・コンプレックス**、自分より相当年下の少女に抑圧された性愛感情を抱く**ロリータ・コンプレックス**などがこれに当たります。

マザコン男は こうして生まれる!?

フロイトは、幼児期のエディプス・コンプレックスが解消されないことがマザコンの原因と考えました。

1 3～6歳頃に、母親に性的な憧れを持ち、父親を疎ましく感じる「エディプス・コンプレックス」を生じる。

2 父親が仕事中心で家庭を顧みないような環境では、母と息子が強く結び付く。

童
話

3 成長しても母親から自立できず、依存する。

彼女より
ママが大事！

【引き下げの心理】 自分より優れた相手に接してコンプレックスを感じたとき、相手の価値を下げてコンプレックスを解消しようとする心理。

心理学と自己 3

いつもポジティブでいるために

前向き・後ろ向きの違いは自尊感情

「つねに首位をキープしたい」と思っているスポーツマンは、2位になってしまったら、自分はダメな人間だと感じ、後ろ向きになってしまうでしょう。反対に、野心の少ない人は自分に課するハードルも低くなるので、1試合勝てただけでも「自分はできる！」と自分のことを大いにほめ、前向きになれるものです。

前向きになるか後ろ向きになるかの違いは、**自尊感情**《じそんかんじょう》の差です。アメリカの心理学者**ウィリアム・ジェームズ**は、「自尊感情＝成功÷願望」という公式を考案しました。

冒頭の例だと、つねに1位でいることを望む人は「誰にも負けない」という願望値が高いので、2位では満足できず自尊感情は低くなります。反対に、「そこそこできればいい」と思っている人は願望値が低いので、普段より少しうまくできただけで自尊感情は高くなります。

自分を好きになると自尊感情が高まる

高い目標を持ち自分を律するのはすばらしいことです。でも、つねに自尊感情が低いと前向きに取り組めなくなってしまいますよね。前向きになるにはどうしたらいいのでしょうか。

自尊感情を測定するテストの「**自尊感情尺度**《じそんかんじょうしゃくど》」を考案した、アメリカの心理学者**ローゼンバーグ**は、このテストを行っていく中で、自尊感情

自尊感情を高く持ち、自分の価値を認めることが大切だよ

【自尊感情】 自分の弱さや欠点も含めて自分自身を肯定的にとらえ、自分は価値のある存在だととらえる感覚。自尊心ともいいます。

の高い人は自分のことを「これでよい」と考えていることを発見しました。そして、自分と人を比べて、どちらが勝っていてどちらが劣っていると評価するのではなく、「人は人、自分は自分」と分けて考え、自分の価値を認められる人ほど自尊感情が高いこともわかりました。

つまり前向きになるには、自尊感情を高く持つことが大切なわけです。そして、自尊感情を高く持つには、自分自身に価値を見出し、自分のことを好きになることが重要。さらに失敗したときには「失敗は成功のもと」と発想を転換し、自尊感情を低くしないことも必要です。

ジェームズによる自尊感情の公式

何かに挑戦し、結果失敗しても、願望が低い人の自尊感情は高いまま。逆に願望が強い人ほど、失敗によって自尊感情が低くなります。

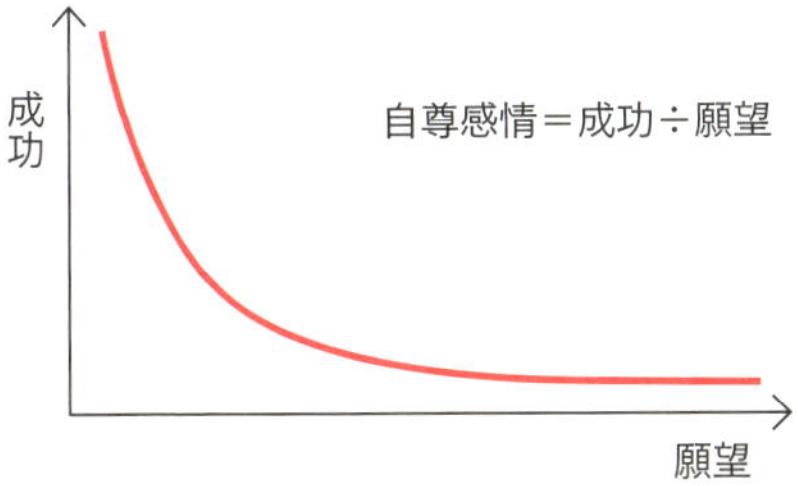
成功
自尊感情＝成功÷願望
願望

願望が低い人
失敗しても
次に生かせばいいや
願望が高い人
絶対成功しなきゃ。
失敗できない

ローゼンバーグの自尊感情尺度10項目

❶ 自分に満足している
❷ ときどき自分はダメだと思う
❸ いくつか見どころがある点がある
❹ 友達と同じくらい、いろいろなことができる
❺ 得意なことがあまりない
❻「役に立っていない」と感じることがある
❼ ほかの人と同じくらい価値ある人間だと思う
❽ もっと自分を尊敬できたらと思う
❾ 何をやっても失敗するのではと思ってしまう
❿ 自分は前向きである

【自尊感情尺度】 10の項目に対して「いつもそう思う」「ときどきそう思う」「あまりそう思わない」「まったくそう思わない」で答えてもらい、回答者の自尊感情の高さを測ります。

心理学と自己 4

自分を客観的に見るには？

自分のことは意外と知らない!?

「自分はこういう性格」と思っていることと、人から指摘される性格がかけ離れていることってありますよね。案外自分のことは、自分でわかっていないものなのです。

アメリカの心理学者**ジョセフ・ルフト**と**ハリー・インガム**は、このことを**「対人関係における気づきのグラフモデル」**として発表。2人の名前を組み合わせた**「ジョハリの窓」**という名称で知られています。

4つの自己を表した「ジョハリの窓」

「ジョハリの窓」では、自分から見た自分と、他人から見た自分を「知っている」「知らない」に分け、以下の4つの領域をつくっています。

①**開放領域**：自分も他人も知っている部分。

②**盲点領域**：人には見えているのに、自分では気づいていない部分。

③**隠ぺい領域**：他人には隠している部分。

④**未知領域**：自分も他人も知らない、無限の可能性を秘めた部分。

自己開示力を高めて開放領域を広げたり、隠ぺい領域を小さくすることで、人との交流を深めることができます。また、盲点領域を指摘してくれたり、未知領域を開いてくれたりする人を見つけることで、自分の性格や生き方をよりよく変えることもできるでしょう。

「ジョハリの窓」で、今まで見えていなかった自分の姿を知ろう

【自己開示】 自分の考え、経験、趣味、家族、仕事、性格、身体的特徴などを正直に打ち明けること。自己開示したほうもされたほうも相手に好感を持つようになります。

気づいていなかった自分の姿を映す「ジョハリの窓」

「自分の本当の姿」だと思っているのは、自分が把握している一面でしかありません。本当の自分を知るためには、他者とのコミュニケーションが重要です。

		自分	
		知っている	知らない
他人	知っている	**開放領域** 自分と他人の両方が知っている自分。自分が他人に開示している部分。  好きだよね？ / cake	**盲点領域** 自分は知らないが他人は知っている自分。自分では気付いていない部分。  案外気が強いなあ… / なぜダメ!? / 企画書
他人	知らない	**隠ぺい領域** 自分は知っているが、他人は知らない自分。他人に公開していない部分。  アイドル	**未知領域** 自分も他人も知らない自分。未知の可能性を秘めた部分。  社内コンペ

▲ジョハリの窓

【ポジティブ幻想】 必要以上に自分を肯定的にとらえ、本来持っている実力以上に自分を過大評価する心理状況。ある程度は持っていたほうが、社会に適応しやすいともいえます。

心理学と自己 5

自分を好きになりたい！

いいことをすると自分を好きになる

電車に乗っているとき、お年寄りや妊婦さんなどに席を譲った経験はありませんか？　そのとき、あなたはどんな気持ちになりましたか？　なんとなくうれしくなって、いい気持ちにならなかったでしょうか。反対に、お年寄りに気付いてとっさに寝たふりをしてしまったときは、心がザワザワ、チクチクして、いやな気持ちにならなかったでしょうか。

前者のケースでは、人にいいことをしたことで自分を肯定的にとらえられ、前向きなエネルギーがわいてきています。反対に後者は自分の行為に後ろめたさを感じ、ネガティブになっています。自分を好きになれるのはどちらのケースか、一目瞭然ですね。

自分を好きになるには、自分の存在や行動を認め、尊重する、自己肯定感を高めること、つまり、自分で自分の評価を上げることが重要。人は子どものころから他人とのかかわりを通して、**自己愛**や**自尊感情**を高めていきます。

自分を認めることと、「自分はできる」と思うことが大切だよ
心

「自分にはできる！」が成功の鍵

何かの行動を起こし、成果を得るには「自分にはできる！」と考えることが大切ですよね。カナダの心理学者**アルバート・バンデューラ**は、「自分が主体となって対応している」と確信する感覚を**自《じ》己《こ》効力感《こうりょくかん》**と呼びました。自己効力

【社会的比較理論】　自分ひとりでは自分のことを評価しようがなく、他人の中で比べたりもまれたりしながら、自分の意見や能力を正しく評価するようになるということ。

感が高い人は前向きに取り組むことができますが、「自分にはできない……」と考える自己効力感の低い人は行動が起こせなくなるのです。自己効力感が高まると自尊感情も高まり、自分に自信が持てるようになるので、さらに成功を導くような行動をとれるようになります。

みなさん、自己効力感を高めたくなったことでしょう。バンデューラは自己効力感を高めるポイントも述べていますよ。

必要なのは①**達成体験**《たっせいたいけん》（何かを成し遂げたという達成感）、②**代理体験**《だいりたいけん》（他人の達成体験を通して自分もできると感じる）、③**言語的説得**《げんごてきせっとく》（周囲から「できる」と励まされる）、④**生理的**《せいりてき》**情緒的高揚**《じょうちょてきこうよう》（苦手意識の克服）の４つで、とくに①を最重要項目としています。

ひとつひとつ成功体験を積み重ねていくことで、なんでも前向きにチャレンジできるようになり、ビッグチャンスもつかめるようになるということですね!!

自己効力感を高める４つのポイント

次の４つの体験が、「自分にはできる」という気持ちを高めます。

①達成体験

企画書
それでいこう！

自分で行動し、何かを成し遂げたと思うこと。

②代理体験

新規契約をとったんだ

他人の成功を見て自分もできると感じる。

③言語的説得

あなたなら大丈夫！

他人から「君ならできる」と言われること。

④生理的情緒的高揚

やるじゃないか！

苦手なことを克服できた経験。

【多幸感】 自己肯定感が高まり自分を愛せるようになったことで、幸せを感じる度合や機会が多くなった状態。反対に、自己肯定感の低い人は幸せを感じにくくなります。

心理学と自己 6

平常心を保つ魔法は〝ストップ！〟

声を出すことで
後ろ向きな感情を
吹き飛ばし、
積極的になろう

「ストップ！」で感情を切り替える

成功体験を積み重ねることの重要性をお話ししましたが、反対に、失敗した体験がいつまでも心に残ってしまうと、どのような影響が出るのでしょうか？

何か行動を起こそうとすると、不安や恐怖感がよみがえり、積極的に行動できなくなります。その結果、失敗する確率が高くなったり、チャンスを逃してしまったりすることになります。

そんな事態を解決する方法として、アメリカの心理学者**ポール・G・ストルツ**は**ストップ法（思考中断法）**を考案。落ち込んだり、思考が後ろ向きになった瞬間に「ストップ！」と声に出し、ネガティブな感情を吹き飛ばすのです。ぜひ試してみてください。

怒る上司の心理状態を知ろう

ところで、部下や後輩が失敗すると、過剰に非難や罵倒をする上司や先輩っていますよね。これはどういう心理だと思いますか？

部下や後輩を攻撃することで、自分の精神状態の安定を図っているのです。内面に強いコンプレックスがあり、自分の欠点や負の感情を部下や後輩に押しつけているわけです。迷惑な話ですが、相手はこういう心理状態なんだと理解していれば、怒られたとき必要以上に自分を責めたり、落ち込んだりせずに済みますよ。

【アルゴリズム】 問題解決のための手法のひとつ。問題を解決するための方法がわかっていて、手間と時間をかけてじっくり解決する方法。

怒っているとき、上司（先輩）はどんな心理状態？

怒っているときに、その人の心理が表れます。どんな怒り方をするのが理想の上司なのでしょうか？

上下関係重視型

1 席にきて、見下ろしながら怒る。

相手（部下）は自分より低い位置にいるのが当然だと思っている。自分のことしか頭にないタイプ。

絶対権力者型

2 部下を自分の席に呼びつけ、立たせたまま怒る。

自分の地位は絶対的であると思っているタイプ。部下を持ち駒のように思っている場合も。

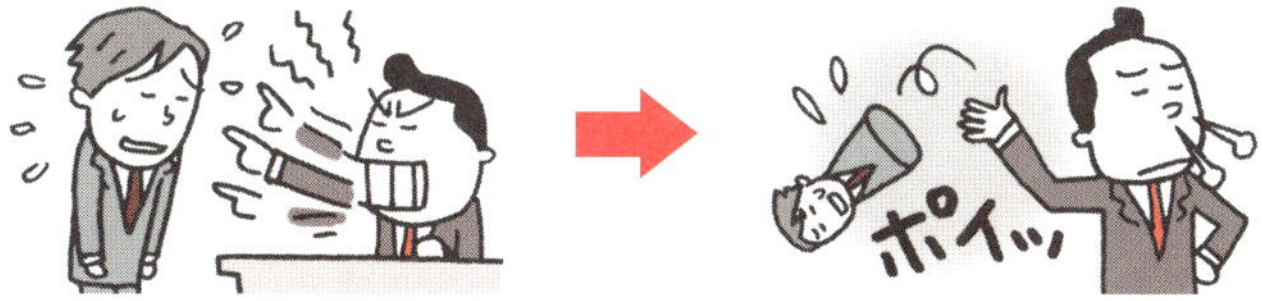

相手（部下）尊重型

3 人目のない場所へ呼び出して怒る。

部下を自分と同格とみている。部下のことを思って叱る理想の上司。

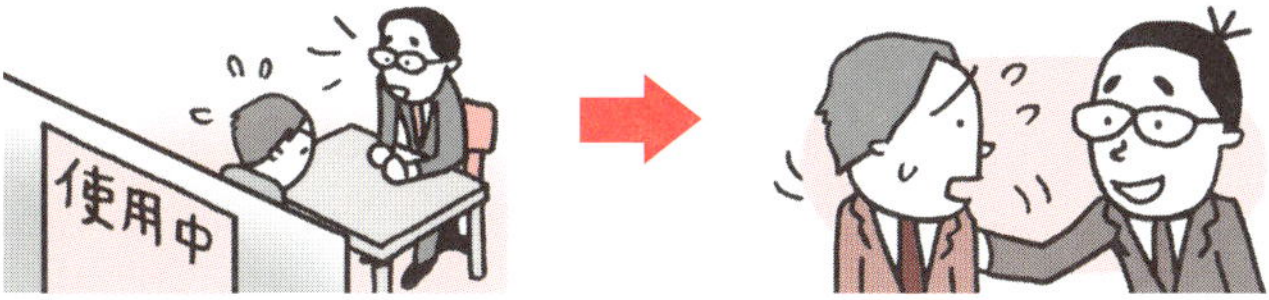

【ヒューリスティック】 問題解決のための手法のひとつ。必ず成功するとはいえないけれど、これまでの経験に基づいて直感的に解決していく方法。

心理学と自己 7

できる人になるには?

失敗から多くを学ぼう!

失敗したとき、あなたは原因をどこに求めますか? この概念を**ローカス・オブ・コントロール(LOC=統制の位置)**といい、原因を外部環境にあるとする**外的統制型**《がいてきとうせいがた》と、自分の内面にあるとする**内的統制型**《ないてきとうせいがた》に分けられます。

「できる人」はどちらのタイプかというと、ズバリ、内的統制型の人です。外的統制型の人は失敗を「自分のせいじゃない」と考えるので、失敗から学ぶことをせず進歩しません。一方、内的統制型の人は失敗したことで自分を責めてストレスをため込む傾向にありますが、失敗の原因を突き止めて反省し、次の機会に備えるため、自分の能力を高めることができるのです。

うまくいかない原因を心理学的に探る

物事がうまくいかないと、「いったい何が悪いのか?」と自分に問いかけますよね。これを心理学では**原因帰属**《げんいんきぞく》といいます。

原因帰属には、性格など本人の内部に理由を求める**内的帰属**と、状況や運など外部に理由を求める**外的帰属**があります。アメリカの心理学者**バーナード・ワイナー**はこれに、安定・不安定(次も同じ結果が期待できるか否か)と、統制可能・不可能(自分でコントロールできるか否か)を組み合わせて、6つの原因帰属を提案しています。

失敗を自分以外のもののせいにする人は、成功しないよ

【セルフ・サービング・バイアス】 自分に都合のいいように結果を解釈する傾向のこと。成功したときは自分の能力が高いからと考え、失敗したときは他人や環境などのせいにします。

できる人とできない人は何が違う？

原因が自分の中にあると考えるのが「内的統制型」で、自分以外に原因があると考えるのが「外的統制型」。成長するのは前者の考え方です。

商品が売れなかった

内的統制型

売り方に工夫がなかった。次はもっと工夫しよう

外的統制型

俺には商売の才能がない。努力してもムダだ
ふぅー

原因帰属の分類で原因を探る

ワイナーによる成功・失敗のモデルは、内的・外的帰属に加え、変動する要因、しない要因で次のように6つに分けて考えます。

	制御可能		制御不可能	
	安定	不安定	安定	不安定
内的	普通の努力 	一時的な協力策略 	能力 	体調・気分 
外的	外部の協力  データ	外部の一時的な協力 	課題の困難さ 	運 

【コントロール幻想】 実際は自分ではコントロールできない偶然の事象を、コントロールできるように思い込む状態。たとえば「私が出かけるときは絶対に晴れる」など。

心理学と自己 8

一芸に秀でた人は応用が効く

習得した知識を活用できると上達が早い

英語の得意な人は、フランス語やドイツ語など新たな言語の学習を始めたとき、わりと早く習得することができますね。また、テニスの選手は卓球も得意だったりします。

人が何かを新しく学ぶときは、白紙の状態から始めるのではなく、過去に得た知識と関連づけながら身につけていきます。新しい場面や問題などに対し、熟知した知識を積極的に活用することを、教育心理学では**転移学習**《てんいがくしゅう》といいます。

前述の例で説明すると、英語とフランス語、ドイツ語は語形や文法、言い回しなど共通する点が多く、すでに身についている英語のそれをフランス語、ドイツ語に当てはめて類推できるので、スムーズに習得できます。また、テニスと卓球は動きが似ていて、テニスで培ったテクニックを応用できるため、1から始める人に比べて上達が早くなるのです。

つまり一芸に秀でた人は、一芸に関連する事柄であれば、労少なく会得できるわけですね。さらに**アナロジー**の力を活用することで、学業成績を上げたり、課題をこなす能力を高めることもできます。アナロジーとは、ABCDという4つの事柄を見るとき、ABの関係とCDの関係が似ているとみなす心の働き。たとえば「猫はまたたびが好き」という情報を得たら、「ライオンもネコ科だからまたたびが好

身についた知識を応用できる人は、上達も早いよ

【教訓帰納《きょうくんきのう》】「この経験から何を学んだのか」を自分自身で確認し、次の課題に生かそうとすること。教訓帰納のレベルが高いほど難しい課題を解決できるようになります。

きなのだろう」といったように。

独創的な発想は過去の知識から生まれる

主婦のちょっとした発明から生まれた便利グッズが爆発的なヒット……なんていうことがありますよね。人が簡単に思いつかないような独創的な発明をする人は、どんなふうに発想しているのでしょうか？

じつは発明の多くはまったくの「無」から生まれたわけではなく、すでにあるアイディアをベースにし、角度を変えて新たな形にしてつくり出されたものなんです。これは主婦の発想も、ノーベル賞を受賞する科学者の発明も同じこと。認知心理学では「創造とは知識のない状態から唐突に浮かぶのではなく、過去の知識を巧みに組み合わせる技術」と考えられています。

つまり、いろいろなことにチャレンジし、人生の経験値を上げることが、自由で独創的な発想の源になっているんですね。

COLUMN クリエイティブな発想に必要なものとは？

音楽、映画、小説、絵画などの分野で活躍している人たちは、どのようにしてクリエイティブな発想を生み出すのでしょうか。

認知心理学者のジックらは、抽象度の高いアナロジーが不可欠だと主張しています。

たとえばある現象を観察したとき、目に見える具体的なことにしか関心が向かない人はアナロジー能力が低く、クリエイティブな発想はできません。一方、その現象が起こる構造やメカニズムなど、目に見えないひとつ次元の高い領域に関心を持つ人はアナロジー能力が高く、創造性に優れた発想を生み出すことができるのです。

【生成文法】 言語に関する基本的な原理。人は誰もが生後短期間で言語を習得できることから、アメリカの言語学者チョムスキーは、人は生まれつき生成文法を持っていると主張。

アイディアはどこからくるのか？

ひらめくのは、情報同士の新たな関連性が見つかった瞬間
心

ひらめきはもともと頭の中にある！

暗闇に電気がつくように、「ピンッとひらめく」ことってありますよね。こういうときは、突然アイディアが舞い降りたように感じますが、じつは、ひらめきの源はすでに記憶している情報。それが突然、強い納得感を持って理解できた瞬間を、人は「**ひらめき**」と感じます。この現象を、記憶心理学では**洞察**と呼んでいます。問題を解決するとき、**試行錯誤**しながら解決手段を探していくのではなく、すでに得ている情報を関連・統合させて一気に解決の見通しを立てるのが洞察。つまり、以前から知っていた情報と情報の間に、新たな関連性があることを見抜き、それで一挙に解決する状態です。

チンパンジーもひらめいた!?

ドイツの心理学者**ケーラー**は、洞察についてチンパンジーで実験しています。

チンパンジーを入れた檻の中に短い棒と長い棒を置き、檻の外の手が届かない位置にバナナを置きます。チンパンジーはまず手を伸ばしてバナナを取ろうとし、次に棒で取ろうとしますが届きません。一度あきらめて2本の棒で遊んでいたところ、棒2本が連結できることに気付き、2本の棒を使ってバナナをとることに成功。バナナ、短い棒、長い棒という情報を関連づけ「こうすれば取れる」と洞察したのです。

【試行錯誤】 いろいろな方法を試し、失敗を繰り返しながら、適切な行動を絞り込み、問題を解決すること。洞察は試行錯誤なしに問題を解決します。

情報と情報の結び付きが“ひらめき”に

すでに知っている情報と情報の間に関連を見出すことで、「あ、そうだ！」という洞察が起きます。

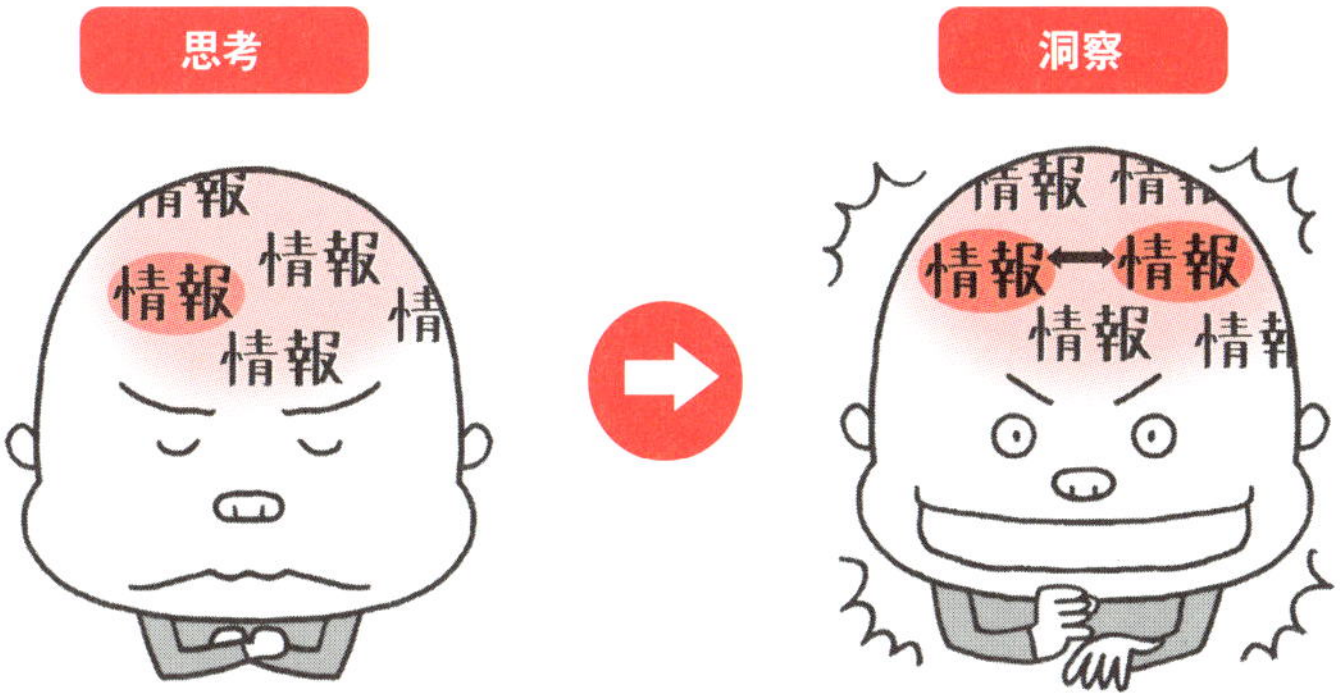
思考
洞察
情報
情報↔情報

ケーラーによる、チンパンジーの洞察実験

2本の棒を合わせて、遠い位置にあるバナナを取る行動に成功したチンパンジー。1回の成功から、この要領をみごと自分のものにしました。

1 檻の外のバナナに手が届かない。
2 近くにあった1本の棒を使っても届かない。
3 2本の棒を継ぎ合わせることを発見。
4 2本継ぎ合わせた棒で、バナナが取れた！

【推理】 すでに得ている情報から新しい知識や結論を導き出そうとすること。帰納的推理は個々の事例から一般的な原理を導き、演繹的推理(えんえきてきすいり)は一般的な原理から個々の事例を導きます。

心理学と自己 10

欲求こそ人間の成長に不可欠

欲求はひとつずつステップアップする

「あの人は欲深い」と言うとき、非難の意味が込められていますが、じつは欲を持つのはいいこと。なぜなら、欲は人が生きるためのエネルギーとなるものだからです。

アメリカの心理学者**アブラハム・マズロー**は、人間の基本的欲求を①**生理的欲求**、②**安全欲求**、③**親和欲求**、④**自尊欲求**に分類。①が満たされたら②、②が満たされたら③と、欲求がひとつ満たされるごとにその上の欲求を求め、基本的欲求がすべて実現すると、さらに、その上にある成長欲求の**自己実現欲求**が生まれるとしました。そして、欲求が満たされるたび、人は成長するのだと考えました。これを「**マズローの欲求5段階説**」といいます。

5段階の欲求があり、欲求がかなうごとに成長していくよ

高望みしすぎると自尊感情が低下

欲求が満たされないと**不満**になりますね。欲求は5段階に分類されると説明しましたが、階層の低い欲求ほど生死に直結する欲求になるため、満たされないときの不満は強力になります。

欲求と同様に不満もマイナスイメージが大きいものですが、これも生きるための原動力になるものですから、悪いものではありません。しかし、あまりにも非現実的で実現できない欲求ばかり持つのも不健康です。欲求が満たされないときの人の反応はおもに、①欲求を満たすた

【言語連想検査】　ユングが行った有名な治療法。100の単語を患者に投げかけ、思いつくことを話してもらうことで、無意識の心理を探っていきます。

めに努力する、②無理だとあきらめる、の2つになります。①の場合、努力をするのはすばらしいことなのですが、あまりに高望みをすると努力しても挫折ばかりすることになってしまいます。②の場合は「どうせできない」などマイナス思考になり、不満が募るばかりです。どちらも自尊感情が低下して自分を愛せなくなり、精神的に不健康になります。

不満を意欲に変えるには、実現できる目標を立て、達成したらその上の目標を立て……と、小さなことからコツコツ積み重ね、最終的に大きな欲求をかなえるようにすることが重要です。

マズローの欲求5段階説

人間の欲求は5段階あり、下の階層から順に欲求を満たそうとします。

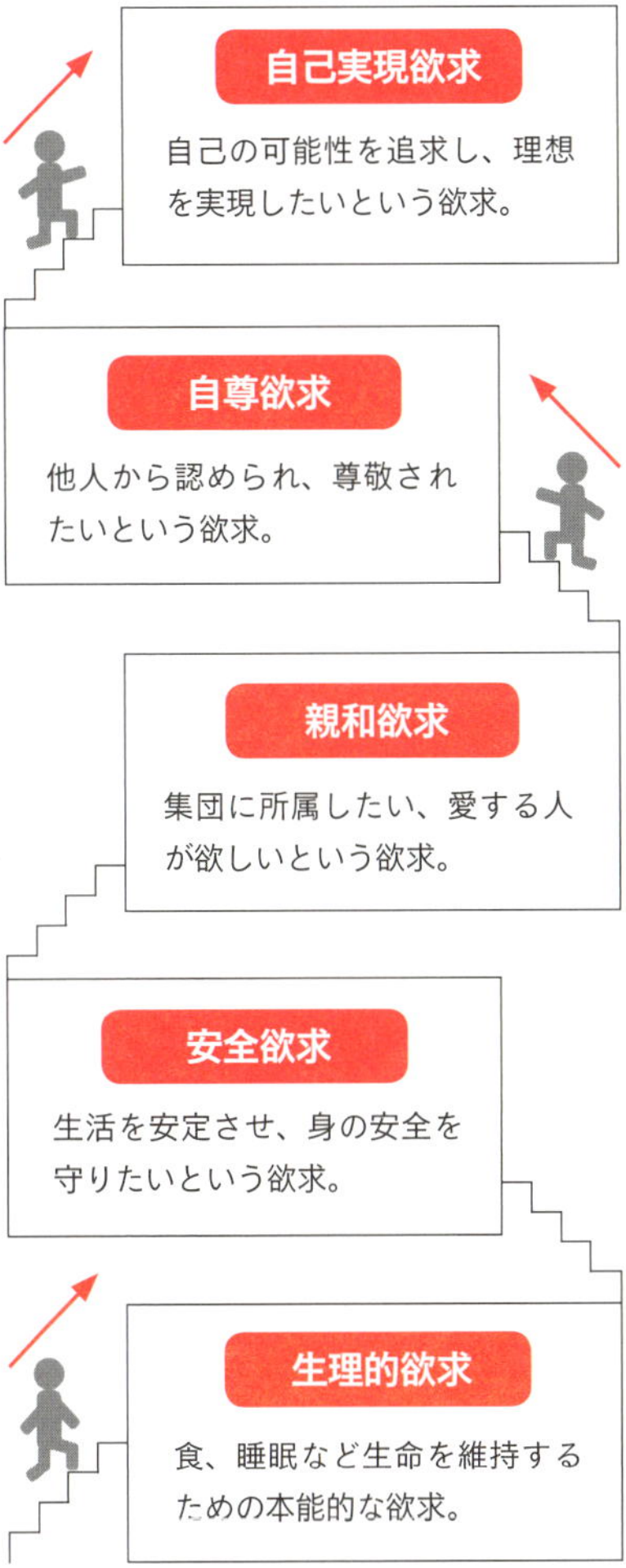
自己実現欲求
自己の可能性を追求し、理想を実現したいという欲求。
自尊欲求
他人から認められ、尊敬されたいという欲求。
親和欲求
集団に所属したい、愛する人が欲しいという欲求。
安全欲求
生活を安定させ、身の安全を守りたいという欲求。
生理的欲求
食、睡眠など生命を維持するための本能的な欲求。

【酸っぱいブドウの理論】 望みがかなわないときに、自分にとって都合のいい理論をつくり出して現実と欲求のギャップを埋め合わせること。イソップ童話の「酸っぱいブドウ」に由来。

心理学と自己 11

どちらにも決められない…迷うのが人間

かなえたい欲求を選べず悩むコンフリクトは、3タイプあるよ

複数の欲求を選べず悩むのがコンフリクト

自分の思った通りに事が運ばないとイライラしますよね。かなえたい欲求が実現できないことを**欲求阻止状況**と呼び、欲求が実現せず不満を持つことを**欲求不満**と呼びます。そして、欲求阻止状況と欲求不満が同時に起こっている状態が**フラストレーション**です。

一方、2つ以上の欲求のうち、どれを優先させればいいか迷う現象は**コンフリクト**（**葛藤**《かっとう》）といいます。人は一度にひとつのことしかできないので、一方の欲求に従って行動するともう一方をあきらめなければいけなくなります。その矛盾に悩み、動けなくなってしまうのです。

コンフリクトには3つのタイプがある

ドイツとアメリカで活躍した心理学者**クルト・レヴィン**は、コンフリクトを①接近―接近（＋・＋）型、②回避―回避（－・－）型、③接近―回避（＋・－）型の**3タイプに分類**しました。

①は2人から同時に交際を申し込まれたなど、2つのプラスの欲求があり、どちらを選ぶべきか迷う葛藤です。②は留年は避けたいけれど試験勉強はしたくないなど、一方から逃げるともう一方の状況に陥る葛藤、③は家賃は破格に安いけれど過去に事件があった物件など、ひとつの事柄にメリットとデメリットがあり、どちらを優先させるべきか迷う葛藤です。

【欲動二元論】 人には生まれつき生の本能（エロス）と死の本能（タナトス）があり、人の心の中には、この２つが表裏一体となって存在するというフロイトの説。

いいことも悪いことも選ぶときは葛藤がある

2つ以上の欲求があって迷うことをコンフリクト（葛藤）といい、以下の3パターンに分けられます。

接近－接近型

どちらもやりたいことの間で生じる葛藤。

回避－回避型

どちらも避けたいことの間で生じる葛藤。

接近－回避型

メリットとデメリットの間で生じる葛藤。

フラストレーションに耐える力を身につける意外な方法

フラストレーションに耐えるための力をフラストレーション耐性といい、この力を持つことで社会の荒波に負けず、強く生きることができるようになります。

フラストレーション耐性を身につけるのに、なんと「けんか」が役立ちます。夫婦げんか、親子げんか、いろいろありますが、日ごろから親しい相手との間で自分の素直な意見をぶつけ合い、欲求不満にならないようにしておけば、心を健康な状態に保てます。もちろん、心おきなくけんかができるのは、夫婦や親子の絆がしっかりできているからこそです。

【フラストレーションの解消】 自分以外のものに向けて解消する外罰型、自分自身に向けて解消する内罰型、外にも内にもどちらにも向けず「しかたがない」と割り切る無罰型があります。

休み時間

どんな体型の男性が好き？好みでわかる女性の性格

下のイラストは男性のシルエットです。
身近にいる女性に、好ましいと感じる体型を選んでもらいましょう。
その女性の大まかな性格や特徴、嗜好などを知ることができますよ。

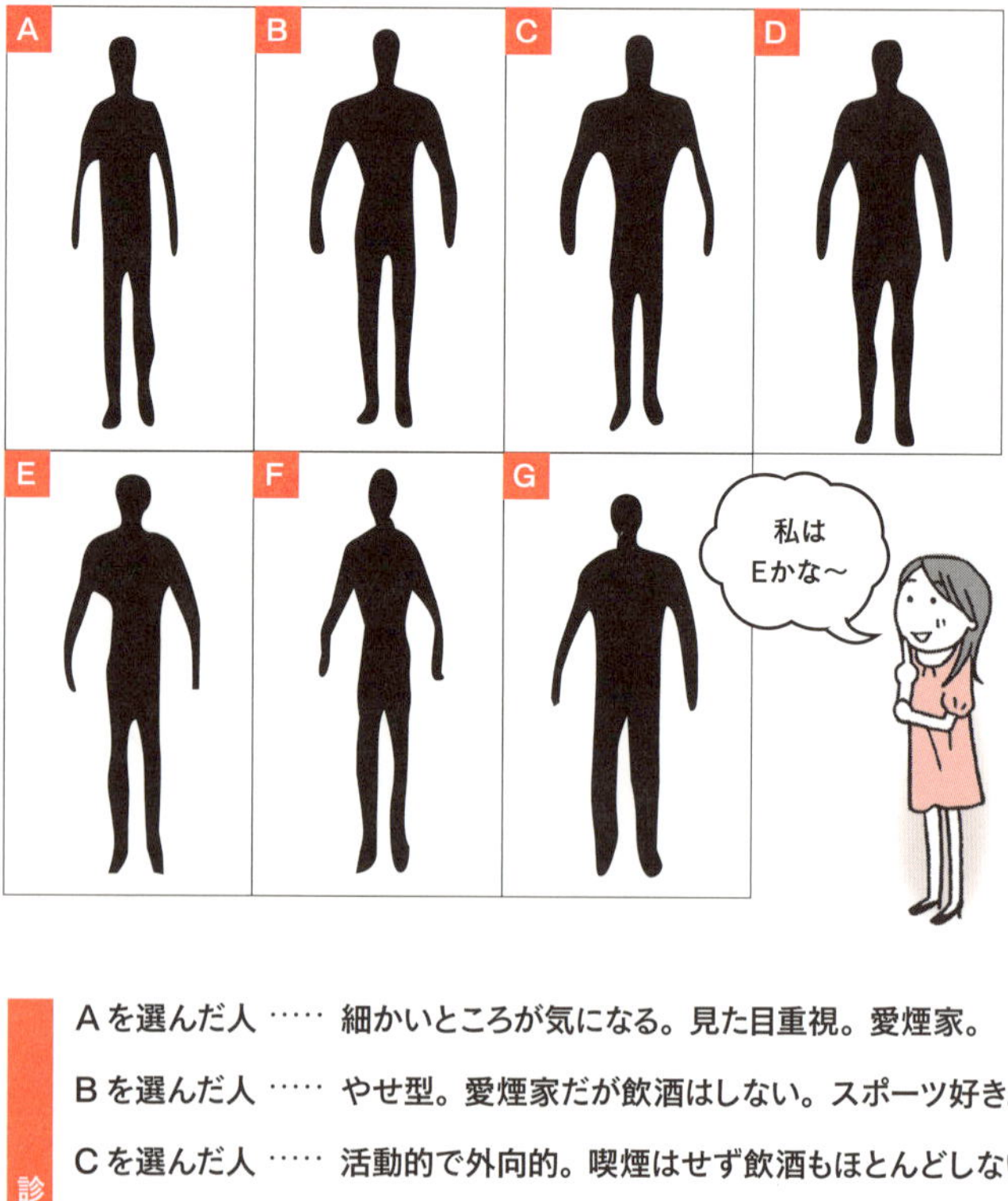

診断結果

A を選んだ人 …… 細かいところが気になる。見た目重視。愛煙家。

B を選んだ人 …… やせ型。愛煙家だが飲酒はしない。スポーツ好き。

C を選んだ人 …… 活動的で外向的。喫煙はせず飲酒もほとんどしない。

D を選んだ人 …… 平凡を好む。映画好き。スポーツはあまりしない。

E を選んだ人 …… 経験豊かでフェミニスト。男性と生活をしている。

F を選んだ人 …… 反抗的。飲酒家。不調を感じるとすぐ薬に頼る。

G を選んだ人 …… 成熟した大人で保守的。寛容的。ふくよか。読書家。

BASIC ELEMENT IN PSYCHOLOGY

4限
人間の深層心理

普段は意識しない無意識の世界を心理学でのぞいてみよう

introduction 4

夢の中身は 心の中身!?

先輩
待ってくださいよーっ
ギラッ
ガッ
来ないでぇぇぇぇー!!
フワ〜
よかった…
フワッ
キャアァァアァ
ハッ
夢かーっ
なんか最近夢見が悪いなあ
その夢分析してみたら?
おはよう!
先生!いいところに…

追いかけられる夢は不安を表わしてるといわれているよ
そっか…
新人のレナが仕事のできる子で抜かされるんじゃないかって不安で…
落ちる夢は失敗に対する恐怖
今新プロジェクト任されてて失敗したくないって思ってて…
当たってるー
でも空を飛ぶ夢は自分の限界を超えてやろうっていう欲望の表れ
ユミちゃんの仕事への向上心が見せた夢だね
そ…そっかーっ
私ってがんばり屋さんだから
よーし!!
今日もバリバリ働くぞー
おっケンくん
先生…
オレ禁煙中なのに夢でタバコ吸ってました
それは潜在的な欲求の表れだね
おはよう
「禁煙やめていいよ」って夢かと思いました
ツライっす

→ 深層心理を知る方法もたくさんある！

深層心理を知る 1

心は本能に支配されている!?

フロイトは無意識を重視し、リビドーを5段階に分類したよ

無意識はフロイトが発見したもの

これまで「**無意識**」という言葉をたびたび使ってきましたが、「無意識」を発見したのはオーストリアの精神科医**ジークムント・フロイト**。これは20世紀最大の発見といわれています。

フロイトは人の心を解き明かすには、無意識が重要な鍵になると考えたのです。そして、夢、言い間違い、神経症に現れる無意識を研究し、理論づけることで**精神分析学**を確立しました。

リビドーは発達によって移行する

フロイトは人の心を**エス(イド)**、**自我**、**超自我**の3つに分け、とくにエスに注目しました。

エスとは無意識の中にあり、善悪の区別なく快楽と本能のままに動く精神エネルギーのこと。エスの中で性衝動に関係するものを**リビドー**(ラテン語で欲望のこと)と呼び、発達過程に合わせて**口唇期**《こうしんき》(誕生~18か月)、**肛門期**(1~3歳)、**男根期**(3~6歳)、**潜伏期**(6~12歳)、**性器期**(12歳以降)の5つに分類。人体の部位の名称で表現しました。

通常、成長とともにリビドーはスムーズに移行していきます。ただし各段階で性欲が満たされなかったり、逆に満たされすぎたときや、何らかのショックを受けたときなどには、**固執**や**退行**が起こります。それによって神経症の症状が現れることもあるとフロイトは考えました。

↘自由に話をさせ記憶を思い出させる)を編み出しました。また、ヒステリー患者の治療を行ううち、人の行動には無意識の願望が関係していることを発見。

フロイトの考える「無意識」って何？

フロイトはエス、自我、超自我の３つから無意識が構成されていると考えました。

超自我
良心や道徳心。エスをチェックし、正しい方向を示す。
エス
本能的・衝動的に快楽や満足を求める強いエネルギー。
自我
エスを制御し、その願望やエネルギーを調整する。

発達過程によるリビドーの変化

フロイトは、発達段階に応じてリビドーの向けられる部分が以下のように変化していくと考えました。

口唇期	肛門期	男根期	潜伏期	性器期
誕生～18か月	1～3歳	3～6歳	6～12歳	12歳以降
口唇で母乳を飲むのがリビドーになる。卒乳によって終了する。	排せつがリビドー。やがて排せつコントロールができるようになり終了する。	自分の性器をさわることでリビドーを感じる。異性の親に性的関心を持つ。	リビドーが抑圧されて、性への関心が一時的に薄れる時期。	リビドーは生殖を目的としたものとなり、性の対象となる異性を求める。

【ジークムント・フロイト（1856～1939)】 ウィーン大学医学部卒業後、精神科医に。お話療法(患者に自由に話をさせる)、前額法(患者の額を手で押し記憶を思い出させる)、自由連想法(患者を長椅子に寝かせて↗

深層心理を知る 2

神話は人類共通の無意識？

無意識には人類共通のものがある

一時期**フロイト**の弟子だったスイスの心理学者**カール・グスタフ・ユング**も無意識に注目。しかし、フロイトとは無意識のとらえ方がかなり異なります。**個人的無意識**と**普遍的無意識**に分け、後者は全人類共通の知恵や歴史が詰まった、すべての人が持っている心と定義しました。つまり、フロイトが考える無意識より広い意味を持つものだと考えたのです。

また、勉強嫌いな人が好きな科目を見つけたとたん勉強熱心になるなど、無意識の中には、意識している自分とは対照的な、もうひとりの自分が隠れているとも考えました。

無意識と神話はつながっている!?

みなさんは、世界中の神話には共通したイメージがあることをご存知でしょうか？

ユングは神話のイメージと患者の妄想に共通点を発見し、普遍的無意識には人類が共通して持つ**元型（アーキタイプ）**があると考えました。**母親元型（グレートマザー）**、**父親元型（オールドワイズマン）**、**シャドウ**、**アニマ（男性元型）**、**アニムス（女性元型）**、**トリックスター**、**ペルソナ（仮面）**などが代表的な元型です。

ユング心理学は、これらの元型や無意識のシンボル、イメージなどをベースにして、無意識の世界を探っていくのです。

ユングは、無意識に人類共通の神話的な要素があると考えたよ

↘え方やリビドーに対する考え方の相違などさまざまな論争の末、決別。その後、独自の理論を分析心理学（日本ではユング心理学）として打ち立てました。

普遍的無意識に存在する元型

ユングは、無意識の奥深くには、人類が共通して持っている以下のような元型があると考えました。

	**ペルソナ** 仮面。社会で演じている役割。	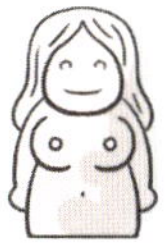	**母親元型** 自分を包み込んでくれる存在。
	**トリックスター** 秩序を破壊するいたずらもの。		**父親元型** 迷い人を導く賢者、厳格な存在。
	**アニマ、アニムス** 異性に対する理想の男性・女性像		**シャドウ** 自分が認めたくない、負の自分。

➡ 無意識のうちに元型にとらわれることも

なんでそんなにだらしないんだ！
だらしない自分（シャドウ）
Potato
反発
他人に投影

【カール・グスタフ・ユング（1875～1961）】 バーゼル大学で医学の学位を取り、チューリッヒ大学で精神科病院の助手となる。その後、フロイトに師事。一時はフロイトの後継者とみなされましたが、無意識のとら↗

深層心理を知る 3

夢に現れる心のしくみ

夢は願望が形を変えたもの（フロイト）

ちょっと意味ありげな夢を見たときなど、夢が何を表しているのか気になりますよね。

フロイトも**ユング**も、夢は無意識からのメッセージと考えましたが、その分析方法と解釈は正反対といっていいほど異なります。フロイトは「夢は願望の充足である」と定義し、ユングは「夢はあらゆる願望の象徴」としました。

まず、夢の研究を初めて行ったフロイトの**夢分析**について説明しましょう。フロイトによると、夢を見ているとき私たちの心を支配しているのは、普段は無意識の中に閉じ込められている**深層心理**です。そして、深層心理にある願望を満足させるために見るのが夢なのですが、願望は形を変えて現れるので、夢に出てくる事柄は何らかの**シンボル**だとフロイトは考えました。また、夢は幼児期のリビドーや経験が関係しているとも述べています。

直接の願望で隠された意味はない（ユング）

一方ユングは、個人的無意識と普遍的無意識が願望となって現れたのが夢だと考えました。夢自体がメッセージなので、フロイトが言うような隠された意味はないとしていますし、性的なものに偏って考えるべきではないとも主張しています。

さらに、夢を**客体水準**《きゃくたいすいじゅん》と**主体水準**《しゅたいすいじゅん》に分けて分

フロイトとユングは、夢の分析法も解釈もまったく違うよ

【夢判断】 1900年に出版されたフロイトの著作。さまざまな臨床例をもとに夢を分析。多くの心理学者に影響を与えましたが、分析が性的なものに偏っているなど批判も受けています。

夢にはどんな意味がある？ フロイト VS ユング

師弟関係だったフロイトとユングは、夢の解釈を巡って意見が分かれ、決別することになりました。

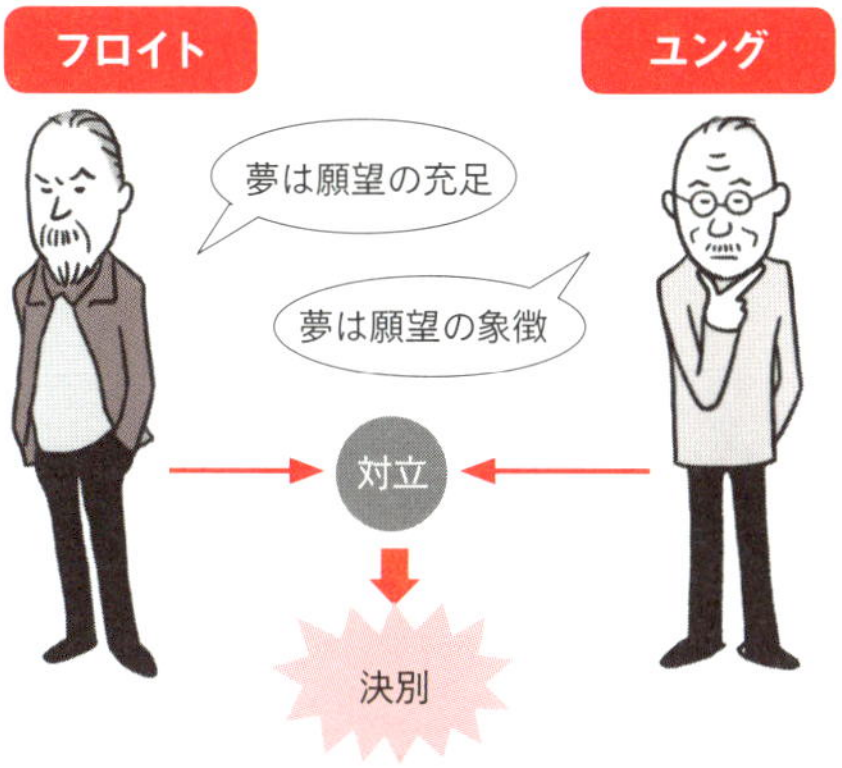
フロイト
ユング
夢は願望の充足
夢は願望の象徴
対立
決別

フロイトの夢分析によるシンボル

男性器のシンボル	● 長く突き出たもの ● 伸び縮みするもの ● 液体が出るもの	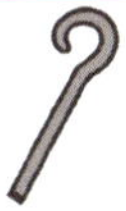
女性器のシンボル	● 中にものを入れられる空間があるもの	
誕生のシンボル	● 水中に落下する ● 水から這い上がる	
死のシンボル	● 旅に出る ● 鉄道旅行	

析しました。たとえば男の人が出てくる夢を見たとき、実際に会ったことがある人なら客体水準、見知らぬ人なら強い男に憧れているなど自分の無意識を表しているので主体水準となります。つまり、同じように男性の夢を見ても解釈が異なるわけです。また、ユングは夢で見たことが現実になる**予知夢**についても考察。普遍的無意識が引き起こすものだと考えました。

ユングはフロイトの著作である『**夢判断**』に感銘を受け、フロイトの弟子となったのですが、のちにフロイトとの考え方の違いを主張。２人は激しい論争の末に決別しました。

【共時性（シンクロニシティ）】 2つ以上の出来事が意味のあるつながりを持って起こること。ユングが研究した予知夢は、共時性を持った夢のことです。

深層心理を知る 4

ダメと言われるほどしたくなる心理

反対のことをしたくなるのは本能!?

「立ち入り禁止」という張り紙を見ると入ってみたくなるし、「勉強しなさい」と言われるほどしたくなくなりますよね。これを心理学では「**心理的リアクタンス**」といいます。

心理的リアクタンスに関するわかりやすい実験があります。3〜5歳児の前にたくさんおもちゃを用意し、ひとつだけ「これは触っちゃダメ」と禁止します。しばらく自由に遊んだあと「どれでも使っていい」と言うと、どの子も真っ先に「ダメだったおもちゃ」に手を伸ばすのです。つまり、心理的リアクタンスは誰にでも備わっている性質なんですね。

押しつけられた価値観は否定したい

「ダメ」と言われるほどしたくなる〝アマノジャク〟的な性質を、人が持っている意義を考えてみましょう。

人間はもちろんのこと霊長類には、「自分のことは自分で決めたい」という本能があるといわれ、身のまわりのことは自分で判断したいと思っています。それなのに、人から「これはダメ」と禁止されると、自分の価値を否定されたように感じ、ストレスに。そして「人から価値観を押しつけられるのはいやだ！　自分で選択したい」という願望が必要以上にわき上がり、自己主張せずにはいられなくなるのです。

禁止されると自分を否定されたように感じ、反発したくなるよ

【リアクタンス】　リアクトは物理用語で反抗、反発などの意味。「心理的リアクタンス」という用語を初めて使ったのは、アメリカの心理学者ジャック・ブレームです。

ダメと言われるものほど興味がわく

ダメと言われるほど気になる、「心理的リアクタンス」について、児童心理学の実験が証明しています。

1 たくさんのおもちゃの中でひとつだけ、触ることを禁止する。

2 子どもは①のおもちゃ以外を使ってしばらくの間遊ぶ。

3 その後禁止を解くと、①のおもちゃに人気が集中する。

4 数日後、好きなおもちゃをひとつ選ばせると、みんな①のおもちゃを選ぶ。

“上映禁止”で大ヒット！ ～カリギュラ効果～

アメリカで制作された映画『カリギュラ』は残酷シーンや性的描写が多く、ボストン市では上映禁止になりました。すると、市民の間で心理的リアクタンスが起こり、上映を希望する人が映画館に殺到。強い要望に押されて上映を解禁すると、『カリギュラ』は大ヒットし、評論家からも絶賛されました。禁止されたことで、映画の魅力と評価が高まったのです。このエピソードから、アメリカでは心理的リアクタンスのことを「カリギュラ効果」とも呼びます。

【ロミオとジュリエット効果】 2人の間に立ちはだかる障害が大きいほど、障害を乗り越えようとして恋愛関係が盛り上がってしまうこと。

深層心理を知る 5

ギャンブルにハマってしまうわけ

たまに得をするものに魅力を感じる

ギャンブルも適度に楽しめば、ストレス解消などに効果的です。でも、破産するほどハマり、**ギャンブル依存症**になる人も少なくありません。その心理状態を考察してみたいと思います。

人が何かをした見返りに報酬を与えられるケースには、必ず報酬がある「**全強化**」と、たまに報酬がある「**部分強化**」があります。当然ながら、確実に得をするのは全強化ですよね。

しかし、人は「必ずこうなる」とわかっているものにはあまり魅力を感じません。反対に、いつもは損ばかりしているのに、たまに報酬が与えられると、そのうれしさはひとしお。とても魅力的に感じてしまうのです。

予想が当たることで自己効力感も刺激

一発大当たりを狙うギャンブルは部分強化の典型。当たったときの快感が忘れられず、その高揚感に浸りたくて何度も続けてしまいます。

また、ギャンブルは自分の予想が当たることで儲かりますよね。これは「自分はできる」という感覚を刺激すること。そのため、ギャンブルはさらに魅力的に思え、損ばかりしていてもやめられなくなります。

誰もが「ギャンブルは儲からない」とわかっているはずなのに、どんどんお金をつぎ込んでしまうのは、こうした心理からなのです。

当たったときの快感をもう一度味わいたくて、続けてしまうよ

【ギャンブル依存症】 儲かったときの高揚感を味わいたくて、生活に支障をきたすほどギャンブルにのめり込んだ状態。WHOが病気に認定しており、正式な診断名は「病的賭博」。

思いがけない報酬のほうが魅力的

いつも同じように報酬が得られるものより、ときたま思いがけず大きな報酬が得られるものほど、魅力的に感じます。

全強化

いつも決まって報酬がもらえる。

部分強化

たまにしか報酬はもらえない。

ステキ
ステキ
ステキ
つまらない…
?
いらない
いまいち
ありがとう!
¥100万

報酬が当たり前になると飽きてくる

お金をつぎ込むことが快感に

【不定率強化】 部分強化の中でも報酬の額が変動するもので、勝ち方によっては大儲けも可能なもの。競馬やパチンコなど。人は不定率強化に最もハマりやすいといわれます。

深層心理を知る 6

なぜ人はギャップに弱いのか？

予想をプラスに覆されるとキュンッ！

人前では冷たい態度をとる女性が、2人きりになるとかわいく甘えてくる。普段はとても厳しい先輩が、付き合ってみたらとても優しかった。こんな状況に〝萌える〟人は少なくないはず。ギャップがある人に魅力を感じるメカニズムについて考えてみましょう。

P.60でも説明したように、相手から否定されたあと肯定的な言動をされると、その人に好意を持つようになります。ギャップのある人は「この人は自分に対してこういう態度をとる」という認識をプラス方向に覆すので、一挙に好感度が高まるわけです。これを「**ゲイン効果**」と呼びます。

美人なせいでマイナス評価を受ける!?

ところで美人やイケメンは、「ゲイン効果」のマイナスバージョンになることがあります。「こんなに美人（イケメン）なんだから、内面もさぞや素晴らしいに違いない」と周囲から勝手に高い評価をされ、そうであることを期待されます。期待値が大きくなっているので、平均的なことをしたのでは評価をしてもらえません。そればかりか、「思ったほどじゃない」と評価を下げられてしまうこともあるのです。これを「**ロス効果**」といいます。美人やイケメンであることが、損になる場合もあるんですね。

好ましい方向に
予想を裏切られる
と、魅力を
感じてしまう

【類似性の法則】 出身地や趣味など、自分と似ている部分がある人のことを好きになること。バーンとネルソンは、自分と相手の類似性の比率が増すほど相手に魅力を感じるとしました。

ギャップは人の印象を大きく変える

期待が低く、最初の印象が悪いほど、あとからよい面を見たときに印象がアップします。

プラスに働く例（ゲイン効果）

なんか目つき
悪いし暗そう
おはよう
ございます！
明るくて
いい子だな

マイナスに働く例（ロス効果）

きれいだし
しっかりしてそう
寝坊しちゃいました～
美人なのに
だらしない子だな

期待が低いほど効果が高まる

高かったのに…
すぐ壊れた
有名店なのに…
まずかった
安かったのに…
長持ちした
有名店じゃないのに…
おいしかった

【自己是認欲求】 自分を高く評価してもらいたいと願う欲求。自己肯定欲求ともいいます。他人から称賛されることで満たされます。

深層心理を知る 7

自己中な人が多いわけ

うまくいったのは「自分のおかげ」

自分のことを大切に思う**自尊感情**を持ち、自分のことをかわいいと思うのは当然のことですが、自分が他人に注目されていると思い込む**自己中心性バイアス**が強くなりすぎるのは問題です。自分を中心に考えすぎると、円滑な人間関係が築けなくなってしまいます。

自分が貢献したことは詳細に覚えているのに、人が貢献したことは少なめにカウントするのも自己中心性バイアスが働いているから。心理学者の**ロス**が夫婦の家事分担について調査したところ、夫婦ともに「相手より自分のほうがたくさん家事をしている」と答え、相手の家事分担を少なく見積もっていました。

また、自尊心の強い人ほど、無意識に自分の貢献度を高く評価しがち。公平に見ているつもりでも、相手を低く評価していることが多いので、そのことを自覚したうえで、人と接するようにしましょうね。

自分勝手な行動は自己防衛のため!?

失敗したり、不安を感じたりすると自信がゆらぐものです。人は自信を失わないよう、自分を守ろうと、事態のつじつまを合わせようとします。これが、**フロイト**が提唱した**防衛**《ぼうえい》**機制**《きせい》です。代表的なものに**合理化タイプ**と**逃避タイプ**があります。

誰でも自分がかわいいから、自分の功績は高く評価する

【スポットライト効果】 実際よりも自分の発言が周囲に注目されていると思い込むこと。自分のことをかわいいと思う気持ちから起こります。

誰もが自分の貢献度を高く評価する

心理学者のロスが、試合後のバスケットボール選手 158 人に「勝敗を決めるプレーをしたチーム」を答えてもらうと、以下の結果となりました。

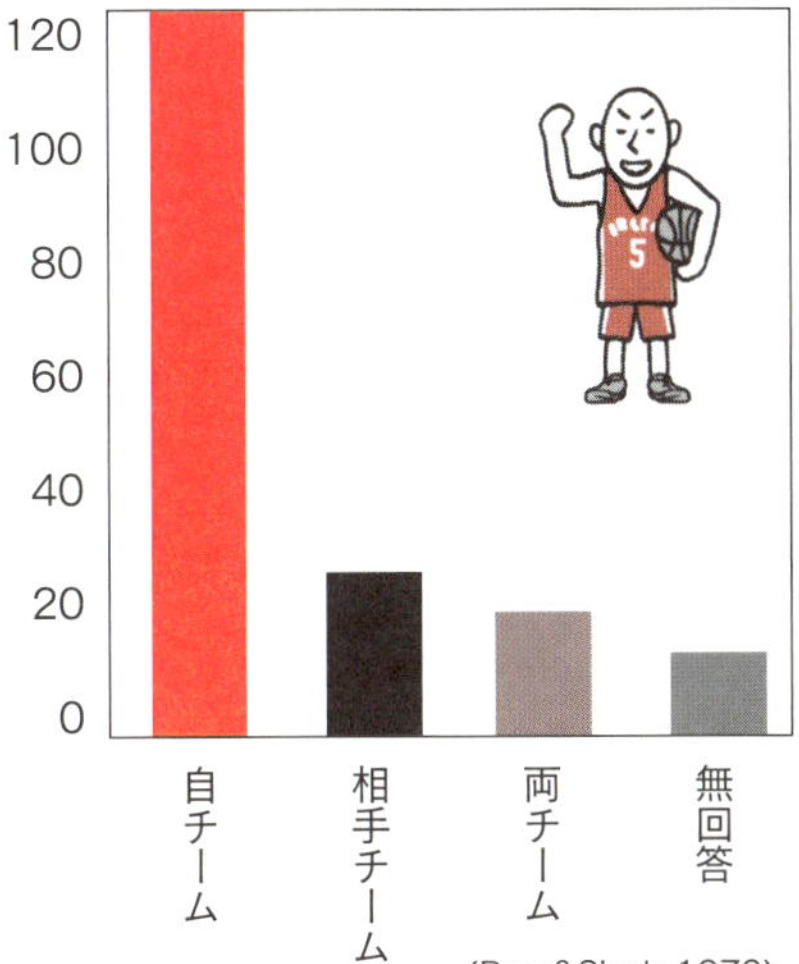
120
100
80
60
40
20
0
自チーム
相手チーム
両チーム
無回答

(Ross&Sicoly,1979)

自己中心性バイアス

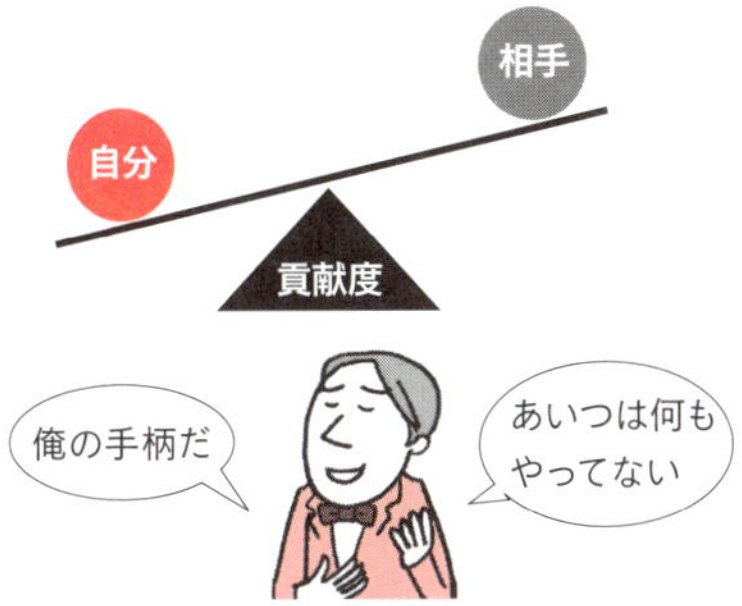
相手
自分
貢献度
俺の手柄だ
あいつは何もやってない

合理化タイプは挫折感、罪悪感、劣等感などを回避するために、**都合よく解釈し自分を正当化**します。他人に責任を押しつけ、自分の非を認めないパターンと、自分のやったことを過大評価するパターンがあります。

逃避タイプは、実現できないことは放棄したり、その場から逃げ出したりします。また、空想の世界で心を満たそうとしたり、いやな現実から目を背け現実逃避したりします。

防衛機制は**環境に順応するために必要な機能**ではありますが、ほどほどにしないと、信頼を失いかねないので気をつけましょう。

【虚言症】 根も葉もないうそを頻繁に語る症状で、ヒステリー患者に多いといわれます。願望や空想を現実と混同し、事実とは異なることを真実だと思い込んでいることもあります。

深層心理を知る 8

あれ？ビールが無性に飲みたい…

残像効果で
潜在意識に訴え
かけられると、
無性に
気になるよ

潜在意識に訴え、こっそりと猛アピール

アメリカの映画館で、映画本編の中に「ポップコーンを食べろ」「コーラを飲め」という文字や音声を挿入した作品を上映したところ、売店でこれらの商品の売り上げが急増しました。

「ポップコーンを食べろ」などのメッセージは、ストーリーの邪魔にならない一瞬の映像で、映画を見ていた人たちは、文字や音に気付いていません。しかし、いつのまにか、コーラを飲みたい、ポップコーンを食べたいという気持ちになっているのです。

これを「**サブリミナル効果**」といい、**潜在意識**に訴えかける手法です。

視覚だけでなく聴覚にも効果が現れる

何かを見つめたあと、それが視界から消えても目の奥に映像のように残っていると感じることがありますね。これを**残像**といいます。サブリミナル効果は映像の合間に別の映像を差し込み、残像現象によって潜在意識に訴えかけ、思考に影響を与えるのです。

サブリミナル効果は**聴覚**でも現れます。音楽の中に、聞き取りにくい音量、周波数、速度でメッセージを入れ込み、潜在意識に働きかけるのです。スポーツ選手の精神強化、万引き防止、集中力アップなど、さまざまな効果を狙ったサブリミナルＣＤが発売されていますよ。

【補色残像】 特定の色をしばらく凝視してから目を離すと、その色の反対色（補色）が残像として残る現象。たとえば、赤ーシアン、緑ーマゼンタ、青ー黄色が補色。

サブリミナル効果で知らぬ間に意識を操作されている？

残像現象を利用し、潜在意識の中に特定のイメージを植え付けるのが、サブリミナル効果のしくみです。

1 映画を上映している。
2 ビールのCM映像を一瞬映す。
3 潜在意識にイメージが刷り込まれる。

➡ これを応用した自己啓発CDなどもつくられている

サブリミナル効果で自殺する！？

イギリスのヘヴィメタル・バンド「ジューダス・プリースト」の曲の中に、自殺をほのめかすようにもとれる“Do　it”という台詞が、逆回転にして挿入されていました。そして、この曲を聴いた少年が、実際に自殺してしまったのです。遺族はレコード会社とバンドを訴えましたが、自殺と曲の影響の因果関係が立証されず、無罪判決となりました。これは1990年に起こった出来事で、「ジューダス・プリースト事件」と呼ばれています。サブリミナル効果のマイナス面を強く印象づけることとなりました。

【運動残像】 動くものを見つめていたあと、止まっているものを見ると、前に見ていたものと反対の方向に動いているように見えること。

マインドコントロールのしくみとは？

本人は気付かないうちに心を操作され、解除するのは大変

４つの方法で人の心を操作する

宗教を信じることで心が安らかになるのであれば、心理学的に見てもとてもいいことです。**ユング**は宗教を精神療法のひとつと位置づけ、信仰の対象となる存在（キリスト教なら神、仏教なら仏）は治療者であるとしました。

しかし、ときに信仰と反社会的な活動が結び付くことがあり、カルト的な宗教組織では信者獲得のため、「**マインドコントロール**」を行うことがあります。マインドコントロールは精神医学的な原理を応用した高度なテクニック。①**行動のコントロール**、②**思想のコントロール**、③**感情のコントロール**、④**情報のコントロール**の４つの方法で対象者の批判力や判断力を失わせ、特定の主義・主張を与えることで、個人の自由意思を奪っていきます。

一度マインドコントロールされると、専門的な知識や一定の手順を踏まないと解除できません。さらに、解除できても**後遺症**《こういしょう》が残ることがある、非常に厄介なものなのです。

洗脳は精神的苦痛を与え人の心を壊す

マインドコントロールと同様に、人の心を操作する方法に「**洗脳**」があります。この２つは混同して考えられることも多いのですが、最近は区別されるようになっています。

アメリカの心理学者**エドガー・シャイン**は、

【破壊的カルト】 信者の人格や人生観、社会性を破壊するような宗教団体。反社会的な行動が問題になるケースも多々あります。

洗脳は以下の3段階のプロセスを経て完成するとしています。

①**解凍**：長時間の訊問、監禁、不眠状態により、価値観やアイデンティティを崩壊させる。

②**変革**：①によって空白状態になった心は、新たな価値観を受け入れようとするので、特定の主義や思想を脳に刻み込む。

③**再凍結**：②で受け入れた価値観を昔の価値観と連結させようとするので、新しい価値観を支持するよう威圧的に説得し、根づかせる。

社会心理学では、マインドコントロールや洗脳に関する研究も進められています。

思想や行動を巧みに操る！ マインドコントロールの方法

カルト教団などは、以下のような方法で、思想や行動をコントロールします。

① 行動のコントロール

行動に細かく指示を出し、本人がそれをよいことと思い自発的にその行動をするよう仕向ける。

② 思想のコントロール

徹底的に思想を教え込み、これしか正しい答えはないのだと思い込ませる。

③ 感情のコントロール

「やめたら悪いことが起きる」などと、不安や恐怖の感情を煽り、逃げられないと信じ込ませる。

④ 情報のコントロール

第三者からの客観的な助言や批判意見を聞くこと、新聞やテレビなどの情報閲覧を禁止する。

【C・G・ユング研究所】 研究者や後継者養成のため、1948年にユングがチューリッヒに設立。日本にユング心理学を紹介した河合隼雄もこの研究所で学びました。

深層心理を知る 10

誰もが自分をごまかしている？

矛盾した考えを抱えていると不快になる

上司がA球団の大ファンだから、本当はB球団が好きなのに、上司の前ではA球団を応援しているふりをする。そんなとき、心の中はもやもやして、不快な気持ちになりますよね。このように、自分の心と行動や発言に矛盾がある状態、心の中の食い違いを「**認知的不協和**《にんちてきふきょうわ》」といい、アメリカの心理学者**フェスティンガー**が提唱しました。

フェスティンガーは、人が持つ多くの知識や主張は①**互いに調和する協和関係**、②**互いに矛盾する不協和関係**、③**無関係**、のどれかになるとし、①は心理的に安定しているし、③はぶつかることがないので問題ないのですが、②は心理的に不安定で不快になるとしています。矛盾を起こす要素が自分にとって重要なものであるほど、不協和は大きくなります。

一番都合のいい形で解決し、納得する

心を安定させるには、認知的不協和を解消しなければいけません。解消法には以下のようなパターンがあり、その中で自分にとって一番都合のいい解決策を選択します。

①**行動の変化**：不協和を起こす要素の一方を変化させる。

②**認知の変化**：不協和を起こす要素の重要性を変える。

心の矛盾は不快だから、都合よく解決しようとするんだよ

【場の理論】 人は個人の意志や要求だけでなく、その人が置かれた場に影響を受けて行動するという説。アメリカの心理学者クルト・レヴィンが提唱。

③**新たな認知の付加**：別の認知要素を加える。
④**新たな情報への選択的接触**：不利になる情報を避けるなど。

タバコがやめられないけれど、体への影響も心配という場合、吸う量を半分に減らして解決しようとするのは①のパターンですね。

ところで、矛盾が生まれて認知的不協和が起こることが予想されるときには、不快を避けるためにその情報をシャットアウトするなどの回避策をとることもあります。タバコが体に及ぼす害に関する情報は、「見ない、聞かない」を貫き通す人はこのケースですね。

「好きだから助けた」は認知的不協和の解消？

自分の行動に矛盾を感じると、人は思い込みによって相手を好きになることもあります。

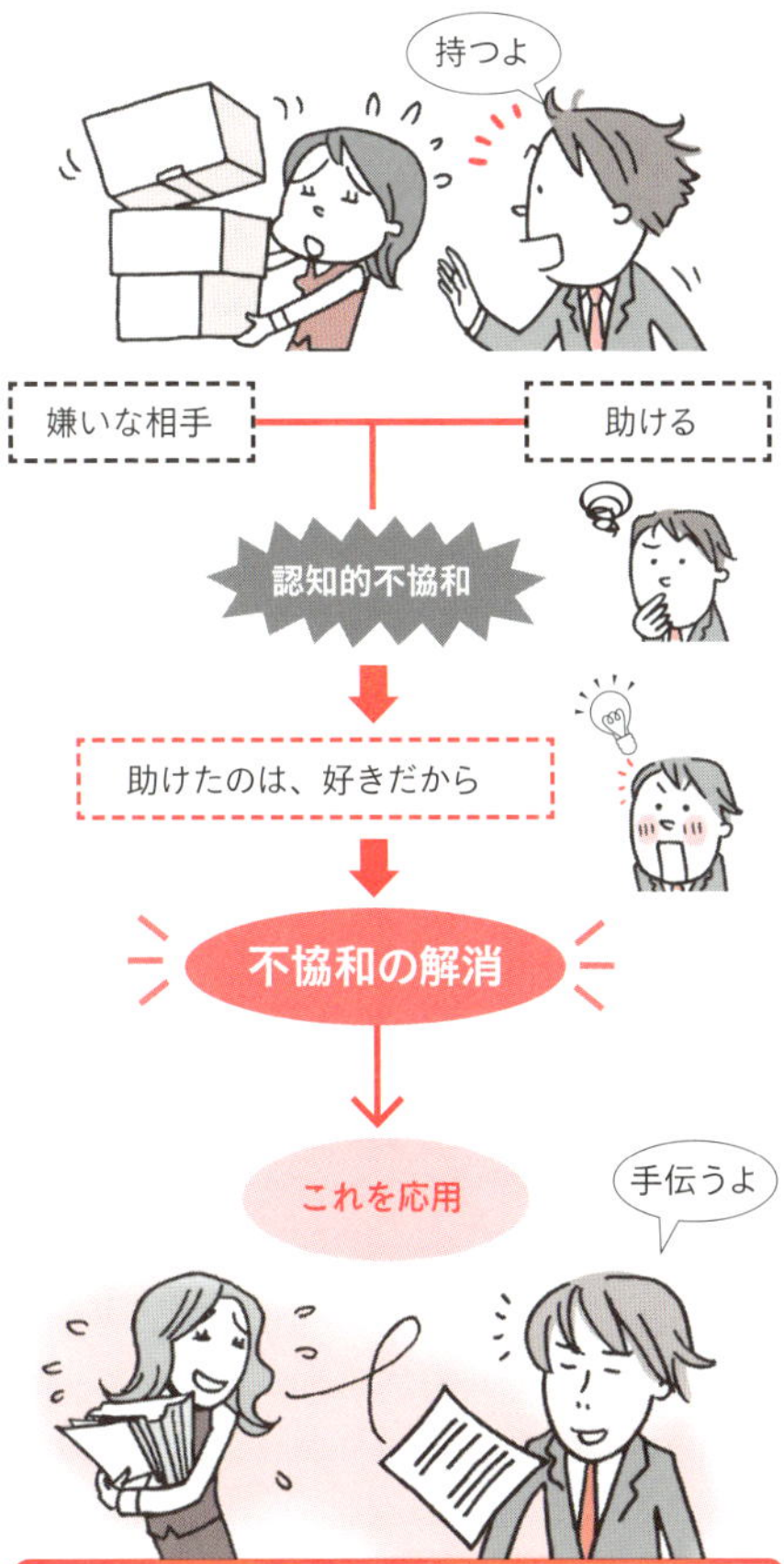

持つよ
嫌いな相手
助ける
認知的不協和
助けたのは、好きだから
不協和の解消
これを応用
手伝うよ

相手から助けられるように仕向けると、好意を持ってもらえる

【学習性無力感】 どうにもならない厳しい状況に長期間置かれると、その状況に立ち向かうための行動がとれなくなること。

自分の心理を操る 1

おまじないはバカにできない

おまじないの暗示で病気も治る!?

子どもが転んで泣いたとき、「痛いの痛いの飛んでいけ～」と言ったら、痛みをケロッと忘れて遊びだした、という場面を見かけたことはないでしょうか。

本来はなんの力もないはずのおまじないが効いてしまうのは、**自己暗示**という心の働きによるものです。心理学的にいう「**暗示**」とは、シンボルとなるような行動や言葉が刺激・手がかりとなって、そのシンボルが意味する行動・反応が起こることです。前述の例で説明すると、転んで痛くて泣いていたのに「痛いの痛いの飛んでいけ～」というおまじないを聞いたことで、「そう言われれば、痛くないような気がする」という自己暗示にかかり、本当に痛みを忘れてしまったわけです。

医学が発達していなかった昔は、祈祷や呪術などで病気を治していたのですから、おまじないの暗示にはあなどれないものがありますよ。

催眠は無意識に働きかける心理療法

ところで、心理療法のひとつである**催眠療法**も、言葉による暗示で意識を変化させ、心の状態の改善を目指すもの。催眠術による治療は18世紀後半、オーストリアの医師**アントン・メスメル**により始まり、**フロイト**が精神病患者の治療を行っていたころは、心の病の治療法として

おまじないが
効くと信じれば、
暗示の効果で
好転することも

【動物磁気説】「体内には宇宙を満たす動物磁気が流れていて、これが滞ると病気になる。大量の動物磁気を持つ人が、病人に分け与えれば病気は治る」とするアントン・メスメルの説。

催眠療法が多く取り入れられていました。

催眠療法には催眠者が患者に働きかける**他者催眠**と、自分で催眠を行う**自己催眠**があります。

催眠中は眠っているのではなく、半覚せい（まどろんでいる）状態で、イメージが活性化される、心身がリラックスする、注意集中が受動的かつ狭くなるという特徴があります。そのため、周囲の音が気にならなくなり、他者催眠の場合は催眠者の声だけに注意が集中します。そして、意識して考えるときに働く左脳より、無意識に働く右脳が優位になり、普段は閉じ込められている無意識が外に現れるようになります。

さまざまな催眠療法

催眠療法には、直接・間接的に暗示をかける、イメージを利用する等、さまざまなテクニックがあります。

直接指示

あがらずにプレゼンできます

間接指示

リラックスして話せますよ

メンタルトレーニング

イメージをしましょう

【お話療法】 患者に自由に話をさせる治療法。アンナというヒステリー症患者が、過去の出来事を思い出し、口に出すことで症状の原因解明に結びついたことから命名。

自分の心理を操る ２

心をリラックスさせる方法

リラックス状態をつくる自律訓練法

現代社会はストレス社会といわれますが、ストレスがたまると**自律神経系**のバランスが崩れ、体を緊張や興奮状態にする**交感神経系**が優位に働き、心身ともに悪い影響が現われます。そのため、働きすぎている交感神経を鎮め、副交感神経優位のリラックス状態を生み出し、心の平安を取り戻すことが重要になります。

ドイツの精神科医**シュルツ**は、大脳生理学者**フォクト**の臨床的催眠研究に基づき、**自律訓練法**を開発。これは意識を弱めた状態で自己暗示をかけて緊張をほぐし、心身の状態を整える心理療法です。

基本の公式から始め徐々にステップアップ

自律訓練法は落ち着ける場所であればどこでもできます。たとえば、電車の中で立ったまま行ってもＯＫです。

自律訓練法には「**公式**」と呼ばれる決められた言葉があります。基本となる背景公式から始め、これができるようになったら６つの公式をひとつずつ加えていくのです。これを１日数回、５～10分ずつ行います。続けるうちに自律神経のバランスが整い、血圧の安定、胃腸機能の活性化、疲労回復などの効果が実感できるように。神経症、あがり症、夜尿症、吃音、不眠など心のトラブルの改善も期待できます。

自律訓練法は
自律神経の
バランスを整え、
心をいい状態に

【自律神経系】 内臓の働きや代謝を活発にし、体を緊張状態にする交感神経系と血圧や心拍数を下げ、体をリラックス状態にする副交感神経系があります。

自律訓練法のやり方を覚えよう

自律訓練法は、誰でも行える催眠療法の一種。6段階のステップで、体をリラックスさせ、心もリラックスに導きます。

背景公式（準備）

心の中で「気持ちが落ち着いている」と繰り返し唱える。

照明は暗めに
ベルトや腕時計は外す
リラックスしやすい姿勢をとる
気持ちが落ち着いている気持ちが落ち着いている…

第1公式	心の中で「右腕が重い」「左腕が重い」「両足が重い」と順番に唱え、重みを感じる。
第2公式	心の中で「右腕が温かい」「左腕が温かい」「両足が温かい」と順番に唱え、温かさを感じる。
第3公式	心の中で「心臓が静かに打っている」と唱え、それを感じる。
第4公式	心の中で「呼吸が楽になっている」と唱え、それを感じる。
第5公式	心の中で「お腹が温かい」と唱え、それを感じる。
第6公式	心の中で「額が涼しくて心地よい」と唱え、それを感じる。

消去動作

最後に、手を強く握ったり開いたり、伸びをして深呼吸をするなどの消去動作を行うことで、催眠状態から覚める。

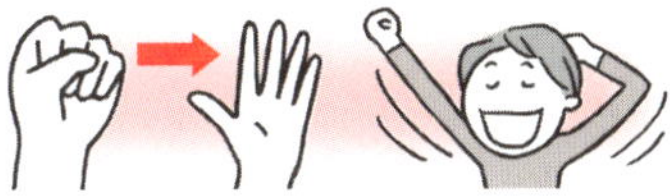

【TM（超越瞑想）】 朝夕2回静かに座ってマントラ（呪文）を唱え、緊張を弛緩させる方法。一時期アメリカで熱狂的に行われ、現在も流行は続いています。

自分の心理を操る 3

「信じれば夢はかなう」は嘘じゃない 1

周囲が「できる」と
信じ援助することで、潜在
能力がアップ

教師の期待で生徒の能力が飛躍的に向上

部下や後輩などに「こうなってほしい」と望む姿がある場合は、ぜひ「本当にそうなれる」と信じてください。これが理想の部下や後輩を育てる近道です。その効果は、ドイツ出身の心理学者**ロバート・ローゼンタール**の実験で確かめられているんですよ。

ランダムに選び出した小学生にダミーの知能テストを行い、「この子は将来、学力が伸びる可能性が高い」と担任教師に説明。じつはこれは何の根拠もない話なのですが、その説明を受けた担任は「この子は伸びる子だ」と期待し、そのように接するようになります。その結果、1年後には「学力が伸びる」と説明された生徒の成績が、驚くほど伸びたのです。

このように「信じれば現実になる」という現象を、ローゼンタールは「**ピグマリオン効果**」と名づけました。親や教師が期待することで子どもの能力が向上するため「**教師《きょうし》期待効果《きたいこうか》**」ともいわれています。

理想実現のため、信じた者が全面サポート

「信じればかなう」と言われても、にわかには納得できない人もいると思うので、「ピグマリオン効果」について具体的に説明しましょう。

ローゼンタールたちは約1年間、教師が「伸びる」と信じた生徒にどのような対応をしたの

【ピグマリオン】　ギリシャ神話に登場する王の名前。彫像の女性に恋をし、人間になることを信じ続けたところ、神が彫像に命を与え、望みがかなったという神話があります。

か観察しました。すると、ほかの生徒より高度なことに挑戦させる、授業中に指名し答えさせる回数が多い、答えがわからないときは気長に待つなど、学習効果が出やすい環境をつくり出していたのです。「できる」と期待した先生が積極的にサポートしていたわけですね。一方、

「君はやればできる子だ」と先生から励まされ、学習環境を整えられたことで、生徒側も意欲的になり人一倍頑張ろうとします。この相乗効果によって、優秀な成績が現実となったのです。

人の潜在能力を引き出すには、その能力を信じ、応援する人が欠かせないということですね。

期待した姿が現実になる？

ローゼンタールとジェイコブソンは、以下のような実験を行い、ピグマリオン効果を証明しました。

❶ ランダムに選んだ小学生数人について「この子たちには優れた能力がある」と教師に告げる。

❷ 教師はそれを信じ、①で指名された子についてとくに学習環境を整えるなどの配慮をする。

❸ その結果、約１年後には①で指名された子はほかの子よりも実際に成績がアップしていた。

期待とサポートで効果が高まる

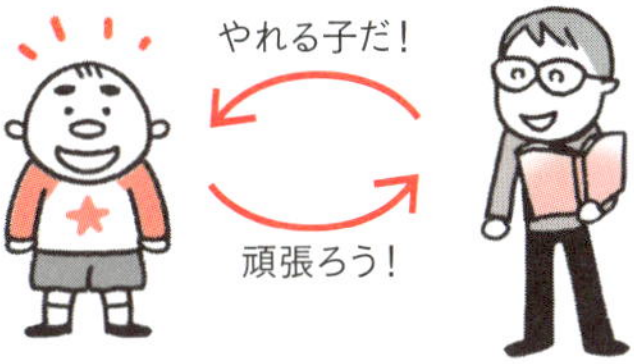

【学習心理学】「勉強をしよう」というやる気はどうやって生まれるのかなどを考える分野。研究成果は学校の教育プログラムなどに生かされています。

自分の心理を操る 4

「信じれば夢はかなう」は嘘じゃない❷

周囲が肯定すると「できる子」に

「ほめて伸ばす」とよく言いますよね。これも心理学で説明できることです。

親や先生が「あなたはやればできる子なんだから頑張ろう」と子どものことを肯定し、応援していると、子どもは「自分にはできる」と自信を持って取り組め、持てる能力をフルに発揮できるようになります。

アメリカの社会学者**ロバート・K・マートン**は、ある出来事が起こると予言して行動することで、本来は起こらなかったはずの状況になることを「**自己成就予言**《じこじょうじゅよげん》」と呼びました。周囲に期待されることで、子どもはプラス方向に自己成就予言ができるのですね。これを**ガラティア効果**といいます。**ピグマリオン効果**（▼P.148）から生まれた言葉で、ガラティアはピグマリオンが恋をした彫像の名前です。

反対に、親や先生が「あなたはダメな子」とマイナスイメージしか持っていないと、その子は**自尊感情**が低くなり、本当にダメな子になってしまいます。これを**ゴーレム効果**といいます。ゴーレムは泥人形のことです。

周囲が期待すると、
「自分にはできる」
という思いが
強くなるよ

「おもしろい＋ほめる」でやる気アップ

ところで、子どもはもちろん大人も、能力を向上させるには本人のやる気が欠かせませんね。**やる気**を引き出すには、**外発的動機づけ**と

【達成動機】 目標を達成しようとする動機づけ。達成動機が高いと、困難にぶつかってもくじけず、努力して乗り越えようとします。

内発的動機づけが必要です。

外発的動機づけは、ほめる、叱る、援助するなど外からの働きかけでやる気を引き出すもの。ピグマリオン効果やガラティア効果はこれに含まれます。一方、内発的動機づけは好奇心や興味、達成感など本人の内面からわいてくるものです。内発的動機づけは「おもしろい」「楽しい」と感じることで芽生えるので、そう感じられる環境を整える必要があります。

そして、内発的動機づけによってやる気を見せたら、目標達成に向けて適切な外発的動機づけを行うことが重要です。

「自己成就予言」の効果

自分や周りからの期待や決めつけで、その通りに変わっていくことがあります。

自己成就予言
○○社に就職する
実現
内定
プラスに働く例（ガラティア効果）
仕事のできる人だね
努力
営業成積
マイナスに働く例（ゴーレム効果）
お前はダメな奴だ
あきらめ
営業成積

【コンピテンス（有能感）】 自分が行動したことで満足できる結果が得られたときに感じる、「自分はできる」という感覚。内発的動機づけのひとつ。

休み時間

なぜ分相応の相手を選ぶ人が多いのか

「美女と野獣」という表現があるように、美人とブ男のカップルもいます。
でもたいていは、つり合いの取れた男女がカップルになっていますよね。
その心理を探ってみましょう。

分相応の相手を選ぶ「マッチング仮説」について、アメリカの心理学者キースラーたちが行った実験があります。

男子大学生にあるテストを行い、その結果に満足していると思われる「高自己評価グループ」と、実験者が結果に怒っていると思われる「低自己評価グループ」に分けます。その後、実験協力者の女性に引き合わせるのですが、女性は服装や化粧で魅力的に見せたり、不細工に見せたりしています。

すると、「高自己評価グループ」は女性が魅力的に装っているときに電話番号を聞いたり、デートに誘ったりとアピールをし、「低自己評価グループ」は不細工に見せているときに同様のことを行ったのです。

「低自己評価グループ」も魅力的な女性に惹かれたはずですが、自分に自信がないと、魅力的な相手には拒否されるのではないかと不安になり、アプローチできなくなるんですね。その点、自分と同レベルの相手なら、安心してアプローチできるわけです。

似た者カップルが多いのはこうした理由からですが、似ている人とは話が合い、一緒にいて楽しいということもありますよ。

5限
心理学が支える さまざまな分野

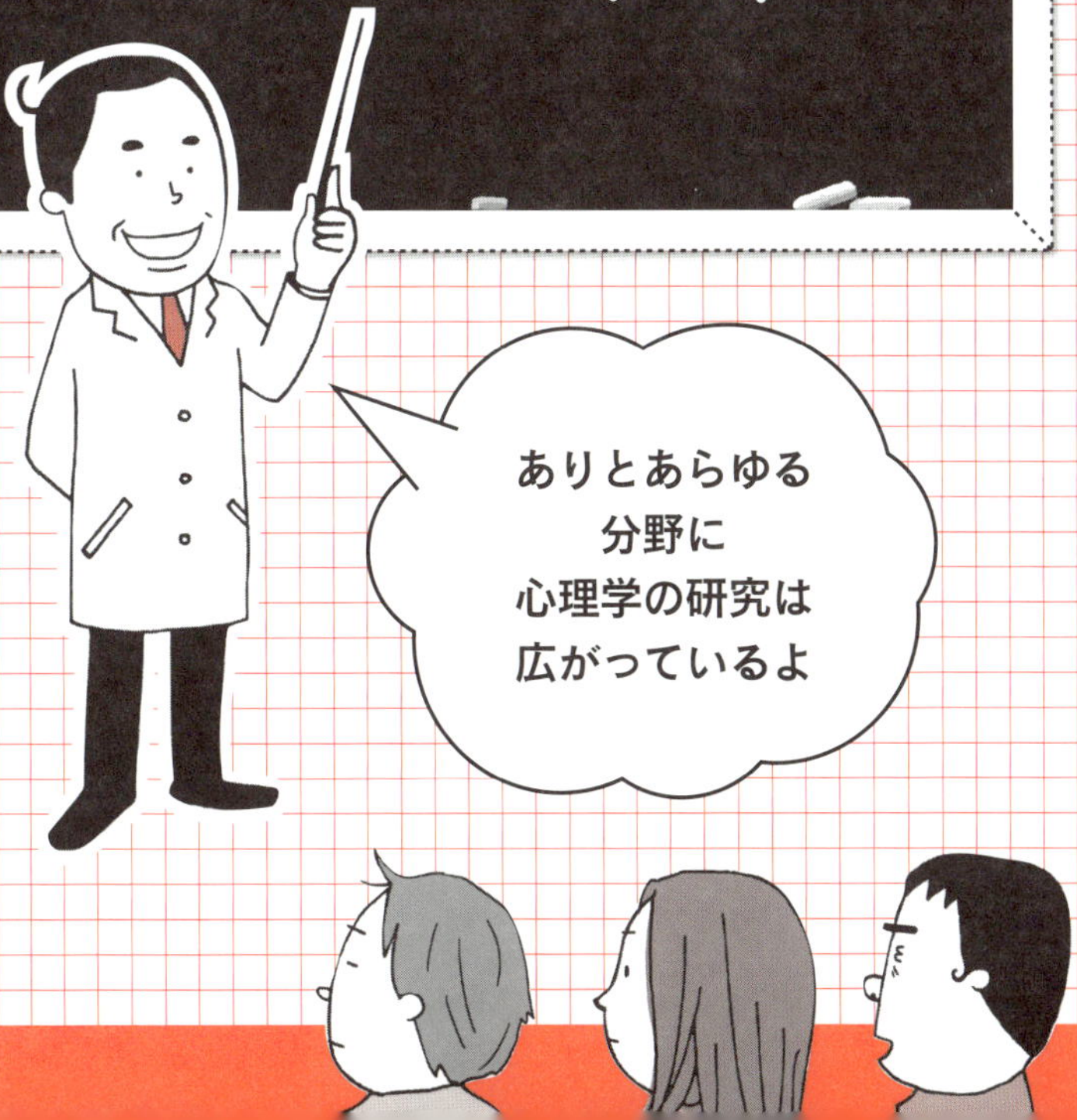
ありとあらゆる分野に心理学の研究は広がっているよ

introduction 5

これって脈アリ？

心理学で判定！

キョロキョロ
おやサトルくん
ポン
ギクッ
どうしたの？
いや…あの…
ドギマギ
ボク…彼女が好きなんですけど…
あれ？彼と一緒にお昼食べるのかな？
クッソーッ
あいつも彼女のこと好きなのかな
まあまぁ観察してみようよ
ひょい
足の先がお互いを向いているのは
お互いが意識してるってことなんだよ
ひょい
うわー

→ 対人関係の分析も心理学の研究のひとつ！

心理学の分野 1

広がり続ける心理学の研究分野

時代が変われば、人の心も変わる

言葉、歴史、文化、技術など、私たちの目の前に存在するものは、すべて私たち人間がつくり出したもの。これは人間にしかできないことですね。そして心理学は、人間が生み出したありとあらゆることと、人の心の関係を考えることを目的とした学問。1限で説明したように、哲学的なアプローチから始まり、科学的に心を分析する学問へと進化してきました。

科学技術の進歩や社会情勢が変化すれば、それらと私たちの心はどのように付き合うべきかという問題が生じます。そうして、今日心理学の研究領域は広がり続けています。

他学問と連携して新しい心理学が誕生

現代の心理学は、基礎心理学と応用心理学の2つに分かれています（詳しくは▼P.28）。科学技術の進歩によってどんどん人間の可能性は広がっていき、それだけ心理学の研究分野も広がっていくことになりますが、とくに、応用心理学は、「宗教心理学」「交通心理学」など、専門化・細分化が進んでいるのが大きな特徴です。

そのうえ新しい心理学は、心理学の世界だけにとどまらず、文系・理系を問わず多くの他学問と連携し、融合。新たな心理学が次々に生まれています。次のページから、最近注目されている心理学の概略についてお話ししましょう。

人の心の変化に
合わせ、新しい
心理学が次々に
生まれているよ

【脳機能イメージング】 X線CTやMRIなどで脳波を測定し、心の動きを外から客観的に観察すること。現代の心理学には欠かせないアプローチです。

基礎心理学と応用心理学

心理学は、大きく「基礎心理学」「応用心理学」の2つに分けられ、心理学の基礎となる現象を研究し、そこで得た法則をさまざまに活用します。

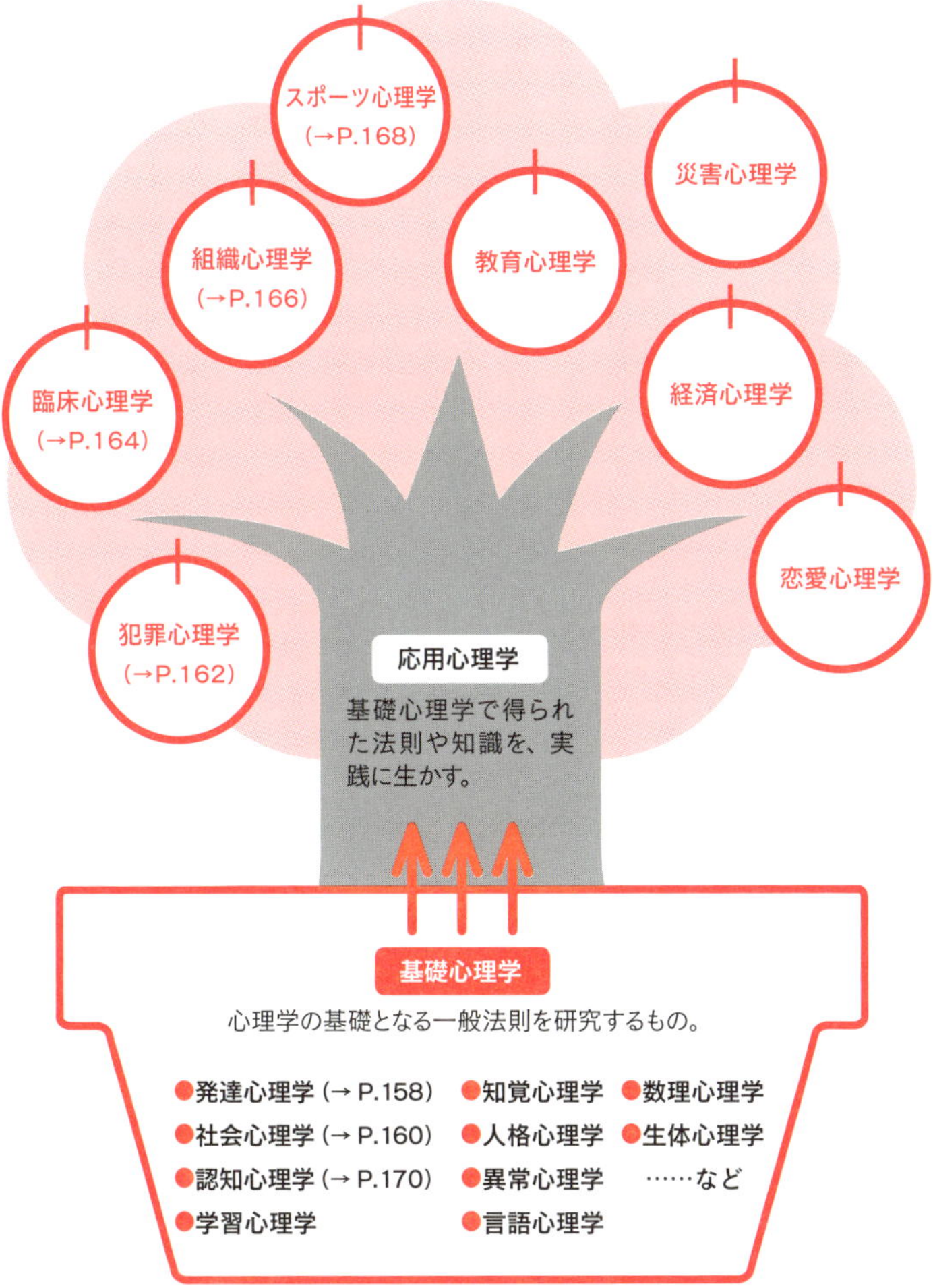
スポーツ心理学
(→P.168)
災害心理学
組織心理学
(→P.166)
教育心理学
臨床心理学
(→P.164)
経済心理学
恋愛心理学
犯罪心理学
(→P.162)
応用心理学
基礎心理学で得られた法則や知識を、実践に生かす。
基礎心理学
心理学の基礎となる一般法則を研究するもの。
●発達心理学(→P.158)
●社会心理学(→P.160)
●認知心理学(→P.170)
●学習心理学
●知覚心理学
●人格心理学
●異常心理学
●言語心理学
●数理心理学
●生体心理学
……など

【ヒューマンインターフェース】 人と人の周りに存在するさまざまな機械・機器の間で情報をうまくやり取りできるように、人の特性を応用していくための技術。

心理学の分野 2

一生寄り添う心理学 ―発達心理学―

児童と青年の研究から始まった分野

発達心理学は、**人の心と体が発達していくメカニズムを研究**する分野。「**発達**」と聞くと、赤ちゃんや小学生など成長途中の子どもを研究する心理学だと思ってしまうかもしれませんね。

たしかに**発達心理学**は、アメリカの心理学者**スタンレー・ホール**が**児童心理学**を中心に打ち立てたことで始まりました。そのため、かつての発達心理学は、大きな成長期を迎える児童期と青年期を主な研究対象としてきたのです。

大人の発達心理の研究も重要に

しかし、日本をはじめ世界中で高齢化社会が進んでいますよね。児童期と青年期に限定していたら、人口の多くを占める中年以降の「大人の発達心理」を知ることができず、現代社会で起こる問題に対応できなくなってしまいます。

そのため現代の発達心理学は、赤ちゃんはなぜ人見知りするのか、反抗期の子どもの心理状況、青年が自己を確立する過程の心理、中年が第二の人生を始めたがる理由、高齢者が健やかに老いを迎えるための心理など、すべての世代の〝成長〟を研究対象としているのです。

なお、スイスの心理学者**ジャン・ピアジェ**の**認知発達理論**と、アメリカの心理学者**エリク・エリクソン**の**心理社会的発達理論**が、発達心理学の代表的な理論となっていますよ（▼P.41）。

子どもはもちろん、中年や高齢者の発達についても研究するよ
心

【生涯発達】 生まれてから死ぬまでの、一生における発達のこと。現代の発達心理学は生涯発達をベースとし、すべての時期の成長の謎を解き明かすことを目的としています。

発達心理学はあらゆる年代の人間が対象となる

ホールが提唱した児童心理学から、今日さまざまな年代の発達について研究がなされるようになりました。

幼児心理学

幼児心理学

乳幼児期から幼児期を研究。児童心理学とまとめられることもある。

↓

児童心理学

児童心理学

乳幼児期から学童期を研究。自意識の発達が起こる時期でもある。

↓

青年心理学

青年心理学

12 歳から 22 歳くらいまでを対象に研究。人格形成において重要な発達変化が起こる時期でもある。

↓ ←--- 近年、壮年期の心理の研究も増えている。

老年心理学

老年心理学

高齢者を対象に研究。高齢者の人口増加により、この学問が必要とされるようになった。

エリクソンによる8つの発達段階

段階	心理的テーマ	段階	心理的テーマ
第一段階 乳児期	母親との信頼関係	第五段階 青年期	アイデンティティ
第二段階 幼児前期	自立性	第六段階 初期成年期	親密性
第三段階 幼児後期	自主性	第七段階 成年期	生殖性
第四段階 児童期	勤勉性	第八段階 成熟期	自我統合感

【獲得と喪失】 人の発達は成長(＝獲得)するばかりでなく、衰退(＝喪失)していくものも含めて考えるべきという、アメリカの心理学者バルテスが提唱した発達心理学の新しい視点。

心理学の分野 3

行動のウラを探る ー社会心理学ー

人間の行動を幅広く研究する分野

人の行動が、周囲の影響をどのように受けているのかを探るのが**社会心理学**です。かつての社会心理学は、大衆社会をおもな研究対象にしてきましたが、最近は対人関係の研究が目立つようになっています。

そのため、**マインドコントロール**や**洗脳**（▼P.140）など、現代社会で問題になっている現象も、社会心理学で研究が進められています。ほかには、流行が広まっていくメカニズム、集団が生まれる過程、パニックに陥る心理状況など、社会レベルから個人レベルまで幅広く人間の行動を研究しているのです。

社会情勢の急激な変化にともない、社会心理学は心理学の中でも、最近とみに注目されている分野といえるでしょう。

対人関係の相互作用を研究する

「対人関係の社会心理学」とはどのようなものか、簡単に説明しましょう。

①「人対人」の相互作用の研究や、**自我・自己**の問題、感情、思考問題まで研究し、個人の心的状況も探究します。

②これまで実験不可能と思われてきた領域にも進出し、**実験社会心理学**という新しい領域を開拓。実験室を離れて、できるだけ現実に近い状態で人の行動を観察し、心理を分析します。

【自我・自己】 自我（ego）は自分の心の働きや、精神活動の中核にあるもの。自己（self）は自我によってみられた自分自身の人間像のこと。これらの概念は理論体系により異なります。

新しい分野を開拓する社会心理学

対人関係の社会心理学には、対人的相互作用の研究と、実験心理学という２つの特徴があります。

対人関係の社会心理学

自我 自分の心的働き。精神活動の中核にあるもの。

自己 自我によってみられた自分自身の人間像。

実験心理学 ＝ 目に見える測定・数値化を重んじ、実験によって心理学を研究。さまざまな心の現象を科学的に分析・証明する。

仮説 → 実験 → 解釈 → 考察

（例）アッシュの印象形成の実験 （→ P.256）

ある人をＡとＢの順番で紹介する。

Ａ 知的 ▶ 勤勉 ▶ 衝動的 ▶ 批判的 ▶ ガンコ ▶ 嫉妬深い

Ｂ 嫉妬深い ▶ ガンコ ▶ 批判的 ▶ 衝動的 ▶ 勤勉 ▶ 知的

ＡとＢ、どちらのほうが印象がいい？

Ａのほうが好印象、Ｂは悪印象。

考察 最初のほうの性格の印象が優先される（＝初頭効果）。

【マインドコントロール・洗脳】 マインドコントロールは本人の自覚なしにアイデンティティを破壊し、人格を変えること。洗脳は物理的強制力で拘束し、人の行動を変えようとすること。

心理学の分野 4

なぜ犯罪は起こるのか？
―犯罪心理学―

犯罪の捜査や予防、更生と、犯罪に関するすべてが研究対象だよ

犯罪の予防や更生方法も研究する

凶悪犯罪が頻発する現代において、犯罪時の人間の心理を研究する**犯罪心理学**は、重要な役割を果たしています。犯罪心理学の目的は、大きく分けて3つあります。

①人が犯罪を犯すときの心理を解き明かす。
②犯罪目撃者の発言の信憑性を読み解く。
③更生者のスムーズな社会復帰のために必要なことを心理面から研究。

つまり犯罪心理学は、犯罪者の特性や環境的要因を解明し捜査に役立てるとともに、犯罪の予防や、犯罪者の更生のために必要なことも含めて研究しているのです。

残された手がかりから犯人を推測する

プロファイリングという言葉を聞いたことはあるでしょうか？　警察小説や推理ドラマなどでプロファイリングをテーマにしたものもありますので、なんとなく知っている……という人は多いのではないかと思います。

プロファイルは「輪郭を描く、側面を描く」という意味。プロファイリングは犯罪の方法や犯罪現場に残されたさまざまな手がかりから犯人の特徴、犯罪の動機、生い立ち、環境などを推測し、捜査を進めていく手法です。犯罪心理学だけでなく、**人類学**なども含めた**行動科学**の知識が求められる分野です。

【ネゴシエーター（交渉人）】　犯人との交渉を担当する警察の専門職。犯人の精神状態や現場の状況などの情報を犯人との会話から収集し、事件を平和的に解決することを目指します。

人が犯罪を起こすメカニズム

「魔がさす」という言葉があるように、犯罪に走る社会的・心理的要因が作用し、人は罪を犯すと考えられています。

犯罪衝動
Camera
お金がないけどほしい

社会的要因
- 家庭環境の問題（両親の不仲、アルコール依存症、虐待など）
- 経済的に困窮している
- 社会への不満
- 地域の治安の悪さ

心理的要因
- 性格（感情をコントロールできない、自己顕示欲が強いなど）
- コンプレックス
- 精神障害
- 人格の未熟さ

ダメだよ！
家族が悲しむぞ
やっちゃえよ！
バレないよ！

罪を犯さない

罪を犯す

犯罪心理学の目的は3つに分けられる

罪を犯す心理的要因を探ることで、犯人検挙に役立てたり、犯罪抑止や更正の方法を考えたりすることができます。

1. なぜ人は罪を犯すのかを解き明かす。
2. 犯罪の有無を決める目撃者の発言の信憑性を読み解く。
3. 罪を犯した人をどのように社会復帰させるかを研究する。

最終的な目的は、**犯罪の抑止**

【裁判心理学】 目撃証言や犯人の自白の信憑性、判決を下す裁判官の心理、裁判員の精神的負担など、裁判に関する心理的問題を広く扱う分野です。

心理学の分野 5

心の治療に向けて ―臨床心理学―

心の問題の
解決法を探り、
治療にあたるのが
臨床心理学だよ
心

臨床心理学は心のトラブルの解決を目指す

世の中はめまぐるしく変化していますね。人間には、目の前の現実に応じて自分の心をコントロールするなど、環境に**適応**して生きていく力が備わっています。しかし、体力が落ちると体調が悪くなるように、心もいつも元気なわけでなく、環境に適応する力が弱ることがあります。また、思いもかけない大きな傷を心に負い、心の健康を損なうこともあります。

その結果、摂食障害、心身症、非行、不登校、引きこもり、虐待、暴力、うつ、ヒステリー、統合失調症、依存症など、心にトラブルを抱えることに。こうした心にまつわるトラブル全般の解決に取り組むのが、**臨床心理学**です。臨床心理学はアメリカの心理学者**ライトナー・ウィトマー**がペンシルバニア大学で心理クリニックを開設したときに誕生したといわれ、「臨床心理学」という言葉を最初に使ったのもウィトマーだとされているんですよ。

心の専門家がクライエントをサポート

心に問題を抱える人をサポートするのは、大学で臨床心理学を学んだ**臨床心理士**や**カウンセラー**などです。いわば、「心の専門家」ですね。しかし、臨床心理士やカウンセラーは医者ではないので、精神科医のように薬を使って患者を治療することはできません。では、どのように

【心理アセスメント】　臨床心理士やカウンセラーが、クライエントを十分に調査・分析したうえで、どのような心理療法が適切か見極めること。

して心の回復を図るのでしょうか？ クライエント（患者）のことを詳しく知り、観察し、症状や疾患を分析したうえで、その人に最も適した心理療法を行うのです。

心理検査や**面接**でクライエントを取り巻く環境（生い立ち、家族関係、学校や会社での立場など）をできる限り明らかにし、クライエントの人格像を理解する、**事例研究法**を採用。その結果に基づき、治療を行っていきます。また、クライエントのみではなく、家族など周囲の人とも十分に話し合うことで、治療に役立てることもしています。

“心の専門家” の仕事とは？

臨床心理士やカウンセラーなど “心の専門家” は、クライエントの心の問題に、臨床心理学の知見を生かしアプローチしていきます。

心の専門家

- カウンセリング
- 精神分析
- 自律訓練法　など

↓

クライエント

精神科医と臨床心理士の違い

心の専門家には、「臨床心理士（カウンセラー）」と「精神科医」の２種類があり、それぞれのアプローチで心の問題に悩む人を助けています。

精神科医

- 医学部卒
- 薬で治療できる
- 悪いところを見つけて治療する

臨床心理士

- 心理学部卒
- カウンセリング（面接）で回復を目指す
- クライエントが問題を乗り越えるのをサポートする

【コンサルテーション】 専門職の人が、別の専門職の人が抱える問題を解決するために相談に乗ること。たとえば、手術前に麻酔科医が外科医のコンサルテーションを行うなど。

心理学の分野 6

集団を動かし経営を支える
ー組織心理学ー

円滑な事業運営と、業績アップを研究する心理学もあるんだよ

心理学は事業運営にも役立っている

企業を構成しているのは一人ひとりの社員。つまり人間です。そのため、事業を運営していくうえで持ち上がるさまざまな問題を解決し、業績を上げるには、心理学的なアプローチが必要になります。リーダーシップ、意思決定、人材採用、人事評価、従業員の心の健康、宣伝・広告効果など、事業に関するあらゆるテーマを研究対象にしているのが**産業・組織心理学**です。

ところで、業績を上げるためには、消費者の心理も知る必要がありますね。そこで産業・組織心理学では、購買意思決定の心理や、購買行動も研究しているんですよ。

経営手法には3つの理論がある

企業は成果を上げることが必要ですね。アメリカの経営学者で心理学者の**ダグラス・マグレガー**は、成果を上げるための経営手法の理念として**X理論**と**Y理論**を提唱しました。X理論は、人間は働くのが嫌いだから、命令・統制しないと働かないとし、Y理論は、人間は進んで働きたがるものだから、条件が整えば自発的に働くという考え方です。

また、アメリカの心理学者**ウィリアム・オオウチ**は、この2つの中間の**Z理論**を提唱。信頼、気配り、親密さを重視する考え方で、日本企業の経営に注目して生まれた理論なんですよ。

【サラリーマン・アパシー】 アパシーは無気力状態。新入社員がゴールデンウイーク明けごろから仕事に対する意欲をなくし、無気力になること。

業績を上げるためのX、Y、Z、3つの経営理論

人間の本質を説明した性善説と性悪説。それを経営に当てはめたのがX、Y理論です。日本の経営は、中間のZ理論の手法をとることが多いです。

X理論（性悪説）

人間は本来仕事嫌いという考えに立ち、上司は部下を強制的に統率する。

Y理論（性善説）

人間は進んで働くという考えに立ち、労働者の自主性を尊重する。

Z理論（中間）

X理論とY理論の中間の考え方。個性ではなく集団主義、安定性を重んじる。

人数が増えると仕事がはかどらなくなる！？

フランスの心理学者マクシミリアン・リンゲルマン（→ P.50）が行った綱引き実験によると、綱を引く人の数が増えるほど、一人ひとりが綱を引く力が弱くなりました。

少人数で働くより大人数で働いたほうが、作業効率はよくなるように思えますが、この実験により、大人数で働くのは逆効果だということがわかりました。集団が大きくなるほど手を抜いてもばれにくくなり、さらに、努力してもそれに見合った報酬が得られないことが多いのが原因だと思われます。

【社会的補償】 他人にやる気がないことがわかると、それを補うために自分の努力の量を増やそうとする心理状態。

心理学の分野 7

アスリートの常識 ―スポーツ心理学―

スポーツに関わるあらゆる人の心理を研究する分野だよ

スポーツに関する心理を多方面から研究

「スポーツ能力を上達させるには肉体を鍛えればいいんだから、心は関係ないでしょ」という考えは大間違い！　健全な心がなければ、健全な肉体は生まれず、スポーツ能力は上達しません。**スポーツ心理学**はアスリートの抱える心の問題の解決をはじめ、運動能力の上達法、スポーツが性格に与える影響、スポーツ観戦に夢中になる人の心理など、スポーツに関するあらゆることを研究しています。

日本では1964（昭和39）年の東京オリンピックの際、選手強化対策の一環として、初めてスポーツ心理学が採用されました。

潜在能力を高めるメンタルトレーニング

アスリートは試合でいい結果を出せなければ実力を認められませんよね。ですから、練習だといい結果が出せるのに、本番になると失敗する……という状況は避けなければいけません。

そんなときに役立つのが**メンタルトレーニング**です。ストレスや緊張のコントロール、集中力の強化、イメージトレーニング、やる気や目標達成力の向上、チームプレーにおけるコミュニケーション能力の強化など、心理的なスキルを強化することで、アスリートが持っている潜在能力を最大限に発揮させ、本番で最高の力を出せるようにすることを目指します。

【スポーツカウンセリング】　面接によって選手が抱えている問題を把握し、問題の背景も含めて選手自身に気付かせ、問題を解決させる方法。

心のエネルギーをピークにする8つの要素

心のエネルギーを高め、ピークに持っていくことができれば、試合で100%のパフォーマンスができます。こうしたピークパフォーマンスを可能にするには8つの条件があるのです。

1
精神的リラックス
2
身体的リラックス
3
繭の中にいる感覚
4
自信がある楽観的感覚
5
高度に力を放出する感覚
6
コントロールしている感覚
7
異常なほど「わかっている」という感覚
8
現在に集中している感覚

渋谷昌三『史上最強図解　よくわかる心理学』(ナツメ社)より

成功するもしないも気持ち次第？

アメリカの心理学者J・W アトキソンは、人には失敗回避欲求と成功達成欲求があり、どちらの気持ちが強いかで行動が変化すると述べています。前者の気持ちが強いと失敗したときの悔しい気持ちを想像して目標を低めにしてしまい、後者の気持ちが強いと実力に見合った目標を設定します。

メンタルトレーニングによって不安を取り払い、モチベーションを高く持つことができれば、成功達成欲求が高まります。その結果、成功に導くことができるのです。

【イメージトレーニング】 自分が出場する試合などを頭に思い浮かべ、最初から最後まで思い通りのイメージで進めること。「自分にはできる」と自信がわき、実力を発揮できるようになります。

心理学の分野 8

科学で解き明かす ―認知心理学―

認知心理学は、情報処理の観点から心の知的活動を研究するよ

脳の情報処理の過程を観察

人は物事をどのように受け入れるのか、記憶した情報をどのようにして思い出すのか、目の前で起こった問題をどう解決するのか、などのしくみを解明するのが**認知心理学**です。つまり認知心理学は、人間の脳が行う情報処理の過程を観察し、心の動きをとらえようとする分野なんですね。脳というハードウエアの中で精神というソフトウエアが作動し、情報を処理していると考えるわけです。

さらに、**脳科学**、**情報科学**、**人類学**、**神経科学**など多くの学問と連携し、**認知科学**という新しい学問も生み出しました。家電製品にも使われている**人工知能**の概念も、認知科学から生まれたものですよ。

脳は3つのパターンで情報を処理

脳の情報処理方法は①**パターン認知**、②**文脈処理**、③**順応**の3つ。①はすでに記憶してあるパターンに基づいて**類推**すること、②は文脈によって出来事の意味を特定すること、③は与えられた刺激や環境に感覚が**適応**することです。

また、最初は一文字ずつ確認しないと打てなかったキーボードが、ブラインドタッチで打てるようになったのは、**情報処理能力**が上がったから。このような状態を、制御的処理から自動的処理への変化というんですね。

【スキーマ】 目の前にあるのが不完全な情報でも、関連する知識を使い、推測して認知したり、予測を立てることができる知識のまとまりのこと。

人が物事を認知するしくみ

認知とは、物事を理解すること。人が物事を認知するとき、脳は次のような処理をしています。

パターン認知

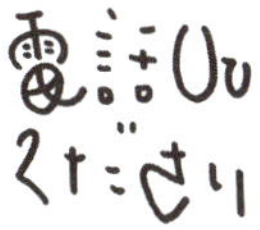

電話してください。

脳でパターン認知→推測が行われることで、どんな悪筆も何となく読める。

文脈処理

カセツをたてる。
仮設
仮説

ある情報が与えられる前後の情報によって、その文脈の認知が変わる。

順応

暗いところで徐々に目が慣れてくるように、感覚が与えられた環境に適応。

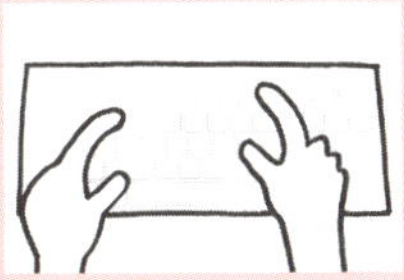

制御的処理

自動的処理

1本指で打つ「制御的処理」が、慣れると「自動的処理」に。

うるさい場所でも聞きたい声は聞き分ける～カクテルパーティー効果～

パーティー会場のように騒音・雑音の多い場所でも、自分が話しかけている相手や、興味のある人の声は聞き取ることができますね。これは無意識のうちに、脳が必要な音と不必要な音を判別し、情報処理をしているから。この現象を「カクテルパーティー効果」と呼びます。

一方、車の往来が激しくとてもうるさい場所で、後ろから知らない人に名前を呼ばれても、大抵の人は気付くはず。意識していない情報も、脳が重要かどうかを判断し、処理しているからです。

【人工知能】 人間の脳が行っている作業をコンピュータで模倣したソフトウエアやシステム。AIともいいます。洗濯機に採用されたファジー理論など家電製品にも使われています。

心理学の分野 9

じゃんけんも心理戦？ ーゲーム理論ー

ゲーム的要素のある場面で、人がどう行動するか分析するよ

人の行動をゲームにたとえた理論

私たちはゲームをするとき、相手の行動を観察したり、動きを予想したりしながら次の一手を考えますよね。日常生活にも同じようなシーンが多くあります。日常に現われるゲーム的なシーンを、数学や心理学などを使って分析、研究するのが**ゲーム理論**です。テレビゲームなどいわゆるゲームを論じる理論ではありませんよ。

ハンガリーの数学者**フォン・ノイマン**がゲームをモデルにして、人が**経済活動**を行うときの行動パターンを考えようとしたのが始まり。そのため、ゲーム理論は当初、経済活動の予測などに使われていたのですが、現在では人間の行動全般の分析に活用されています。

ゼロ和と非ゼロ和が代表的な理論

ゲーム理論の代表的なものに、**ゼロ和（ゼロサム・ゲーム）**と**非ゼロ和（ポジティブ・サムゲーム）**があります。ゼロ和は一方が勝者になればもう一方は必ず敗者となり、両者の得失点の合計はつねにゼロ。お互いはいつでも対立関係にあり、協力することはあり得ません。

一方、非ゼロ和はひとりの利益ともうひとりの損失が必ずイコールになるとは限らず、相手と手を組めば得をすることもあり得ますが、全員が敗者になる可能性もあるという状況。そのため、行動の選択に非常に悩むことになります。

【ナッシュ均衡】　アメリカの数学者ジョン・ナッシュが考案したゲーム理論の概念。全員がそれぞれ最適の戦略を選び、これ以上自分の戦略を変更する動機がない、安定した状態。

ゼロ和ゲーム
片方が得をすれば片方は損をする

下のようなじゃんけんゲームでは、一方の得と他方の損がイコールになります。

じゃんけんゲーム

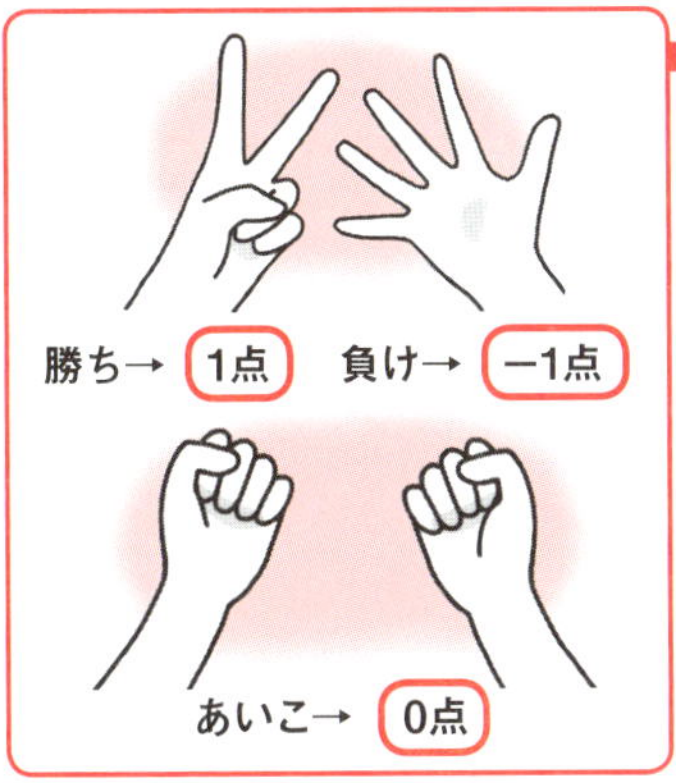

両者の得失点の合計は つねにゼロになる

左のルールで2人でじゃんけんをし、得点を計算すると、2人の得点の合計は必ず0（ゼロ）になります。

この場合、お互いはつねに対立関係にあるため、両者が協力し合うことはありません。わかりやすい例に、敗者から集めた資金を勝者で分け合う競馬などの賭博が挙げられます。

非ゼロ和ゲーム
両方が得をすることも損をすることもある！

一方の得が他方の損にならない、囚人のジレンマの例です。

囚人のジレンマゲーム

		相棒：自白	相棒：黙秘
自分	自白	懲役6年	釈放／懲役10年
自分	黙秘	懲役10年／釈放	懲役3年

2人の囚人の自白を促すため、警官は「自白すれば刑を軽くする」という条件を提示します。自分が黙っていても、相手が自白してしまえば、刑が長くなり自分だけが損をするというジレンマに、囚人は苦しむことに。

【混合戦略】　ゲーム理論の用語。与えられた状況で選ぶことができる選択肢の中から、その都度異なる行動を実行する戦略のこと。

休み時間

歩く速度で出身地がわかる？

生まれ育った地域の風習や習慣は、人の行動にも影響を与えます。
歩くスピードが速いかゆっくりかというのも、育った環境に左右されるもの。
歩く速さで出身地がわかることがあります。

国際交通安全学会の研究チームが、日本人の歩く速度について調査を実施。朝夕のラッシュを避けた時間帯（比較的、急ぐ用事がないと思われる時間帯）に、30～50代の男女を対象に、県庁か市役所の前の道を歩く人が、10メートルを何秒で通り過ぎるかを調べました。

その結果、歩く速度が最も速かったのは、男女ともに大阪で、2位は東京でした。大都市の住人は何かとせわしく暮らしていて、せかせかと歩いていることがわかりますね。反対に歩くのが一番ゆっくりなのは鹿児島でした。その次にゆっくりなのが福岡ですから、九州はゆっくりのんびり歩くことを好む気質のようです。

大阪と鹿児島の人が一緒に歩くと、100メートル歩く間に16メートルも差が開くことに。出身地が異なる人と歩くときは、お互いにスピードを調節したほうがよさそうですよ。

ちなみに、パリと広島は歩くスピードはほぼ同じですが、1分間の歩数はパリのほうがぐっと少なくなります。パリの人は大またでゆっくり歩き、広島の人はちょこちょこ歩いているということですね。これは足の長さの違いでしょうか？

BASIC ELEMENT IN PSYCHOLOGY

6限 知っておきたい心の病

心の病気を
防いだり
癒すためにも
心理学は役立つよ

introduction 6

クセからわかる心の病？

お疲れさまでしたー
ユミちゃんの会社
私は甘いものが大好き♡
あっ新作発見！これとこれ持ち帰ります
cake
は～おいしかった
2個くらいペロリよね
そしてポテチも大好き♡
甘いものの次はしょっぱいもの…魔の悪循環
カサカサ。
potato
次の特集は最近急増している心の病です
心の病かー私には関係ないなー
食欲もこんなだし
パリポリ。
あっもう一袋完食！
ヤバッデブるっ
カラッ。

どーしても袋がカラになるまで食べ続けちゃうんだよねー
…と
おおっこのブランドの新作バッグ
もうもう！私に断りもなしに新作なんて！
まよわずクリック！
ケーキといいバッグといい今日はついてるー
ボーナス一括払い！
で、これをつぶやかないと…
ユミちゃんそれちょっぴり心が病んでるかもよ
え？先生？
買い物依存症に
インターネット依存症も増えてるんだ
嗜《し》癖《へき》※をコントロールできないと依存症になっちゃうよ
えーそんなーっ
コントロールったって…
コントロールからロールケーキを思い出しました
それりっぱな依存症だよ
ってかしりとり？？

※嗜癖…ある特定のものや行動などを特別に好む傾向。

→ 現代ならではの心の病も増えてきている！

ストレスと心理学 ①

万病の元!? ストレスのしくみ

ストレスは外部刺激に対する反応

ストレスとは心身に負担がかかった状態のこと。ストレスという言葉を初めて使ったのは、カナダの生理学者**ハンス・セリエ**です。いろいろな刺激（**ストレッサー**）が生体に作用すると、それに対応して〝ひずみ〟が生じます。このひずみがストレスです（**ストレス―反応説**）。

ストレッサーは、①**物理的ストレッサー**（寒冷、騒音など）、②**化学的ストレッサー**（酸素の欠乏・過多、薬物、栄養不足など）、③**生物的ストレッサー**（病原菌、炎症など）、④**精神的ストレッサー**（怒り、不安、憎しみ、緊張、人間関係のトラブルなど）の4つに分類されます。中でも精神的ストレッサーに悩まされることが一番多いのは、誰もが実感していますよね。

防衛反応が解決できないストレスで病気に

生きていれば誰もが多少なりともストレスを感じていますが、ストレスが生じると身を守るために**防衛反応**が起こります。そして多くの場合、ストレスはうまく解消されるのです。

ところが、長期間ストレスを受け続けたり、強烈なストレスを受けたりすると、防衛反応がうまく働かなくなってしまいます。その結果、胃潰瘍、心筋梗塞、高血圧などの体の病気や、うつ状態、摂食障害、パニック障害などの心の病気を引き起こすことになります。

ストレスによる負担が増えると心身が弱って病気になるよ

【ストレス―反応説】　ハンス・セリエが発表した学説。「生物はどんな刺激によっても引き起こされる共通の反応がある」という仮説に基づき、導き出された学説です。

ストレスを受けやすいタイプとは？

アメリカの医学者フリードマンとローゼンマン、心理学者テモショックは、ストレス度や病気との関連性を、以下の３つの性格タイプで分類しました。

タイプ	Aタイプ	Bタイプ	Cタイプ
	もっとやれるはず！ 	のんびりいこうよ 	みんな仲良く… 
特徴	野心的・攻撃的。競争が好き。仕事人間。自らストレス過多な生活を選ぶタイプ。	マイペース・穏やか。プライベート重視。ストレスをうまく調整できるタイプ。	周囲に従順・自己犠牲的。我慢強い。対人関係のストレスをためやすいタイプ。
ストレス	ストレス度 高	ストレス度 低	ストレス度 高
病気	心臓疾患のリスクが高い。	病気にかかりにくい。	ガンになりやすい。

ストレスには悪玉と善玉がある!?

ストレスは悪者というイメージがありますが、じつはストレスには“悪玉ストレス”のほかに“善玉ストレス”もあるのです。セリエは、ストレスには不安や緊張をもたらすネガティブな反応（ディストレス）と、個人の成長に必要な動機づけを高めるポジティブな反応（ユーストレス）があるとしました。

善玉ストレスはユーストレスのことで、その人を奮い立たせ、勇気づける効果があります。少し困難な仕事を任され、上司から「君ならできる！」と励まされた場合などに感じる適度なプレッシャーが善玉ストレスです。

【汎適応症候群】 ストレッサーに対応して起こる生理的反応。警告反応期（混乱）、抵抗期（適応）、疲憊《はい》期（衰退）の３段階の生体反応を経ることがわかっています。

ストレスと心理学 2

ストレスを心理学的に乗り切る方法

受け取り方でストレスは減らせる

心身の健康のためにはストレスをためこまないことが大切……とわかってはいても、ストレスを感じないようにはできないし、ストレスは知らず知らずのうちにたまっていくもの。だったら、ストレスとうまく付き合い、乗り越える方法を考えたほうが建設的ですね。

アメリカの心理学者**リチャード・ラザルス**は、オーストラリア先住民の衝撃的な割礼式の映像を、事前に異なる説明をした4つのグループに見せ、ストレス反応を調べました。すると「未開文化を観察するのだから冷静に」「儀式は少年にとって喜びだ」と説明した2つのグループはストレスが低かったのです。このことから、同じストレスを受けても、受け取り方次第でストレスを軽減することが可能だとわかります。

ハンス・セリエの提唱した「**ストレスー反応説**」（▼P.178）に対し、ラザルスは「**ストレスー関係説**」を提唱。ストレッサーとなる環境を認知・調整し、ストレスに対処する方法を見直せば、ストレス反応を軽減できると考えました。そして、ストレスに対する8つの**コーピング（対処法）**を提示したのです。

自分の能力との差を認め、助けを求める

とくにストレスをため込みやすいのはビジネスシーンですね。心理学的なアプローチで、ス

「これは自分にはできない」と認め、あがくのをやめてみよう

【ストレスー刺激説】　心理学者のホームズが提唱した説。ストレッサー（刺激）となる環境を調整すれば、ストレスが防げると考えました。

ラザルスの8つのコーピング

自分でできるストレスへの対処法を、ラザルスは以下のように示しました。

1. ストレスに正面から取り組み、状況を変化させるために積極的に行動する。
2. ストレスをつくる状況から距離を置き、ストレスを最小限に抑える。
3. ストレス状況に対する自分の感情や行動をコントロールする。
4. ストレス解消のために、情報収集やカウンセリングなどの支援を求める。
5. ストレス状況における自分の責任を認識し、物事を調整していく。
6. ストレスを感じる状況から逃避する。
7. ストレスを解消するために考える努力をする。
8. ストレスを感じる環境を変え、自分を成長させようとする。

トレスを緩和する方法を考えてみましょう。

困難な仕事に直面したら、まず「この仕事は自分の能力を超えている」と素直に認めてしまうこと。自分の能力との差を認めず、何とかしようとあがくことが、大きなストレスとなるからです。「できないものはできない！」と認めると、気持ちがとても楽になります。

続いて「この仕事は私ひとりではとてもこなせないので助けてください」と、素直に周囲の人に打ち明け、援助を求めます。そのためには、いざというときにサポートしてくれる人を見つけておくことが欠かせませんよ。

どうしてもひとりでやらなければいけないときは、いきなりゴールを目指すのではなく、途中に小さな目標をたくさんつくります。そして「ここまではよくやった」「もう半分も終わった」と、自分を励ましながら進めると、ストレスに押しつぶされることなく、最後まで仕事を進めることができるでしょう。

【アレキシサイミア】 ストレスに弱く、うつ病になりやすい性格傾向。コミュニケーションが苦手、融通が利かない、想像力が乏しい、人間関係を築くのが苦手などの特徴があります。

心の病 1

環境の変化が適応障害を引き起こす

適応障害の原因は、環境の変化によって生じるストレスだよ

環境の変化に適応できず防御機能が不能に

適応障害とは、環境の変化についていけず、社会生活に支障をきたす状態です。**抑うつ気分**や不安になり、**摂食障害**《せっしょくしょうがい》、けいれん、頭痛などの症状が起こるようになります。

進学、転職、結婚、定年退職など、人は生きている間に何度も環境が変わります。新しい環境に慣れるまでは、誰もがストレスを感じるものですが、環境の変化に心が順応できず、ストレスが限界を超えて**防衛機制**が働かなくなるのが原因です。適応障害は精神疾患としては軽いほうですが、悪化するとうつ病などに発展することもあるため、軽いうちの適切なケアが重要なんですよ。

新人がかかる五月病も適応障害のひとつ

新入社員や新入生が、ゴールデンウイーク明けごろから元気とやる気がなくなる「**五月病**《ごがつびょう》」も、適応障害のひとつです。

なぜ5月に起こるのかというと、それまでとまったく違う環境で1か月過ごしたことでエネルギーを消耗し、心身ともに疲れ切る時期だから。また、「自分ではできると思っていること」と「実際にできること」のギャップを思い知り、「こんなはずじゃなかった」と悩む時期でもあります。その結果、ストレスが許容範囲を超え、無気力状態になってしまうのです。

【抑うつ気分】 病名ではなく、症状や状態を表す言葉。気分が落ち込む、わけもなく涙が出る、何もかもダメだと思う、ひとりになると悲しくなるなど。

適応障害が起こりやすい時期とは？

就職や結婚といった人生の節目となる時期には、環境の変化によるストレスが増え、適応障害が起こりやすくなります。

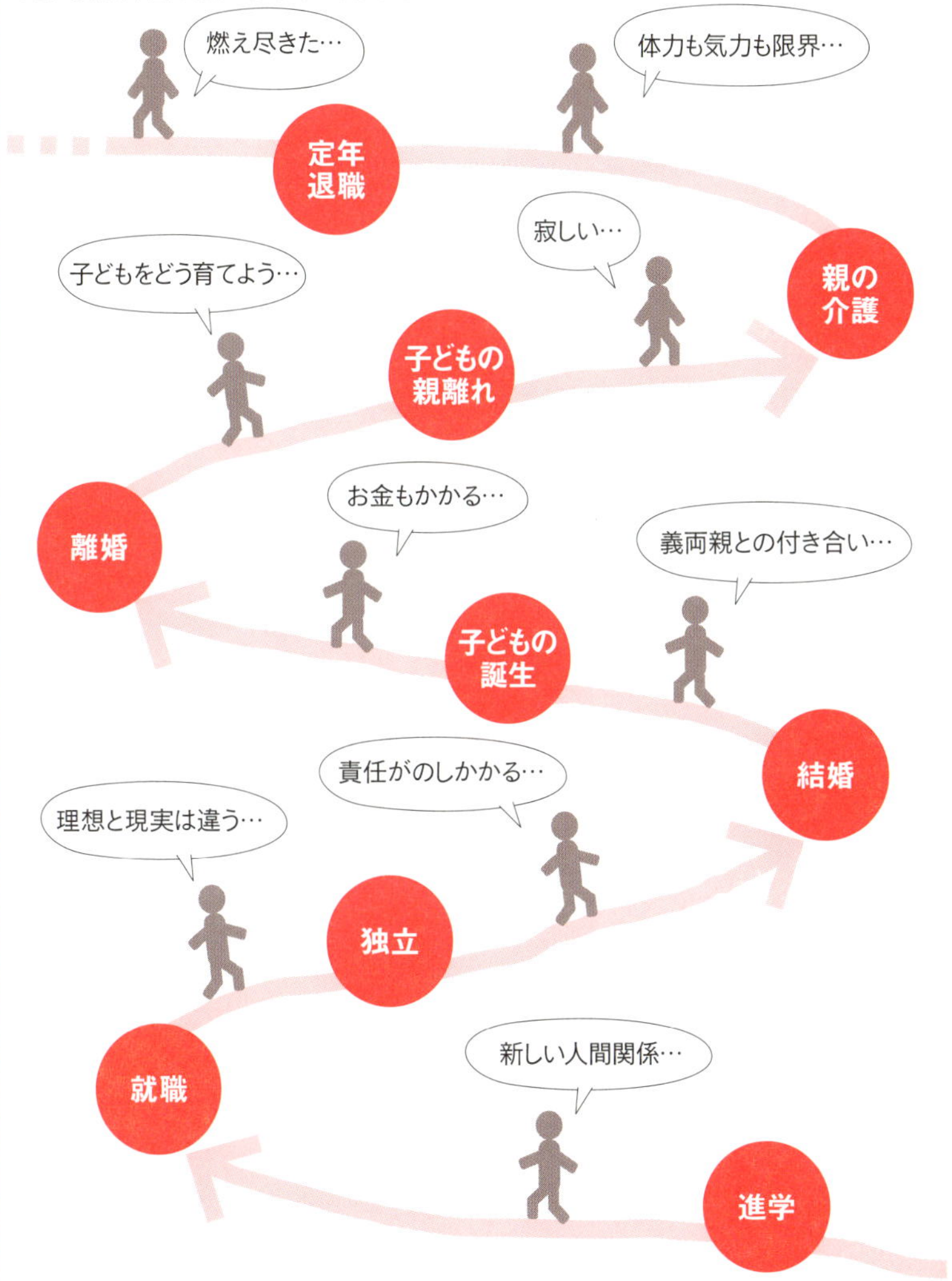
燃え尽きた…
体力も気力も限界…
定年退職
寂しい…
親の介護
子どもをどう育てよう…
子どもの親離れ
お金もかかる…
義両親との付き合い…
離婚
子どもの誕生
結婚
責任がのしかかる…
理想と現実は違う…
独立
就職
新しい人間関係…
進学

【摂食障害】 身体的要因と精神的要因が密接に関連して起こる食行動の異常。過剰に食べ過ぎる過食症や、ほとんど何も食べない拒食症などがあります。

心の病 2

うつ病は現代人の身近な病

ストレスや
神経伝達物質の
影響で発症すると
考えられるよ

重症化すると自殺に至ることも

うつ病は、日本人がかかりやすい重要な病気である**五大疾病**《ごだいしっぺい》のひとつに認定されるほど、近年、急増しています。憂うつ、倦怠感、イライラなどの**気分障害**が続き、集中力の低下、不眠、食欲不振、頭痛などの症状が現われます。さらに、重症になると自殺願望も抱くように。うつ病による自殺の増加は、大きな社会問題となっていますよね。

原因はまだはっきりと解明されていませんが、ストレスや**トラウマ（心的外傷）**などが大きく影響すると考えられています。また、**セロトニン**などの**神経伝達物質**がうまく機能しないのが原因とする説も有力です。

几帳面、勤勉、良心的、周囲に気を使う、悲観的、細かいことが気になる、自己愛が強い、精神的に未熟などの特徴がある人は、うつ病にかかりやすい傾向にあります。

従来のうつ病とは異なるタイプも増加

自分の好きなことをしているときは明るくて気分がいいのに、会社に行かなくちゃいけないと思うと気分が沈み登社拒否してしまう……。周囲からは単なるサボりやわがままと思われがちですが、じつはこれもうつ病の症状。**非定型うつ病（新型うつ病）**と呼ばれるタイプで、最近増えています。

【気分障害】 長期にわたって気分の変化をコントロールできなくなり、強い苦痛を感じる状態。その結果、自分の立場に適した社会活動が困難になります。

うつ病の症状

うつ病になると、体と精神にさまざまな症状が出てきます。

倦怠感
集中力の低下
頭痛
食欲不振
不眠
イライラ
憂うつ

もうだめだ…

重症化すると自殺願望も

新型うつ病はわかりづらい

平日は具合が悪い
休日は元気

一般的なうつ病は食欲不振、不眠、つねに気分が落ち込むといった症状が現われるのに対し、非定型うつ病は、過食、過眠、好きなことをしていると気分がいいなど、従来のうつ病とは正反対の症状が現われます。そのためうつ病と思われず、正しいケアを受けられないケースも多いのです。また、本人も自分がうつ病だと思っていないことも考えられます。

周囲にこういうタイプの人がいたら「単なるわがまま」と決めつけず、一度きちんと話を聞いてあげましょう。そして必要なときは病院の受診を勧めてあげてくださいね。

【セロトニン】 脳内で情報伝達を行う物質。セロトニンが正常に働かないと、怒りっぽくなったり、ふさぎがちになったりします。セロトニンの働きを促進する薬は抗うつ薬として有効。

心の病
3

繰り返す恐怖 PTSD、パニック障害

パニック障害は
突然発症し、
発作の恐怖から
外出できなくなる
こともあるんだ

心に負った傷が原因で発症するPTSD

犯罪、戦争、災害、事故、暴力、虐待など、生命を脅かされる恐怖やショッキングな経験が心の深い傷（**トラウマ＝心的外傷**）となり、そのストレスから発症するのが**PTSD（心的外傷後ストレス障害）**です。前述のような出来事に遭遇した直後に発症するのが一般的ですが、数年後に何かをきっかけに突然発症することもあります。日本では、1995（平成7）年に起きた阪神・淡路大震災の被災者の心のケアをきっかけに、注目されるようになったんですよ。

突然、トラウマがよみがえる**フラッシュバック**や、その出来事を連想させる悪夢を繰り返し見ることが多く、怒りっぽくなる、集中力の低下、過剰な警戒心、不眠などの症状が現われます。同じトラウマを持つ人と話すことでストレスを軽減していく**グループセラピー**、行動を変えることで治療につなげていく**行動療法**、脳をレム睡眠の状態にしてトラウマを癒す**EMDR**などの治療法が選択されます。

突然、激しい不安に襲われるパニック障害

パニック障害も最近、増加傾向にある心の病です。何の前触れもなく、激しい動悸、息切れ、発汗、めまいなどの身体的症状が現われ、「このまま死んでしまうのでは……」と、病名の通りパニック状態になります。女性に多く反復性

【広場恐怖】　混雑している場所や、電車、エレベーターの中などは、簡単に逃げられない場所だと感じ、恐怖心を持つこと。高じると外出できなくなります。

のある病気ですが、1日に何度も起こる人もいれば、1週間に1度程度起こる人もいるなど、頻度には個人差があります。また、人前で発作を起こす不安や、発作の苦しみへの恐怖心が大きく、**広場恐怖**《ひろばきょうふ》を併発することも。そのため、家の外に出られなくなる人も多いのです。

体質、ストレスや過労、中枢・末梢神経の調節障害、環境要因などが原因として考えられます。心療内科や神経科での治療が必要になりますが、自宅で**自律訓練法**（▶P.146）を行い、心身ともにリラックスする習慣をつけるのも効果的です。

PTSDが発症するメカニズム

心身に大きなダメージを受ける体験をすると、心の傷（トラウマ）となり、PTSDを発症します。

犯罪
事故
暴力
戦争
災害
虐待
金を出せっ
トラウマになる
PTSDを発症する

【暴露療法】 その人にとって苦痛になることにあえて触れさせ、慣らしていき、心を正常な状態に戻していく治療法。PTSDやパニック障害の治療にも用いられます。

心の病 ④

どうしてもやめられない…依存症

特定のことがやめられない依存症は、誰もがなりうるよ

何かにのめり込みすぎるのは依存症

P.132でギャンブルをやめられなくなる心理を解説しましたが、のめり込んだり、ハマったりする状態を**アディクション（嗜癖《しへき》）**といいます。特定の刺激や快楽を強く求めるアディクションは、以下の3つに分類されます。

①物質嗜癖

気分を変えてくれる物質を体内に摂取することへの依存。**アルコール依存症**が代表的ですが、タバコを吸わないとイライラする人は**ニコチン依存症**で、ここに分類されます。

②プロセス嗜癖

気分を高め、幸福感を味わわせてくれる行動への依存で、前述の**ギャンブル依存症**が代表的。しかし、欲しいと思ったら衝動的に買ってしまう**買い物依存症**、仕事をしていないと安心できない**仕事依存症**、スマートフォンやパソコンを片時も手放せない**インターネット依存症**など、「依存症とは関係ない」と思っている人も、じつは予備軍になりやすいのがこの分野です。

③人間関係嗜癖

親子、夫婦、恋人など身近な人間関係への依存。P.190で解説する**共依存症**や**マザコン**はここに分類されます。

依存症の治療は周囲のサポートが必要

好きなことに熱中するのは悪いことではない

【離脱症状】　アルコール依存症の治療で断酒した際に見られる、発汗、手の震え、吐き気などの症状。重症化すると、意識が混濁して幻覚や幻聴が起こる「せん妄」になることもあります。

し、心の健康にも役立ちますね。しかし、常識の範囲を超えて自己コントロールできなくなったら依存症であり、それは心が現実逃避している状態です。

依存症を放置すると、次から次へとアディクションが変わる、いろいろなアディクションを抱え込むなど、エスカレートする可能性もあります。しかし「これはよくない」とわかっていても自分ではコントロールできないのが依存症の特徴。そのため周囲のサポートが欠かせません。本人とともに依存症の専門医に相談し、少しずつ依存を解消していくことが重要です。

依存症の原因となる3つのアディクション

依存症の原因となるアディクション（嗜癖）は、次の３つに分類されます。

① 物質嗜癖

物質を摂取することへの依存。タバコ、ドラッグ、お酒やスナックなど。

② プロセス嗜癖

特定の行為への依存。仕事、インターネット、パチンコや買い物など。

③ 人間関係嗜癖

親子、恋人など、特定の人間関係への依存。

【身体醜形障害（醜形恐怖）】 自分の容姿に強いコンプレックスを感じ、何度も整形手術を繰り返したり、ひきこもりになったりすること。思春期に多い心の病です。

心の病 5

異常な関係を断ち切れない共依存症

共依存症は
お互いに依存し、
関係が断ち切れ
ない状態だよ

被害者も加害者に依存し離れられない

恋人や夫から暴力などひどい行為を受けても、逃げ出すことなく一緒にいる女性がいますね。これは**人間関係嗜癖**（▼P.188）に分類される**共依存症**です。

DVの加害者は、被害者を虐待することで自分のストレスや不満を発散し快楽を得ているので、そのことに依存するのは理解できますね。でも、「共に依存」ということは、被害者も加害者に依存しているということ。ひどいことをされている相手に、何を依存するのでしょうか。被害者は「あの人は私がついていないとダメ」「あの人を理解できるのは私しかいない」などと思い込むことで、自分の価値を見出しています。そのため、加害者から離れられない（＝依存している）のです。

心理療法で依存関係を断ち切る

共依存症は次第に暴力がエスカレートするなど、お互いにとって不幸な状態を招きます。しかし、本人たちはそれが異常な状態であることを判断できなくなっています。

共依存症を断ち切るには、加害者も被害者も専門家の治療を受け、共依存という心の病であることを自覚させることが大切です。そして、自分と相手の関係を冷静に見つめ直すようにサポートしていきます。

【DV（ドメスティックバイオレンス）】 夫婦、恋人など親密な間柄で行われる暴力。男性から女性へ行われる身体的、精神的、性的暴力が多いですが、男性が被害者になる場合もあります。

被害者が加害者に依存するのはなぜ？

暴力をふるうパートナーから離れられないといった場合、お互いが依存し合う共依存症の状態になっていると考えられます。

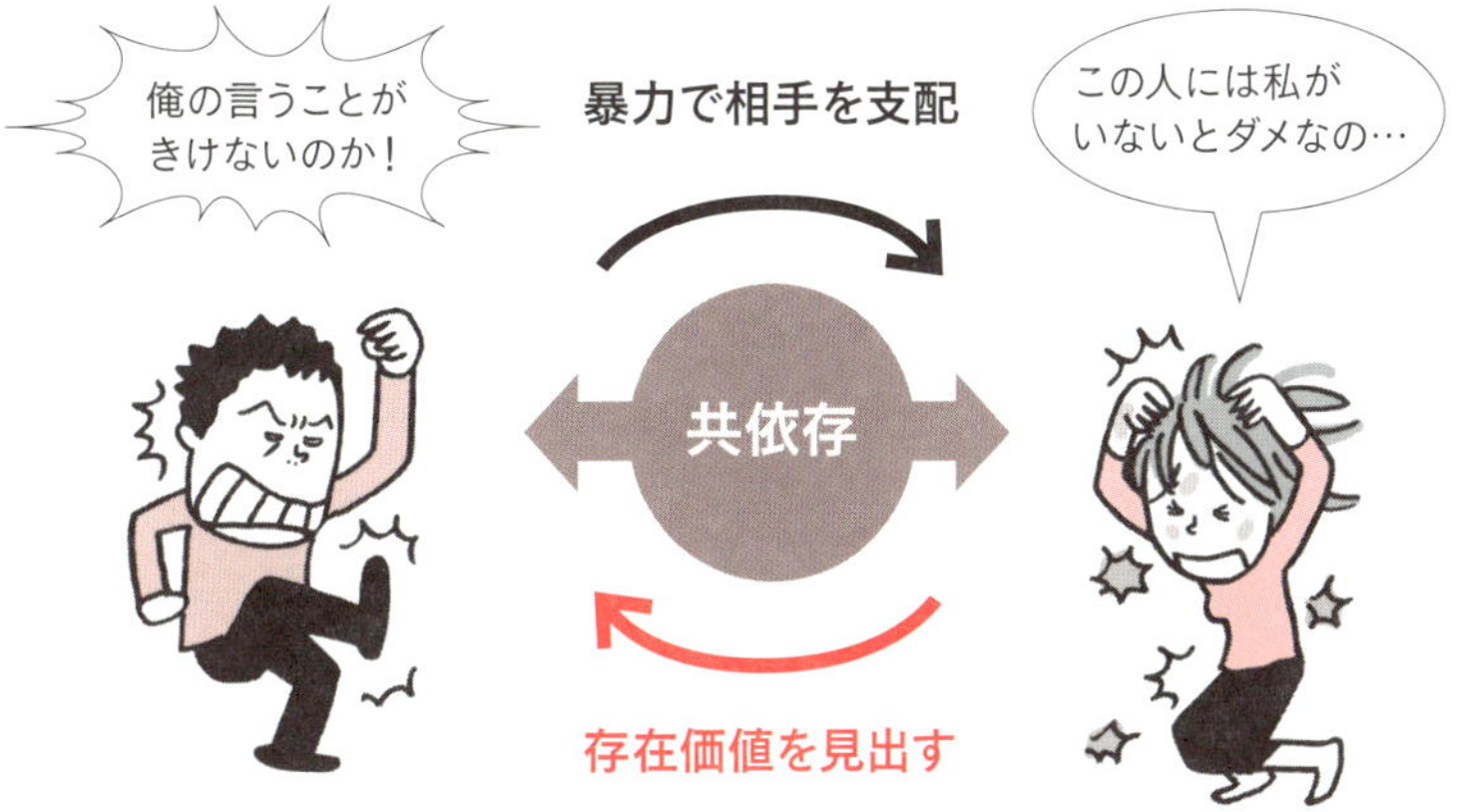
俺の言うことがきけないのか！
暴力で相手を支配
この人には私がいないとダメなの…
共依存
存在価値を見出す

DVは3つのサイクルを繰り返す

アメリカの心理学者レノア・ウォーカーは、DVは3つのサイクルを繰り返すと提唱。ハネムーン期に優しくされると、被害者は「本当は優しい人」と思い込み、暴力に耐えてしまいます。

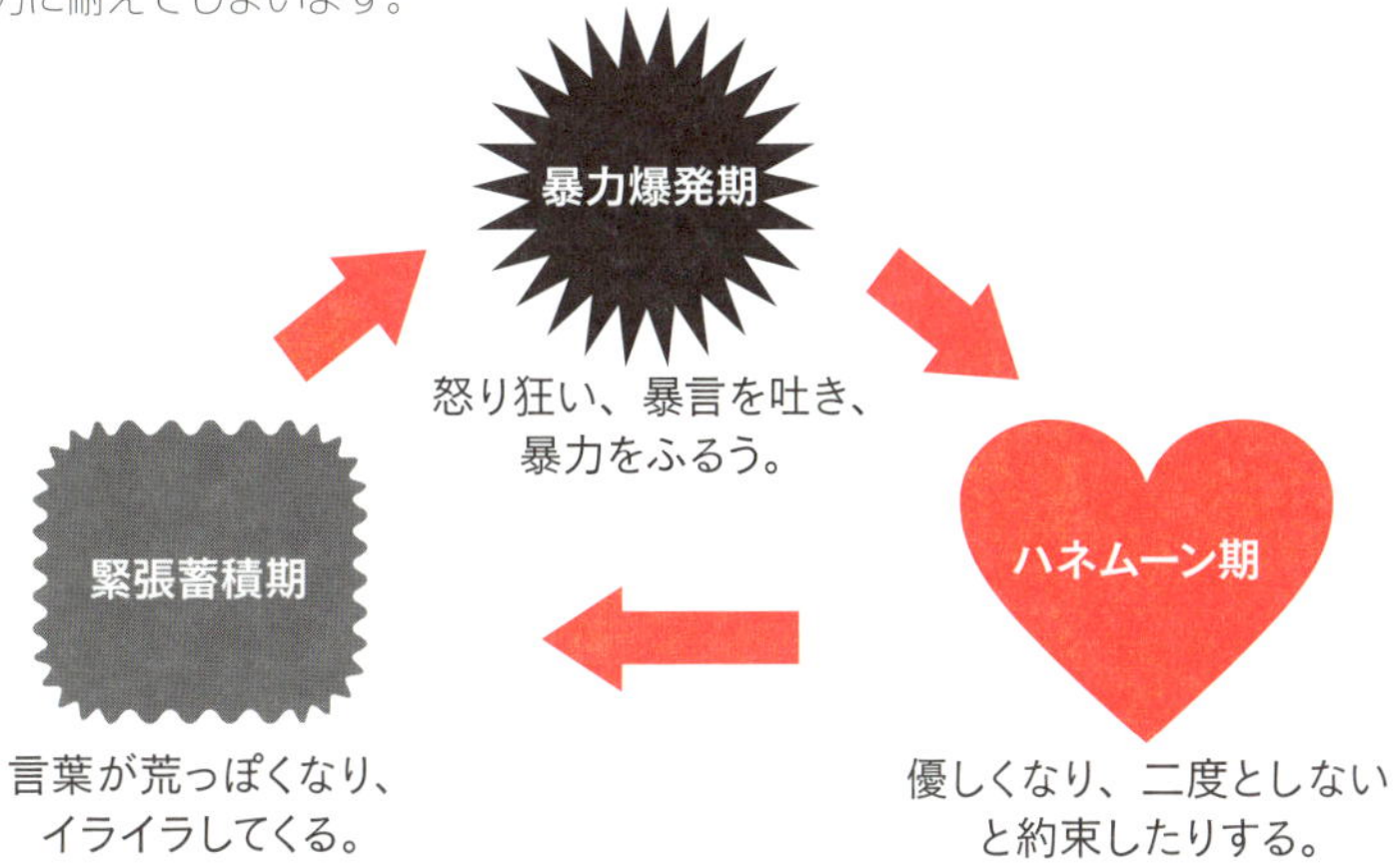
暴力爆発期
怒り狂い、暴言を吐き、暴力をふるう。
ハネムーン期
優しくなり、二度としないと約束したりする。
緊張蓄積期
言葉が荒っぽくなり、イライラしてくる。

【家庭内暴力】 家族に対して行われる暴力で、中高生の子どもが親に対して行うことが多いです。親が幼い子どもに暴力をふるう場合は「児童虐待」とも呼ばれます。

心の病 6

完璧主義な人ほどなりやすい対人恐怖症

支障をきたすほど人前で緊張してしまう

大勢の人の前でスピーチをしたり、あまり親しくない人と話したりするときに、まったくストレスを感じないという人は少ないですよね。多くの人は多少なりとも緊張したり、不安になったりするものです。しかし、「相手に嫌われるのではないか」「失敗して笑われるのではないか」などと考え、震えが止まらなくなる、言葉が出てこなくなる、強いプレッシャーで気分が悪くなるなど、日常生活に支障をきたす状態になる場合は、**対人恐怖症**という心の病です。

具体的には、**赤面恐怖**（人前に出ると顔が真っ赤になる）、**視線恐怖**（相手の視線が怖くて目を合わせられない）、**会食恐怖**（人前で食事ができない）など、さまざまなタイプがあります。

対人恐怖症はごく親しい人やまったく初対面の人に対しては起こりにくく、「それほど親しくないけど顔見知り」という程度の人に対して起こりやすいのが特徴です。

性格と過去の体験が発症の要因に

自分は相手にどう見られているかが気になり、そのことに神経を使う人が、対人恐怖症になりやすいと考えられます。そのため個人主義が確立している欧米に比べ、周囲との協調を重んじる日本では、対人恐怖症に悩む人が非常に多くなっています。そして日本人の中でも、女

手が震える、
話ができないなど、
さまざまな
タイプがあるよ

【認知行動療法】 極端に偏っている物事のとらえ方（認知）を見つめ直し、行動や思考パターンを修正することで、その人の抱える心の病を改善する治療法。

性は男性の2倍も多いのです。

性格のほかに、子どものころの経験も大きく影響します。クラスメイトの前で先生に叱られた、ピアノの発表会で途中から曲が弾けなくなったなどのつらい経験が、対人恐怖症を誘発することもあるのです。

治療法には**薬物療法**と**認知行動療法**があり、これらを併用することもあります。本人も周囲の人も「対人恐怖症は心の病」という自覚がなく、根性や気合で何とかなるものと思いがちですが、ほかの精神疾患を併発することもあるので、なるべく早く専門家に相談しましょう。

対人恐怖症のタイプ

人前に出ることや特定の行動に対して、極度に緊張してしまう対人恐怖症。以下のようなタイプがあります。

赤面恐怖

人前に出ると顔が赤くなる。

視線恐怖

視線が気になり、不安になる。

会食恐怖

他人と一緒に食事ができない。

スピーチ恐怖

人前で話そうとすると話せなくなる。

自己臭恐怖

自分の体臭や口臭を異常に気にする。

電話恐怖

電話をかけたり取ることができない。

書痙《しょけい》

人前で字を書くと手が震える。

雑談恐怖

自然な会話をすることができない。

【リーボビッツ社会不安障害評価尺度(LSAS)】 24項目の質問に対する回答を、恐怖感・不安感、回避で4段階に分けて点数化し、社会不安障害の程度を評価します。

心の病 7

思考や性格の偏り パーソナリティ障害

思考や性格の偏りが激しく社会生活が困難

明らかな精神障害は認められないものの、性格の偏りが著しく、社会生活を送るのが難しくなるのが**パーソナリティ障害**です。アメリカ精神医学会が定めた指針では、①一風変わった信念や習慣を持ち、妄想を抱きやすい**A群**、②感情表現が過剰に激しく、ストレスに弱い**B群**、③対人関係に強い不安や恐怖心を持つ**C群**の3つの分野があり、10種類に分類されています。

中でも、**境界性パーソナリティ障害**は、近年、若い女性の中で急増。「見捨てられるのではないか」という不安感が非常に強く、リストカットなどの自己破損行為を起こすこともあります。

幼少期の親の愛情不足が原因に

パーソナリティ障害の原因として挙げられるのが親との関係性です。幼少期に親とのスキンシップが不十分で、安定した**愛着**を形成できなかったことが大きく影響しているのです。境界性パーソナリティ障害急増の背景には、親の愛情の希薄化、幼児虐待、親の過度の期待など家庭環境の問題が潜んでいます。

本人には問題行動を起こしている自覚はないため、行動や思考を修正するタイプの治療は有効ではありません。**抑うつ状態**や**情緒不安定**は薬によって改善を図り、さらに**認知行動療法**などでアプローチしていきます。

考えやふるまいが
変わっていて、
社会生活を送れ
ない状態だよ

【クルト・シュナイダー】　ドイツの精神病理学者。パーソナリティ障害を「性格の偏りのために自分も苦しみ、なおかつ周りも苦しむ」と定義しました。

パーソナリティ障害の分類

DSM（アメリカ精神医学会が定めた指針）では、パーソナリティ障害を以下の3群に分類しています。

A群 妄想やこだわりが強く、奇妙で風変わりに見える。	妄想性パーソナリティ障害	他人の言動によく傷つく。疑い深く、人を信じられない。
	シゾイドパーソナリティ障害	孤独を好み、ひきこもりがち。他人と親密な関係を築けない。
	統合失調型パーソナリティ障害	予言や霊を感じることなどがある。突拍子もない行動をとる。
B群 演技的で、感情の起伏が激しく、移り気に見える。	反社会性パーソナリティ障害	違法行為を繰り返したり、命知らずな行動をとる。
	境界性パーソナリティ障害	感情の起伏が激しく、衝動的に自傷行為をしたりする。
	演技性パーソナリティ障害	注目されたいがために、芝居がかった言動・行動をとる。
	自己愛性パーソナリティ障害	自分は優れていると思い込み、他者への共感ができない。
C群 対人関係が苦手で、消極的、不安そうに見える。	回避性パーソナリティ障害	拒絶や批判を恐れ、他人との深い付き合いを避ける。
	依存性パーソナリティ障害	依存心が強く、なんでも他人にやってもらおうとする。
	強迫性パーソナリティ障害	完璧主義で、細かいことを気にしてこだわってしまう。

【破壊的行動障害マーチ】 AD／HD（注意欠陥／多動性障害）の子どもが反抗的で否定的な態度を過剰に取る反抗挑戦性障害を合併し、残虐な行為を起こす行動障害へと症状が悪化すること。

心理療法 1

心理学でアプローチする治療法 1

患者とマンツーマンで行う面談相談法

6限では、近年増加している心の病を取り上げてきました。最後に、これらの病を改善するために、心理学を学んだ**カウンセラー**などが行う**心理療法**について述べたいと思います。心理療法は①**面談相談法**、②**表現活動**、③**行動療法**、④**折衷的技法**の4つに分けられます。

面談相談法は治療者と患者が1対1で行うもので、**認知行動療法**や**クライエント（来談者《らいだんしゃ》）中心療法**などがあります。

論理療法はアメリカの心理学者**アルバート・エリス**が考案したもので、認知行動療法の代表的なもの。物事を「〜しなければいけない」と固執して考える「べき思考」の人に、それが思い込みであることを認識させ、心の負担を軽くさせる方法です。たとえば「営業ノルマを達成しなければ」というプレッシャーに悩む人には、「ノルマを達成できたらうれしい」と考え方を変えるように軌道修正するわけです。

クライエント中心療法を唱えたのはアメリカの心理学者**カール・ロジャーズ**。治療者は**自己一致**、**無条件の肯定的配慮**、**共感的理解**という3つの考え方に基づき、患者の心に寄り添いながらじっくり**傾聴**します。すると、治療者と患者の間に**ラポール（信頼関係）**が生まれ、患者は今までと違った視点で世界をとらえられるようになり、心の状態が改善されるのです。

面談相談法は
1対1で対話し、
表現活動は患者
自身が行うよ

【音楽心理学】 音楽の成り立ちを人間心理から科学的に解明することに重点を置き、音楽と人の心の関係を研究する分野。音楽療法など音楽を利用したケアはその一部となります。

表現活動は患者自身が行う治療法

表現活動には**箱庭療法**《はこにわりょうほう》や**遊戯療法**《ゆうぎりょうほう》などがあり、患者が表現活動を行うことで回復を目指します。

箱庭療法は心理学者の**河合隼雄**《かわいはやお》が日本に導入。治療者が見守る中、患者は砂箱にミニチュア玩具を自由に入れてひとつの世界をつくり上げ、自己表現することで心の調和を図ります。

音楽療法は、気持ちと音楽が同調することで心の浄化を図る治療法。心情に沿った、または反対の曲を聴かせることで治療していきます。

思い込みを修正する論理療法

認知行動療法では、ゆがんだ物事のとらえ方や偏った思考パターンを修正し、問題を解決していきます。

① 思い込みにとらわれて悩む

クリスマスは恋人と過ごすべきなのに彼は仕事…

② 考え方を変えていく

- 今日会えなくても、週末また会える
- 海外では家族と過ごすのが一般的
- 恋人がいない人だっている

③ 悩みから解放される

友達とパーティーしよう♪

【心理劇】 オーストリアの精神分析医ヤコブ・モレノが提唱。10人程度のグループで集団即興劇を行うことで、それぞれのメンバーが内面を解放し、創造性や自発性を引き出します。

心理療法 2

心理学でアプローチする治療法❷

行動療法は
学習理論に基づき、
折衷的技法は
複数の理論を
採用
心

行動療法は催眠療法などで心の状態を改善

行動療法は学習理論に基づいて心の状態を改善する治療法で、**自律訓練法**（▶P.１４６）、**催眠療法**（▶P.１４４）、**系統的脱感作療法**などがあります。

目を閉じてリラックスすると意識の活動が弱まり、暗示にかかりやすくなります。催眠療法は催眠（半覚せい）状態を意図的につくり出し、暗示によって患者が抱える心のトラブルを突き止め、解決します。他者が働きかける**他者催眠**と、自分で自分を催眠状態に促す**自己催眠**があり、自律訓練法は自己催眠のひとつです。

南アフリカ共和国の精神科医**ジョセフ・ウォルピ**が提唱したもので、アメリカのベトナム戦争帰還兵のＰＴＳＤの症状に接したことで、編み出されました。系統的脱感作療法は、不安を感じる物事に少しずつ慣れさせることで不安を取り除き、心を健康な状態に戻していきます。

折衷的技法はいろいろな理論をミックス

折衷的《せっちゅうてき》技法《ぎほう》はその名の通り、いろいろな理論や技法のいいところを取り入れて行う治療法。**内観療法**や**森田療法**などがあります。

内観療法は浄土真宗の僧侶である**吉本《よしもと》伊信《いしん》**が考案した内観法を応用したもの。身近な人にしてもらったこと、してあげたこと、迷惑をかけたことを何度も思い出させることで、自分およ

【認知のゆがみ】　何事も白黒つけないと気が済まない「全か無か思考」、１、２回失敗すると必ず失敗すると思い込む「一般化のし過ぎ」など、物事のとらえ方が極端になっていること。

び他人への理解を深めていきます。

森田療法は精神医学者の**森田正馬**《もりたまさたけ》が考案した、日本生まれの心理療法。４段階の治療を40日間かけて行います。

森田は、内向的、完全主義などの性格に、特有の心理的メカニズムが加わることで神経症を発症するとし、心理的メカニズムには不可能を可能にしたくてあがく、**心の葛藤**があると考えました。そこで、「あるがまま」の態度を養い、必要なことから行動し、**建設的な生き方**を実践することで、行動パターンを修正する治療法を考案。現在、世界中で実施されていますよ。

あるがままの自分を受け入れる森田療法

森田療法では以下の４段階の治療を経て、「あるがままの自分」を受け入れられるようになることを目指します。

第1期　絶対臥褥《がじょく》期

７日間程度

個室に隔離され、トイレと食事以外は何もせず一日中寝ている。

第2期　軽作業期

４日～１週間程度

寝ている時間を7時間ほどに減らし、掃除など軽い作業を始める。

第3期　重作業期

１～２か月程度

達成感を得られる大工仕事や農作業など、重めの作業を行う。

第4期　生活訓練期

１週間～１か月程度

社会に復帰するための準備を始める。外出や外泊も許可される。

【建設的な生き方】　アメリカの文化人類学者レイノルズが提唱した概念。CL(ConstructiveLiving)と呼ばれ、森田療法を実践的に表しています。

休み時間

手紙で診断！
筆跡から性格を見抜く

手紙は情報の宝庫。封筒や便せんの選び方から相手の趣味や
自分に対する親密度などがわかりますし、とくに文字の書き方には、
性格がよく表れているものです。筆跡学では、以下のように分類しています。

A 大きい字	B 小さい字	C 角ばった直線的な字	D 曲線的な丸みのある字
かしこ	かしこ	かしこ	かしこ

E 右肩が上がった字	F 右肩が下がった字	G 筆圧の高い字	H 筆圧の低い字
かしこ	かしこ	**かしこ**	かしこ

診断結果

Aの字を書く人 ····· 自信が強い、積極的。
Bの字を書く人 ····· 慎重、正確さを重んじる。
Cの字を書く人 ····· 慎重、理性的。
Dの字を書く人 ····· 社交的、適応力がある。
Eの字を書く人 ····· 感情的、感覚が鋭い。
Fの字を書く人 ····· デリケート、気どりや、劣等感がある。
Gの字を書く人 ····· 真面目、理性的、神経質。
Hの字を書く人 ····· 社交的、快活、意志が弱い、感情的。

BASIC ELEMENT IN PSYCHOLOGY

7限 心と脳のつながりを知る

脳の研究と心理学は切り離せないものだよ

introduction 7

「花より団子」は脳の選択!?

→ 脳の働きが心の動きにも影響する！

心と脳

心は脳にある？

心の動きをつくっているのは脳!?

感情や**感覚**など心の動きは、心理学を勉強するうえで重要なポイントとなるもの。これらは脳の働きによってつくり出されています。ですから心理学を理解するには、脳を理解する必要があるのです。

心理学では、**思考**、**感情**、**情動**、**注意**、**意思**、**認知**、**認知的意思**、**自意識**、**記憶・学習**、**睡眠・覚せい**、**運動制御**を心の働きとしてとらえており、これらは大脳を覆う**大脳《だいのう》皮質《ひしつ》**に支配されています。大脳皮質は哺乳類にしかないもので、中でも人間はとても発達しています。つまり「人間らしさ」は大脳皮質がつくり出しているといえるでしょう。

また、大脳は①**前頭葉**、②**後頭葉**、③**側頭葉**、④**頭頂葉**の4つに分けられ、①は言語、思考、意欲、味覚など、②は視覚など、③は形・色の区別、聴覚、嗅覚など、④は触覚などに関する情報処理を担当しています。

さらに、**脳幹**が大脳の働きをセーブし、**小脳**が運動機能を調節する仕組みになっています。

感情、思考、情動など心の動きは、すべて脳がつくり出すよ

感情は人間だけが持つ高度な心の働き

視覚、**聴覚**、**嗅覚**、**味覚**、**触覚**の5つの感覚を人は備えています。これらの感覚が外の刺激を脳に伝えることで、脳は外界の様子や体の状態などを判断し、体の必要な部位に信号を送

【心身二元論】　17世紀に、フランスの哲学者ルネ・デカルトが唱えた「脳と心（意識）はそれぞれ独立したものである」とする説。

五感と脳がキャッチする情報

視覚･聴覚･嗅覚･味覚･触覚の五感によって、外界や身体の状態を把握します。

視覚

目の奥にある網膜で光をキャッチ。

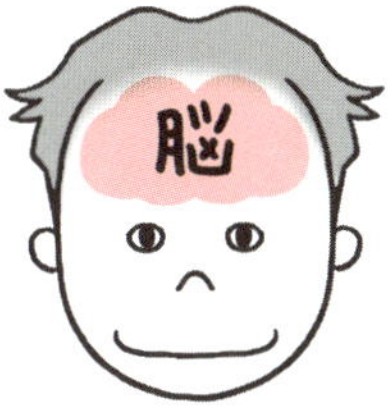

嗅覚

鼻の奥にある嗅細胞でにおい分子をキャッチ。

聴覚

耳の中にある蝸牛《かぎゅう》の基底膜で音波をキャッチ。

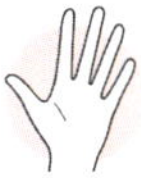

触覚

皮膚の触覚、圧覚、痛覚など複数の受容器で刺激をキャッチ。

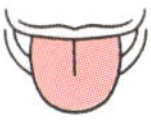

味覚

舌にある味蕾《みらい》で味をキャッチ。

ります。その反応として起こるのが、思考、感情、認知といった心の動きとなるのです。

感情の中でも快・不快、恐怖、不安など本能的な感情のことを**情動**といいます。人間以外の動物にも備わっているもので、**大脳辺縁系**《だいのうへんえんけい》がつかさどっています。一方、尊敬する、苦悩する、想像するなど、情動より高度で人間ならではの複雑な感情は、**大脳皮質**がつかさどっています。

情動・感情が起こるメカニズムについてはさまざまな説がありますが、**キャノン＝バード説**と**ジェームズ＝ランゲ説**が有名です。

前者は情動・感情とそれにともなう生理反応は同時に起こるという説。たとえば、「悲しい」という感情と、涙が出るという生理反応は同時に起こり、この2つは連動していないと考えます。後者は、まず生理反応が起こり、そのあと情動・感情が起こるという説。「涙を流している自分」を察知したことで、「悲しい」という感情が起こると考えています。

【大脳皮質】 大脳の表面にある2〜5mmの層で、下から順に古皮質、旧皮質、新皮質と重なっています。大脳辺縁系は古皮質と旧皮質をまとめたもの。

脳の働き ①

見えるモノはどうやって脳に伝わるのか?

光の変化で明暗を感じ、光の波長で色を感じているよ

視覚刺激は電気信号になって脳へ

人が手に入れる感覚情報の8割は目から入る情報。**視覚**は非常に重要な情報の窓口です。

私たちが何か物を見ると、眼球の奥にある**網《もう》膜《まく》**の**視細胞**が、物に反射した光をとらえ、電気信号に変換。その電気信号が視神経を通って大脳の視覚野に到着し、見た物を感知します。ちなみに、網膜から視神経が出ていく部分には視細胞がないので、光を感じることができず物が見えません。この部分を**盲点《もうてん》**といいます。

人間の目は4000色を識別できる

視細胞には**錐体《すいたい》**と**桿体《かんたい》**があります。錐体は明るい場所で、網膜に届いた光の波長の違いによって色を識別します。人の目は4000程度の色の違いを認識できるといわれています。

ところで、色をどのように識別するかは、民族によって異なるのをご存知ですか？ たとえば虹の色といえば日本では7色ですが、6色に見えている国もあるんですよ。

桿体は暗い場所で物を見るときに働き、色の識別はできません。明るい場所から暗い場所に移動すると、最初は何も見えませんが、徐々に見えるようになりますよね。これは、明るい場所で働いていた錐体から、暗い場所で働く桿体に切り替わるまでに、多少時間がかかるからなんですね。

【光の三原色】 短い波長の青、長い波長の赤、中間の波長の緑。この3色の組み合わせで基本的な色はできています。

視覚刺激の受容器である眼球の構造

物体に当たった光の反射光を目でとらえ、網膜上の細胞を刺激し、電気信号として脳に送ることで物が見えます。

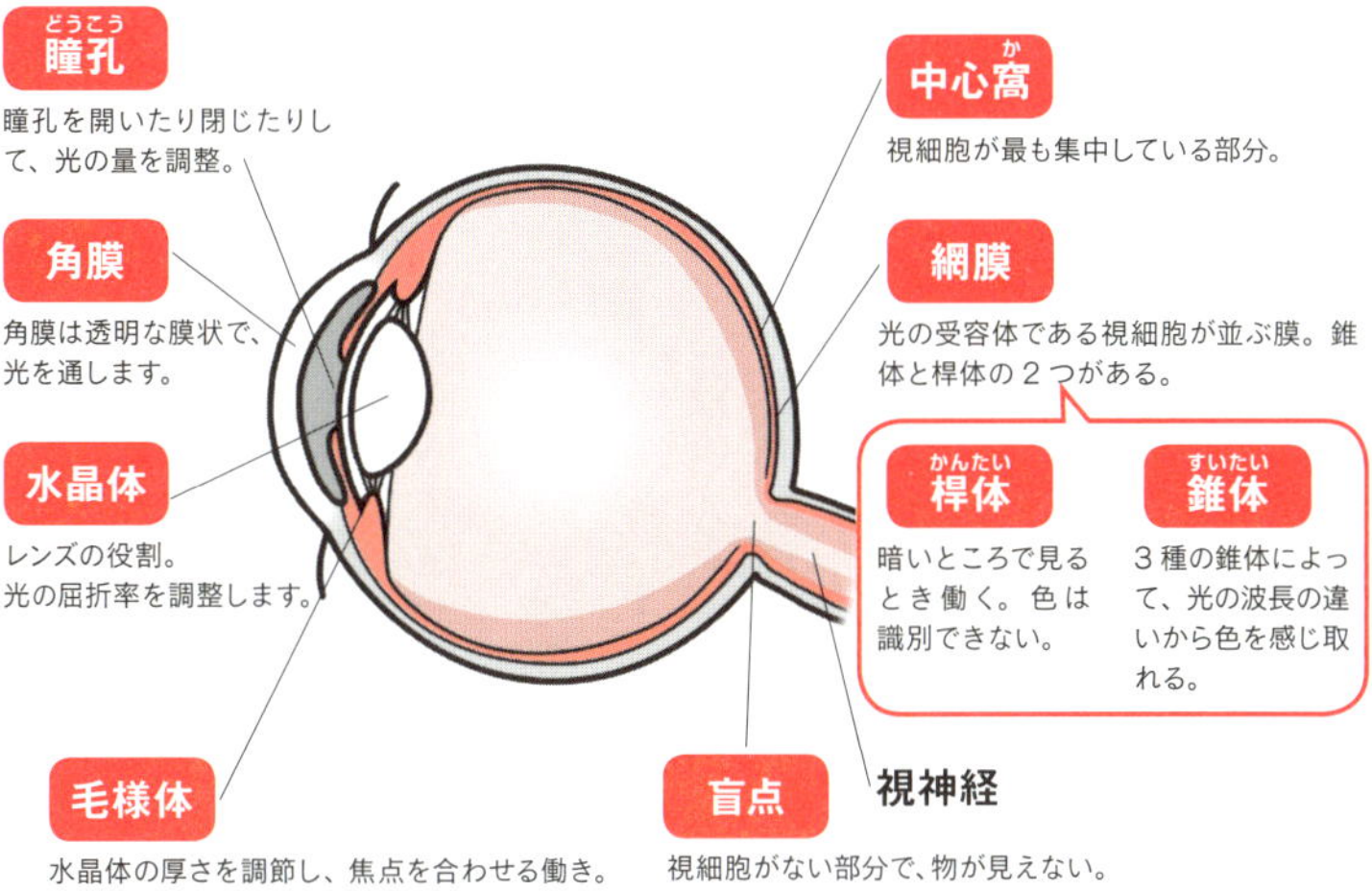

瞳孔《どうこう》
瞳孔を開いたり閉じたりして、光の量を調整。
角膜
角膜は透明な膜状で、光を通します。
水晶体
レンズの役割。光の屈折率を調整します。
毛様体
水晶体の厚さを調節し、焦点を合わせる働き。
中心窩《か》
視細胞が最も集中している部分。
網膜
光の受容体である視細胞が並ぶ膜。錐体と桿体の２つがある。
桿体《かんたい》
暗いところで見るとき働く。色は識別できない。
錐体《すいたい》
３種の錐体によって、光の波長の違いから色を感じ取れる。
盲点
視細胞がない部分で、物が見えない。
視神経

物が立体的に見える仕組み

網膜に映るのは２次元の平面像。それを奥行きのある３次元としてとらえるのは、脳で情報処理の働きを経てから。

両眼視差

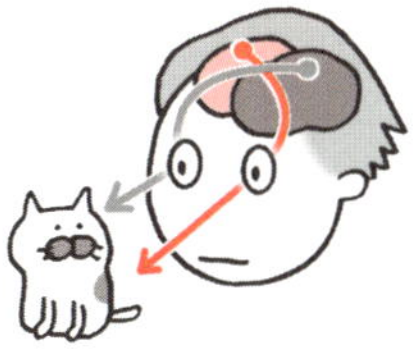

左右の目に映る像はわずかに異なり、補正しようとすることで奥行きを感じる。右目の情報は左脳へ、左目の情報は右脳へ伝わります。

運動視差

見た目の運動の差によって奥行きを感じる。車窓からビルを見ていると、ビルの奥にあるものは進行方向とは反対に動いているように見えます。

きめの勾配《こうばい》

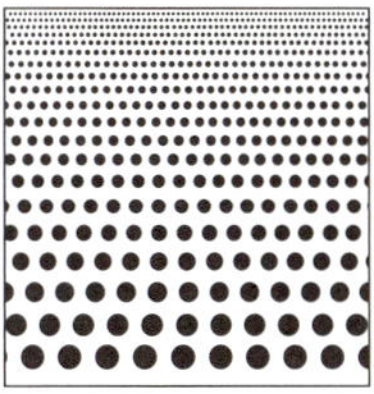

見た目の密度に差があると奥行きを感じる。上の図のように、平面でもきめの間隔が狭いと遠くにあるように見えます。

【可視光線】 人の視覚がとらえられる光の波長。380～780ナノメートルあたり。昆虫の目は、人間の視覚ではとらえられない紫外線の波長（300～380ナノメートル）もキャッチします。

脳の働き 2

音が脳に伝わるしくみ

上下左右の音をとらえ、方向や場所も判断

視覚の次に、たくさんの感覚情報を収集しているのが**聴覚**です。音は空気の振動で起こる**音波**。これが**外耳道**《がいじどう》を通って**鼓膜**に届き、**耳小骨**《じしょうこつ》が鼓膜の振動を**内耳**《ないじ》に伝え、**蝸牛**《かぎゅう》が音波を電気信号に変換。電気信号が大脳の聴覚野に達すると「音が聞こえた」と知覚するわけです。

視覚は自分より前にある情報しか入手できませんが、聴覚は上下左右360度の情報をキャッチ。しかも、左右の耳がとらえた音の微妙な違いを聴覚野が分析し、音がした方向や音源までの距離をある程度判断。そのうえ、聞きたい音だけを聞き分けることもできます。

音とほかの感覚が結び付くことも

高音は明るく、低音は暗いイメージがないでしょうか? 本来、音の高低と色彩の明暗は、別々の器官で感知し、脳も別々に認識するものですが、それらを結び付けて感じることがあります。これを「**モダール間現象**」といいます。モダールとは**基本的属性**のこと。前述の例だと、音の高低という感覚的属性と、色彩の明暗という感覚的属性がドッキングしたわけですね。

言葉と線の形など、いろいろな感覚でモダール間現象は起こり、2つの異なる感覚をどう結び付けるかは人それぞれ。ですから、モダール間現象には正解も間違いもないんですよ。

高い性能を持つ
聴覚は、周囲の
音をすかさず
入手するよ
心

【可聴域】 人間が知覚できる20〜20000ヘルツの周波数の音。可聴域より高い周波数の音を超音波、低い音を超低周波音といいます。

音（音波）が脳に伝えられるしくみ

空気の振動によって生じた音波を、音として知覚します。

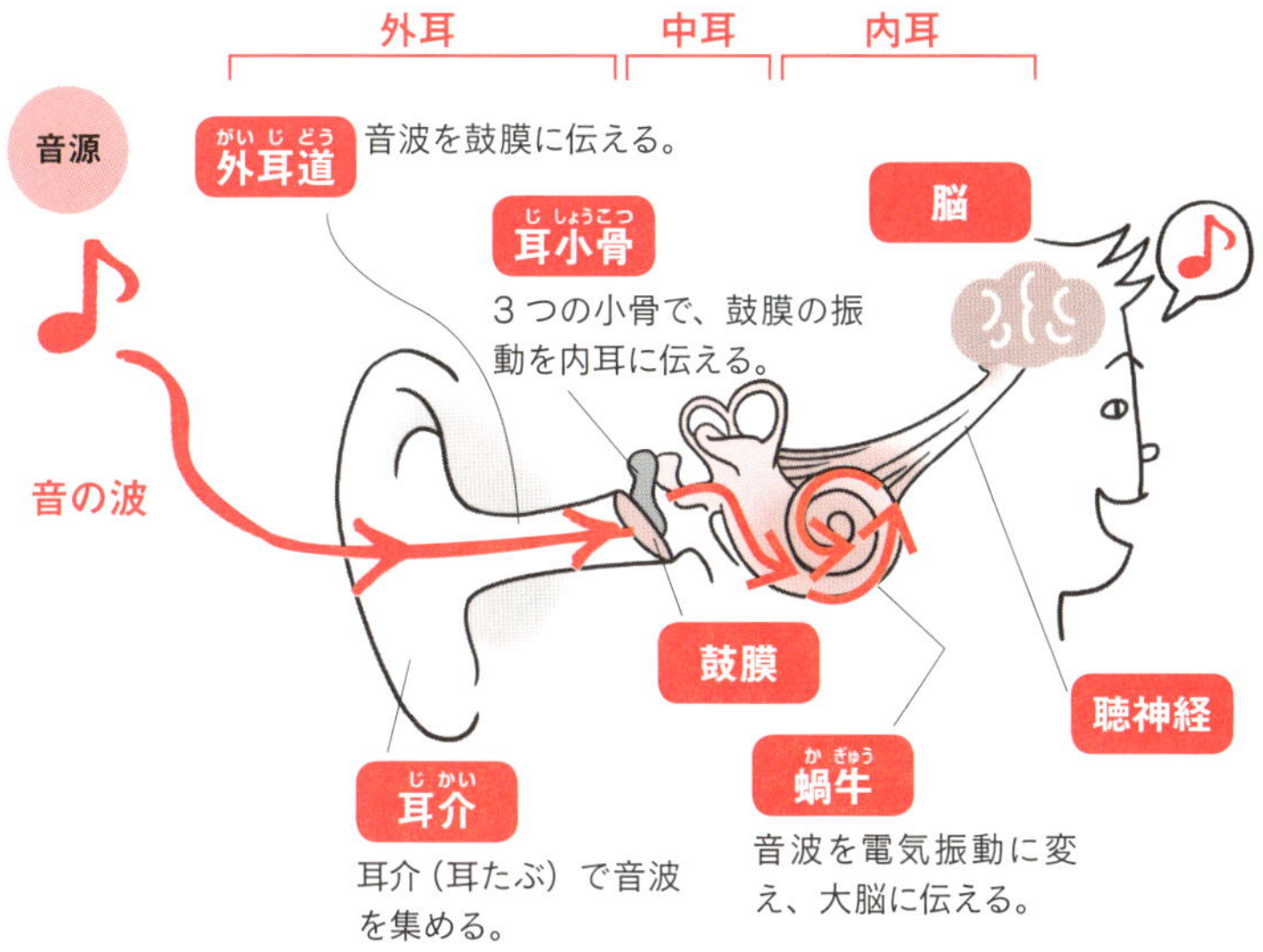
外耳
中耳
内耳
音源
外耳道《がいじどう》
音波を鼓膜に伝える。
耳小骨《じしょうこつ》
3つの小骨で、鼓膜の振動を内耳に伝える。
脳
音の波
鼓膜
聴神経
耳介《じかい》
耳介（耳たぶ）で音波を集める。
蝸牛《かぎゅう》
音波を電気振動に変え、大脳に伝える。

音に色がついて見える「色聴」

ある決まった音を聞くと特定の色が見えるという人がまれにいます。これは「色聴」という現象で、共感覚《きょうかんかく》のひとつです。

共感覚とは、ある感覚器官が受けとった情報が、ほかの感覚器官にも影響を与えること。香りが図形のような形で見えたり、単語に味を感じる場合などもあります。厳密な共感覚は少ないと考えられますが、色聴は共感覚の中で最も発生率が高いものです。

ある感覚が受けた情報が、別の感覚に結び付くモダール間現象も、一種の共感覚といってもいいかもしれません。

もも色
チリン

【反射音】 周囲の壁や建物など障害物に反射して聞こえる音。あらゆる方向の音を感じることができるのは、反射音があるからです。直接耳に届く音は直接音といいます。

脳の働き 3

脳への刺激 触覚、味覚、嗅覚

特定の刺激を感じる点が皮膚に分布

触覚、**味覚**、**嗅覚**には共通点があるのですが、なんだかわかりますか？　視覚と聴覚はある程度なら距離があるものも感知できますが、触覚、味覚、嗅覚は、直接刺激を受け取らないと情報をキャッチできないのです。

触覚には痛みを感じる**痛覚**、温かさや冷たさを感じる**温度感覚**、圧迫を感じる**圧覚**があり、全身の皮膚に分布している**痛点**、**温点**、**圧点**がそれぞれの刺激をキャッチ。その情報が大脳の**体性感覚野**に伝わり、「熱い」などと判断します。

刺激を感じる点は、部位によって密度が濃かったり薄かったりし、密度が濃い部分ほど、その刺激を敏感に感じます。また、体毛のない皮膚（手のひらや唇など）で感じる**微細触覚**《びさいしょっかく》は感度が鋭く、体毛のある部分で感じる**粗大触覚**《そだいしょっかく》は、微細触覚より感度が鈍いといわれます。

味は味蕾《みらい》が、においは嗅細胞《きゅうさいぼう》が感知

人間が感じ取る味の基本は**甘味**、**酸味**、**苦み**、**塩味**で、味覚を感知するのは**味蕾**《みらい》という部分。食物に含まれる化学物質が味蕾に触れると、その感覚が神経から**脳幹**を経由して大脳の**味覚野**に到達し、「しょっぱい」「甘い」などと感じるのです。舌の上には、それぞれの味を強く感じる部分がありますが、それ以外の部分でまったく感じないわけではありませんよ。

触覚、味覚、嗅覚は、直接刺激を受けないと感知できないよ

【順応】　同じような刺激をつねに受けていると、しだいにその刺激を感じなくなってくること。触覚、聴覚、嗅覚などで起こります。

じつは味覚はけっこう頼りないもので、ほかの知覚に支えられていることがわかっています。視覚、嗅覚、触覚などの情報が、味の感じ方にかなり影響を与えているのです。たとえば、鼻が詰まっていると何を食べてもおいしく感じないですよね。これは、料理のにおいという嗅覚からの情報がなくなってしまうからなんです。

鼻の穴から入ってきたにおいは、**鼻腔**《びこう》の奥にある**嗅細胞**で感知され、**大脳**に伝えられ「いいにおい」「くさい」などと認識されます。普通の人がかぎ分けられるにおいは2000種類程度で、犬の嗅覚はその100万倍もの感度を持つといわれています。

しかし、人間の嗅覚がすごいのは、記憶との関連が深いこと。特定のにおいをかいだとき、そのにおいに関連する過去の出来事を思い出すことがあるのは、においの電気信号が記憶や情動をつかさどる**海馬**、**視床下部**《ししょうかぶ》、**扁桃核**《へんとうかく》を経由するからなんですよ。

においの伝わり方

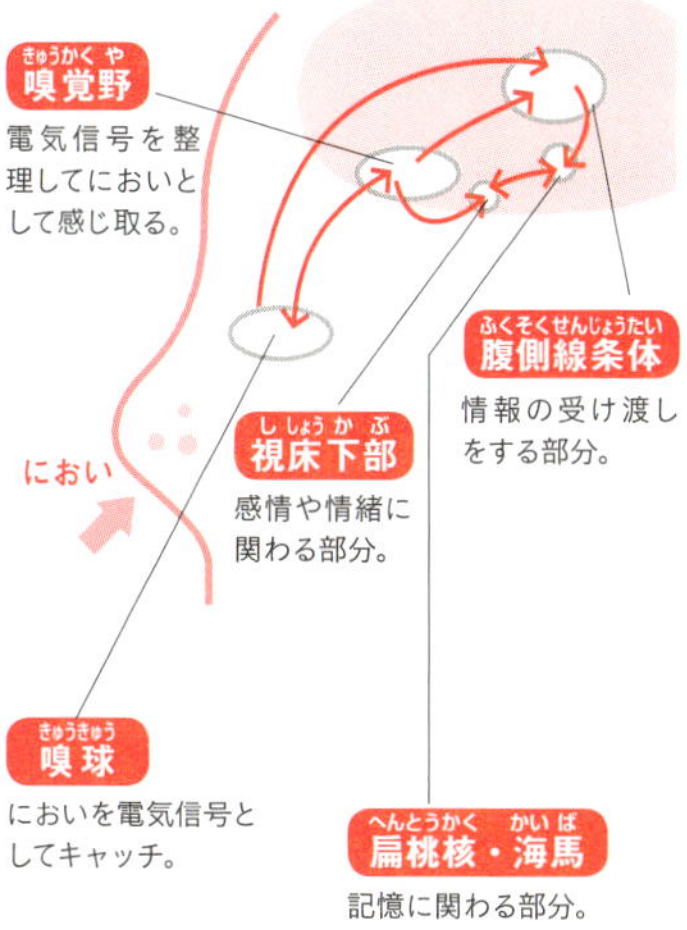
嗅覚野《きゅうかくや》
電気信号を整理してにおいとして感じ取る。
におい
視床下部《ししょうかぶ》
感情や情緒に関わる部分。
腹側線条体《ふくそくせんじょうたい》
情報の受け渡しをする部分。
嗅球《きゅうきゅう》
においを電気信号としてキャッチ。
扁桃核《へんとうかく》・海馬《かいば》
記憶に関わる部分。

舌の上にある4つの味を感じるエリア

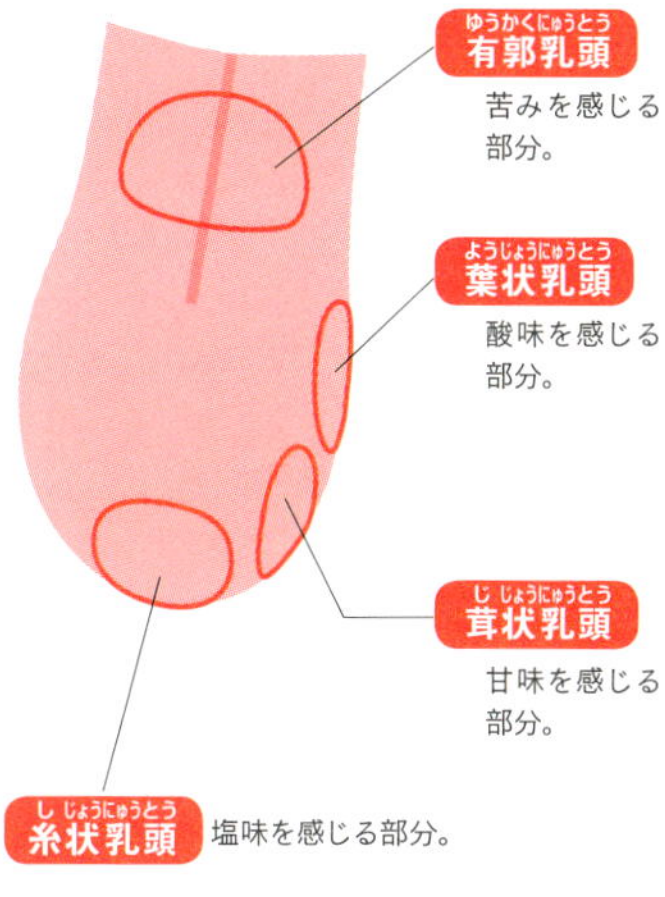
有郭乳頭《ゆうかくにゅうとう》
苦みを感じる部分。
葉状乳頭《ようじょうにゅうとう》
酸味を感じる部分。
茸状乳頭《じじょうにゅうとう》
甘味を感じる部分。
糸状乳頭《しじょうにゅうとう》
塩味を感じる部分。

【アロマテラピー】　芳香成分をかぐことで心身の不調を整える方法。香り成分が自律神経をつかさどる視床下部に作用し、免疫力を高めることでさまざまな不調を改善します。

脳の働き 4

知覚―人は目の前の情報をどう処理している？

感覚→知覚→認知と判断要素が増えていく

ここまで、5つの感覚が脳に情報を伝えるしくみを解説しました。たとえば、リンゴを手に持ったときは「皮が赤い」（**視覚**）、「いい香りがする」（**嗅覚**）、「ツルツルしている」（**触覚**）など、**五感**はそれぞれの担当する情報を脳に送るわけですね。

脳はそれらの情報を組み合わせたり、記憶の中にある過去のデータ（たとえば、食べると甘酸っぱい味がするなど）を引き出してきたりして、「今、目の前にあるものはリンゴだ」と総合的に判断します。これを「**知覚**」といいます。

さらに、リンゴにはいろいろな種類があること、リンゴの旬は冬であること、赤くなった頬はリンゴを連想させるなど、**知覚**に**知識**や**記憶**、**推論**などの要素もプラスし、社会的・文化的意味合いを持たせたものを「**認知**」といいます。

人は情報をまとまりにして考えたがる

感覚器はつねに**大脳**にさまざまな情報を伝えているわけですが、大脳が受け取る情報は膨大ですから、それらの中から必要な情報だけを取捨選択しています。つまり、感覚器が大脳に伝えた刺激情報を、すべてそのまま認識しているわけではないのです。

また、私たちは受け取った情報を、あるまとまりにして見たり感じたりしようとします。こ

感覚情報の中から必要なものを選び、知覚、認知するよ

【ゲシュタルト心理学】 ゲシュタルトはドイツ語で「全体構造」の意。人の心をひとつひとつの要素で考えるのではなく、全体の特徴を重視するべきと主張する学派です。

二通りの見方ができるだまし絵

見方によって違うものが見える絵。左は、杯に見えたり、向かい合っている横顔に見えたりします。右は、老婆の顔、または娘の顔に見えます。

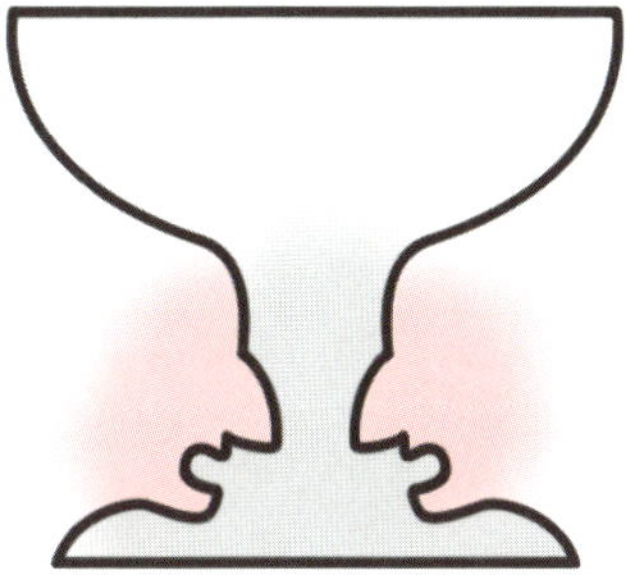

の心の働きを**体制化**と呼んでいます。**ゲシュタルト心理学**を提唱したドイツの**ヴェルトハイマー**は、まとまりや群化の主な要因として、次の法則を見出しました。

①**近接の要因**：空間的・時間的に接近するものはまとまって見える。

②**類同の要因**：性質が似ているものはまとまって見える。

③**閉合の要因**：お互いに閉じているものはまとまって見える。

④**よい連続の要因**：なめらかにつながるものはまとまって見える。

　体制化の働きがよくわかる例があります。上の絵を見てください。中央にある杯か、向かい合った2人の横顔が見えるのですが、どちらか一方の見方をするとそれが固定化され、もう一方の絵柄はなかなか見えなくなります。私たちは物を見るときに固定化し、順序づけていることが実感できますね。

【マスキング】　ある刺激が別の刺激によってかき消されてしまう現象。電車の走行音がうるさい車内だと、隣の人の声が聞こえなくなるなど。

錯視 1

一度はだまされる？ 不思議な錯視のしくみ

脳が事実と違う認識をして錯覚が起こる

私たちが見たり、聞いたりしたと思っているものは、目や耳などから送られた外部刺激を、大脳が「こういうもの」と判断して知覚したもの。そのため一定の条件がそろうと、事実とは違う認識をすることがあります。これが**錯覚**です。視覚における錯覚を**錯視**《さくし》といいます。

錯視が起こるメカニズムは、まだ明確には解明されていません。ただ、前のページで説明したように、人は複数の図形を見たときなどに、それらをまとめて知覚（＝**群下**《ぐんか》**知覚**《ちかく》）する傾向にあり、「**体制化の法則**」は錯視が起こる理由のひとつとして考えられます。

わかっていてもだまされるのが錯視

最も有名な錯視は「**ミューラー・リヤーの錯視**」で、同じ長さの直線の両端に異なる向きの矢印をつけると、直線の長さが違って見えます。これは、2つの直線を違う長さに見たほうが知覚がスムーズだと脳が判断したからです。

ほかにも、上下とも同じ大きさの扇型なのに、下のほうが広く見える「**ジャストローの錯視**」、平行線に短い斜線を引くと傾いて見える「**ツェルナーの錯視**」、周囲を囲む円の大きさが違うと、同じ大きさの円が違って見える「**エビングハウスの錯視**」など、わかっていてもだまされるおもしろい錯視がたくさんありますよ。

脳が都合よく見ようとして、事実とは異なって見えるよ

【トリックアート】 錯覚のしくみを取り入れた絵画。ダリ、エッシャー、マグリットなどが描いたトリックアートが有名です。

いろいろな錯視

長さや明るさ、色、角度など、ある条件によって起こるさまざまな錯視が発見されてきました。

ミューラー・リヤーの錯視

上下とも横線は同じ長さだが、上の方が長く見えてしまう。

ジャストローの錯視

上下同じ形、同じ大きさだが、下の方が幅が太く見える。

ツェルナーの錯視

4本の縦線は平行の直線だが、斜線が入ることで傾いて見える。

エビングハウスの錯視

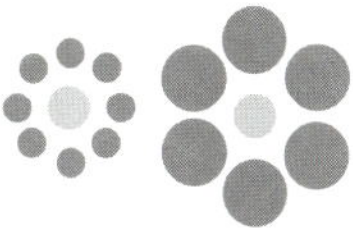

真ん中の丸は、同じ大きさであるが、右のほうが小さく見えてしまう。

カニッツアの三角形

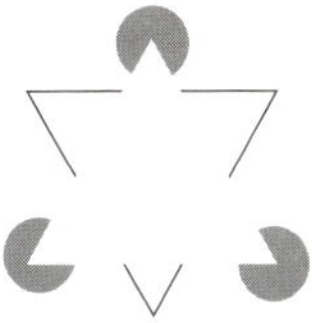

大脳の二次視覚野の働きによって、輪郭のない白い三角形が浮かび上がって見える。

ヘルマン格子

縦横のラインが交わる部分に、存在しないはずの灰色の点が見える。

ポッゲンドルフ錯視

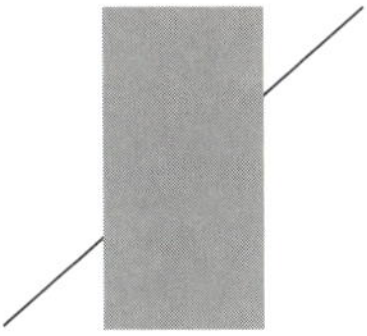

長方形の背後にあるまっすぐな直線が、ずれて見える。

ポンゾ錯視

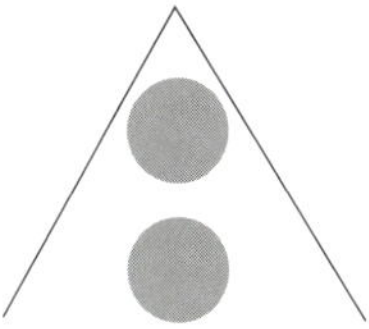

上の円のほうが大きく見えるが、2つの円の大きさは同じ。

【鋭角過大視錯視】 一定以上の角度で直線が交わるとき角度を過大視する傾向があること。10度以下の角度で直線と交わるとき角度を過小評価する傾向にあるのは「鋭角過少視錯視」。

錯視 2

思い込みで見え方も変わる

期待や欲求で見える物が変わる!?

錯視に関する興味深い実験があります。左ページの図形Aは、見方によってBにもCにも見えますね。被験者にBを見せたときはご褒美を与え、Cを見せたときはお仕置きをするという手順を何度か繰り返します。

その後Aを見せ、BとCのどちらが見えたか尋ねると、Bに見えたと答えました。脳がいい思いをしたBの形をすかさずAの中に発見し、「Bを見よ!」と指令を出したのです。

このように、私たちは期待や欲求などに応じて、物を都合よく見ているわけです。P.74で紹介した貧しい家庭の子はコインが大きく見える実験も、知覚は欲求に左右されることを表していますね。

「こう見たい」「こう見える」という思い込みで錯視が起こる

一度、形を認識すると錯視が消えなくなる

天井のシミが人の顔の形に見えて怖くなったり、雲がシュークリームの形に見えて食べたくなったりすることってありますよね。ちょっとした模様などが、顔や特定の物の形に見える心理現象を**パレイドリア(変像)**といいます。本当は単なるシミや雲だとわかっているのに、一度「○○の形」と脳が認識すると、その形にしか見えなくなってしまうのです。

また、暗い部屋に閉じこもって豆電球を凝視していると、豆電球は揺れていないのに、豆電

【人面岩の謎】 1976年、火星探査機のバイキング1号が撮影した火星の表面の写真の中に、人間の顔によく似た岩が写っていると騒動に。その後、単なる岩だと証明されました。

球が発する光がジグザグに動き始めます。「怪現象？ それともテレパシー？」とあわててしまいますが、**思い込み**による一種の錯視で、「**自動運動**」という心理現象。発見者の名前から「**シャルパンティエの錯視**」とも呼ばれています。

ところで、横縞の洋服を着ると太って見えると思い、避けていませんか？ 意外なことに、横線で等分に分けた正方形は縦長の長方形に見え、縦線で等分に分けた正方形は横長の長方形に見えるんです（「**ヘルムホルツの正方形**」）。つまり、縦縞の洋服より横縞の洋服を着たほうがすっきりして見えるということです。

期待と視覚の関係を実験

シェイハーとマーフィは、下図A～Cを用いて実験を行いました。

A

Bの図形を見せたときにはご褒美、Cの図形はお仕置きを繰り返し、Aの図形を見せると、Bの図形が知覚されやすくなる。

B C

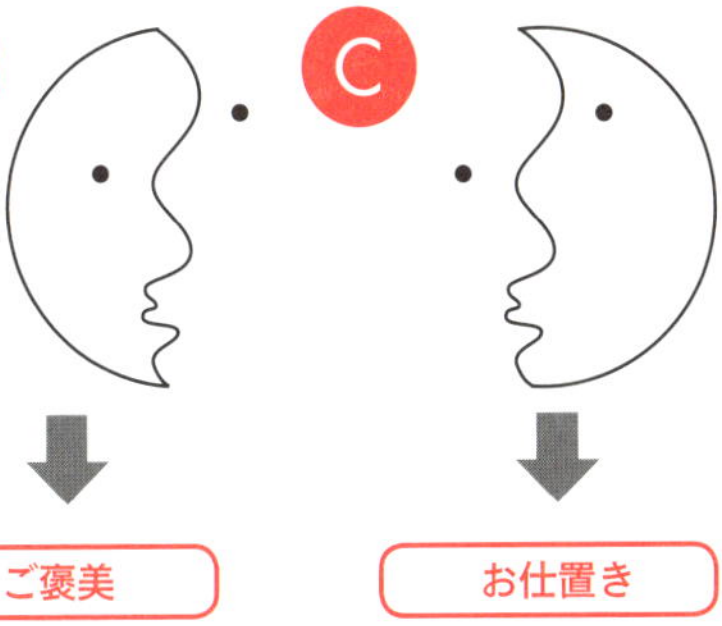

ヘルムホルツの正方形

DとEのどちらが縦長に見えますか？

D

E

【仮現運動の錯視】 連続した静止画像を続けて見ているうちに、動いているように見える現象。映画の原理になっているものです。

心理学と記憶 1

好きな人と勉強すると記憶力がアップする

重要と判断された
情報が大脳へ運ばれ、
記憶として
定着するよ

感情をともなう記憶は鮮明に残る

人が物事をどのように記憶するのかを知ることは、心理学を勉強するうえでとても重要です。

目や耳を通して入ってきた情報は、脳の神経細胞どうしをつないでいる**シナプス**を通って**大脳皮質**の**後頭葉**へ伝わり、**大脳辺縁系**にある**海馬**という場所に移動。ところが、喜怒哀楽などの感情や本能に関わる情報は、大脳辺縁系の**視床下部**でキャッチされたあと、**大脳皮質**を経由せず直接海馬に到着。そのため、大脳皮質を経由した記憶よりも強烈に記憶されることになります。

つまり、好きな人と一緒に勉強するなど、感動（感情）をともなったほうが、効率よく記憶できるということなんですね。

覚えているのは選ばれた記憶

記憶したはずなのに、覚えていないこともたくさんありますね。そのしくみを解説します。

目や耳から入った情報は、一瞬記憶として蓄えられます（**感覚記憶**）。それが海馬へ移って蓄積され、1分程度で消滅する「**短期記憶**」と、1時間〜1か月程度保存される「**中期記憶**」に分類されます。さらに、中期記憶の中から重要事項として選ばれたものだけが、大脳へ移動して「**長期記憶**」となり定着するのです。長期記憶にまで至らないものは、興味がない、覚えに

【運動記憶】 体の動かし方を覚える記憶で、記憶中枢の海馬とは無関係。大脳皮質→小脳皮質→筋肉と指令が伝わり、繰り返し練習することで記憶力が高まります。

くい、集中できない、ほかと混同しやすいことなどです。

一方、ど忘れした知人の名前が、その人と会った日のことを思い出した途端、思い出せた、なんてこともありますね。ど忘れ（専門用語では「メモリーブラック」）したことを何かのきっかけで思い出すのは、手がかりによって神経回路が再生し、記憶がよみがえるから。

加齢とともに物忘れが多くなるといわれますが、つねに新しい刺激を脳へ送っていれば、何歳になっても細胞どうしの連絡網が発達し、記憶力を鍛えることができるんですよ。

情報が記憶されるしくみ

情報を受け取ると、海馬に運ばれて、記憶されます。

① 刺激からの情報

刺激として情報を受け取ると、神経細胞をつなぐシナプスから大脳皮質の後頭葉に伝わり、大脳辺縁系にある海馬に運ばれて記憶として定着します。

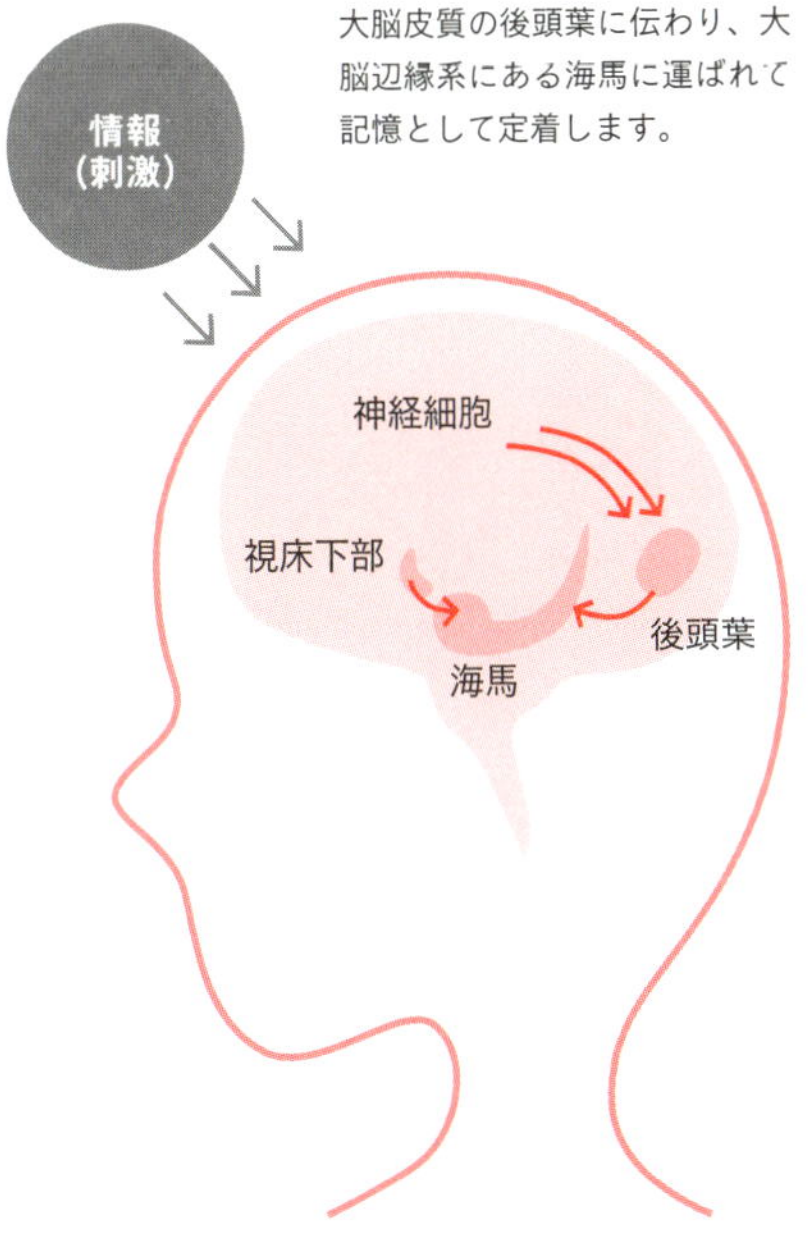

② 海馬での保存

情報はとりあえず海馬で保存され、長期に覚えておくものと、消してしまうものとに選別されます。

喜怒哀楽など

喜怒哀楽など、感情や本能に関わる情報は、大脳辺縁系の視床下部で感知され、直接海馬へと運ばれます。大脳皮質を経由した記憶よりも、鮮明で強烈な記憶として残ります。

【アルコール・ブラックアウト】 お酒を飲みすぎて記憶がなくなること。脳内のアルコール濃度が高まり、海馬が麻痺することで起こります。

心理学と記憶 2

効率よく覚える記憶力UPのコツ

記憶の特性に合った覚え方をすると、記憶力が高まるよ

記憶が保存されるしくみはいまだ議論中

記憶のメカニズムは**認知心理学**の重要な研究課題です。１９６０年代に「**ボックスモデル（貯蔵庫モデル）**」という考えが注目されました。情報は感覚器を経由して脳の短期貯蔵庫に入り、何度も反復された情報は長期貯蔵庫に移動するというものです。長期貯蔵庫に入った情報は消えることなく保存され、必要なときに検索できると考えられました。

１９７２年には、心理学者の**クレイク**と**ロックハート**が、「**処理水準**」という新しい考えを提唱。人の情報処理の水準は①刺激の物理的特性の浅い処理、②言語的・音韻的な処理、③意味をともなう深い水準の処理の順に深くなっていき、反復を続けても次の水準に移行しないものは、安定した記憶として定着しないと主張しました。ボックスモデルと処理水準の対立は、21世紀になった今でも決着がついていません。

記憶の特性を踏まえて覚えると記憶力UP

記憶力が悪いと何かと苦労しますよね。記憶の特性を踏まえて効率よく覚えれば、誰でも記憶力を高めることが可能です。記憶するときのコツをご紹介しましょう。

●エピソードごとに覚える

記憶に残したいことが起こるまでの経過を、時間の流れに沿ったストーリーとして覚えてお

【マジカルナンバー7±2】 ランダムな綴りは、反復し続けないと平均して5〜7個の情報しか短期貯蔵庫に保持できないという、認知心理学者ミラーの研究から生まれた用語。

ボックスモデルVS処理水準モデル

記憶のメカニズムを、短期・長期の貯蔵庫に例えたのが「ボックスモデル」。処理の深さによって記憶が定着すると唱えたのが「処理水準モデル」です。

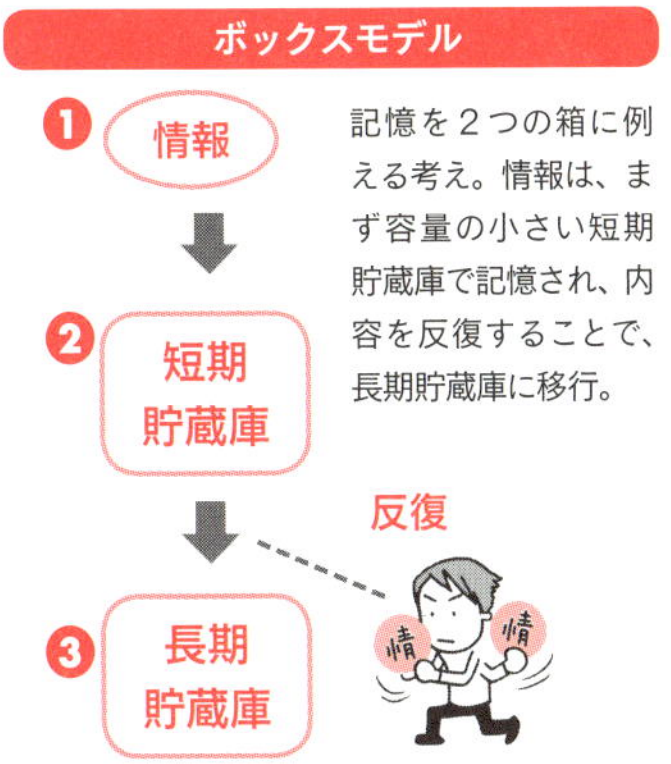
ボックスモデル
1 情報
2 短期貯蔵庫
3 長期貯蔵庫
反復
情
情
記憶を2つの箱に例える考え。情報は、まず容量の小さい短期貯蔵庫で記憶され、内容を反復することで、長期貯蔵庫に移行。

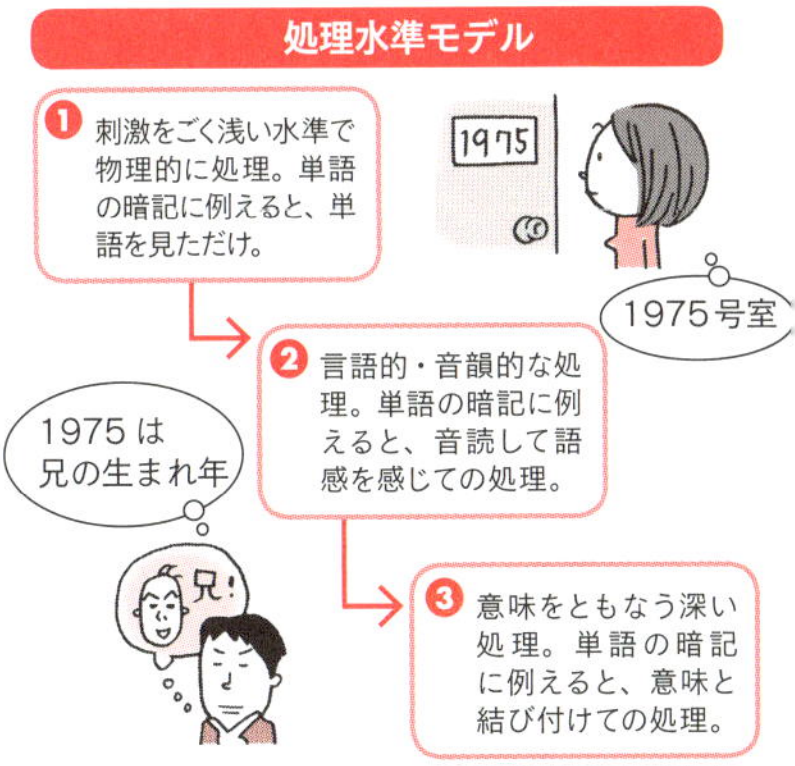
処理水準モデル
1 刺激をごく浅い水準で物理的に処理。単語の暗記に例えると、単語を見ただけ。
1975
1975号室
2 言語的・音韻的な処理。単語の暗記に例えると、音読して語感を感じての処理。
1975は兄の生まれ年
兄!
3 意味をともなう深い処理。単語の暗記に例えると、意味と結び付けての処理。

きます。

●数字に置き換える

日曜日＝1、月曜日＝2など、自分なりのルールで記憶すべき事項に数字を振って覚えます。

●場所と一緒に記憶

記憶したい事柄が、どこで起こったことなのかを手がかりにして記憶します。

●語呂合わせをする

「白紙（894）に戻す遣唐使」など、試験勉強でおなじみの記憶法。年代や化学記号などをイメージしやすい言葉に変換して覚えます。

●頭文字をつなげる

複数のものを覚えたいとき、それぞれの頭文字だけを取り出してつなげて覚えます。

●まとめて反復する

単語や漢字を覚えるとき、5つの単語をひとつずつ3回繰り返すより、5つの単語をまとめて1回書いたり読んだりし、それを3回繰り返したほうが反復練習の効果が高まります。

【プライミング効果】　記憶は関連するものがネットワークをつくり、中でも関連性の高いものどうしは近くで強く結び付き、記憶としてしっかり定着すること。

心理学と記憶 3

なかったような、あったような…　脳が偽《にせ》の記憶をつくる?

事件の目撃証言は不確かなもの!?

人の記憶はじつはかなり頼りないもの。一生懸命覚えたことも、30分たつと40%は消滅してしまい、1日後には66%、3日後には75%、30日後には80%が消えてしまいます。

何かの事件を捜査するとき、その事件を目撃した人の証言は貴重な情報となりますね。しかしその反面、人の記憶のあいまいさによって事件の真相をゆがめてしまうこともあるのです。

前述のように、記憶はどんどん消滅するので、事件から時間がたてばたつほど、目撃内容があやふやになります。そのうえ、事件や事故に遭遇すると恐怖などから興奮状態になり、記憶力が低下します。そのため、あとで記憶を正しく再生するのが難しくなるのです。

また、「2台の車がぶつかったときの状況を教えて」と聞くより、「2台の車が激突したときの状況を教えて」と聞くほうが、内容を激しいものとして語るなど、質問の仕方で記憶がつくられてしまうことも明らかに。さらに、容疑者の写真を見たり、事件の背景を聞いたりして新しい情報が加わると、記憶をつくり変えたり、再構成してしまうことがあります。

偽りの記憶が架空の事件をつくり出す

1993年にイギリスで「**偽《いつわ》りの記憶訴訟《きおくそしょう》**」という事件が起きました。カトリックの聖職者

新しい情報や思い違いなどで、記憶にゆがみが生じるよ

【虚偽記憶】　本人は思い出したと思っているけれど、実際は薬物や催眠療法などによってつくり出された、事実ではない出来事の記憶。

がある青年から、性的虐待で突然訴えられたのですが、綿密な調査の結果、そんな事実はまったくないことが判明。しかし、青年はうその告発をしたのではありません。いったい、どういうことなのでしょうか？

これは**偽りの記憶（フォールスメモリ）**が原因。何らかの記憶違いで、記憶はゆがんでしまうことがあります。こうした「思い違い」は、誰にでも起こること。欧米では偽りの記憶で「架空の事件の加害者」にされた人を救うための機関があるほど、偽りの記憶による訴訟が社会問題になっているんですよ。

ここまで深刻な事態ではなくても、「約束したじゃないか」「いや、してない」など、事実はひとつのはずなのに記憶が食い違うことはよくありますね。そのため近年の記憶研究では、思い出話には信憑性がなく、記憶を思い出すときはゆがみが生じ、本人もそれに気づかない、ということが常識になってきています。

初めてなのに、前に見た気がする？ デジャ・ヴュの正体

初めて訪れた場所なのに「この風景は前にも見た気がする」と感じた経験は、多くの人にあるのではないでしょうか。これは、「既視体験」と呼ばれるもので、偽の記憶や記憶違いの一種です。忘れていた過去の体験に何らかの関連があるときや、夢で似たようなことを見たのにその夢を忘れてしまったときなどに起こると考えられます。

ベルグソンは「心的緊張が低下したときに起こる」としています。また、フロイトの考えでは、幼児期に抑圧された経験が浮かび上がり、解放されようとしているということになります。けれども、異常なことでもなんでもないので、あまり深く考えずにやりすごすのがよいでしょう。

【先入観】 人物や物、出来事などを判断する際、自分の経験や偏見などを基準に「これはこうだ」と決めつけること。事件の目撃証言には先入観が入りやすいといわれています。

休み時間

あいまいな記憶で フクロウが猫になる？

人の記憶はじつはかなりあいまい。しっかり覚えたつもりでも、ディテールまで思い出せないことが多く、実物とはまったく違うものになってしまうこともあります。そんな記憶のあいまいさを確かめた実験があります。

心理学者バートレットは記憶の変容を確認するために、以下のような実験を行いました。

フクロウを図案化した絵（下図A）を短時間見せ、記憶を頼りに再現して描いてもらいます。次に、その絵を別の人に短時間見せ、再現してもらいます（下図B）。要はイラストの伝言ゲームのようなもの。これを18人で行ったところ、最後はなんと猫（下図C）になりました。

このように、絵が変化していったのは、①目立った特徴や、見た人の興味・関心を引くもの、印象に深く残ったものが強調されて記憶に残る。②見慣れない絵を見たときに、見たことがある一般的なものや標準的なものに変換して記憶される。③はっきりしない特徴は平均化され、不規則な図形は均整の取れたものとして記憶される、という3つの理由が考えられます。

また、眼鏡のような絵（下図D）を見せるとき「これは眼鏡です」と言えば、再現したときに眼鏡を描きます（下図E）が、「鈴です」と言うと鈴のような形に変えて描いてしまいます（下図F）。

このように、記憶する本人がどう覚えるかで、記憶する形は変わってしまうのです。

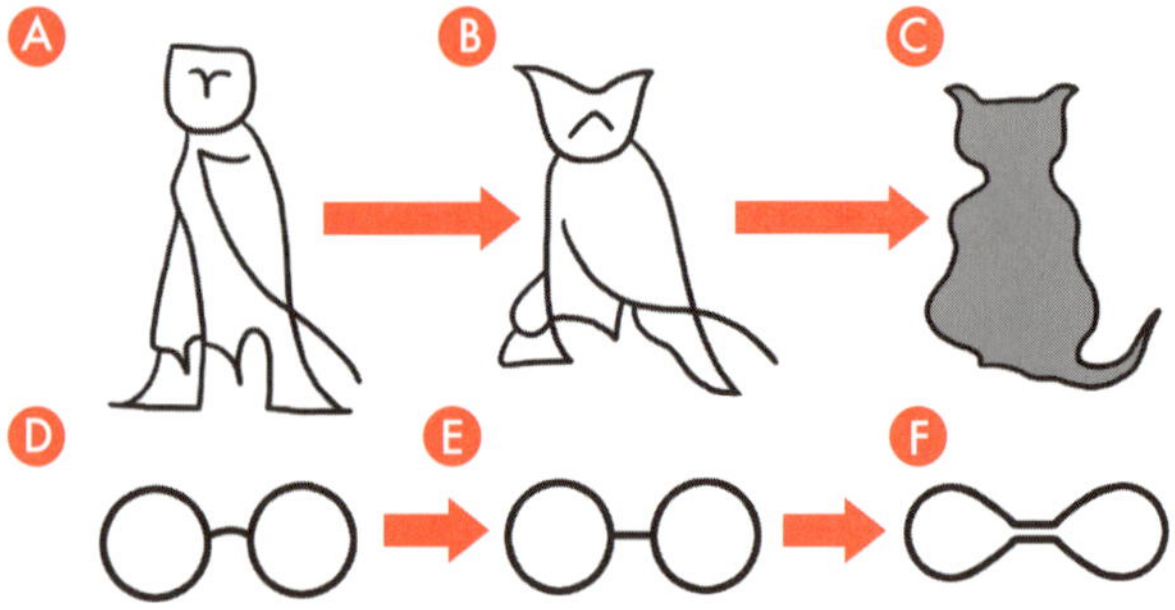

BASIC ELEMENT IN PSYCHOLOGY

8限 人生によりそう心理学

赤ちゃんから
老人まで
成長にともない
心は変化するよ

introduction 8

子どもの性格は親に似る!?

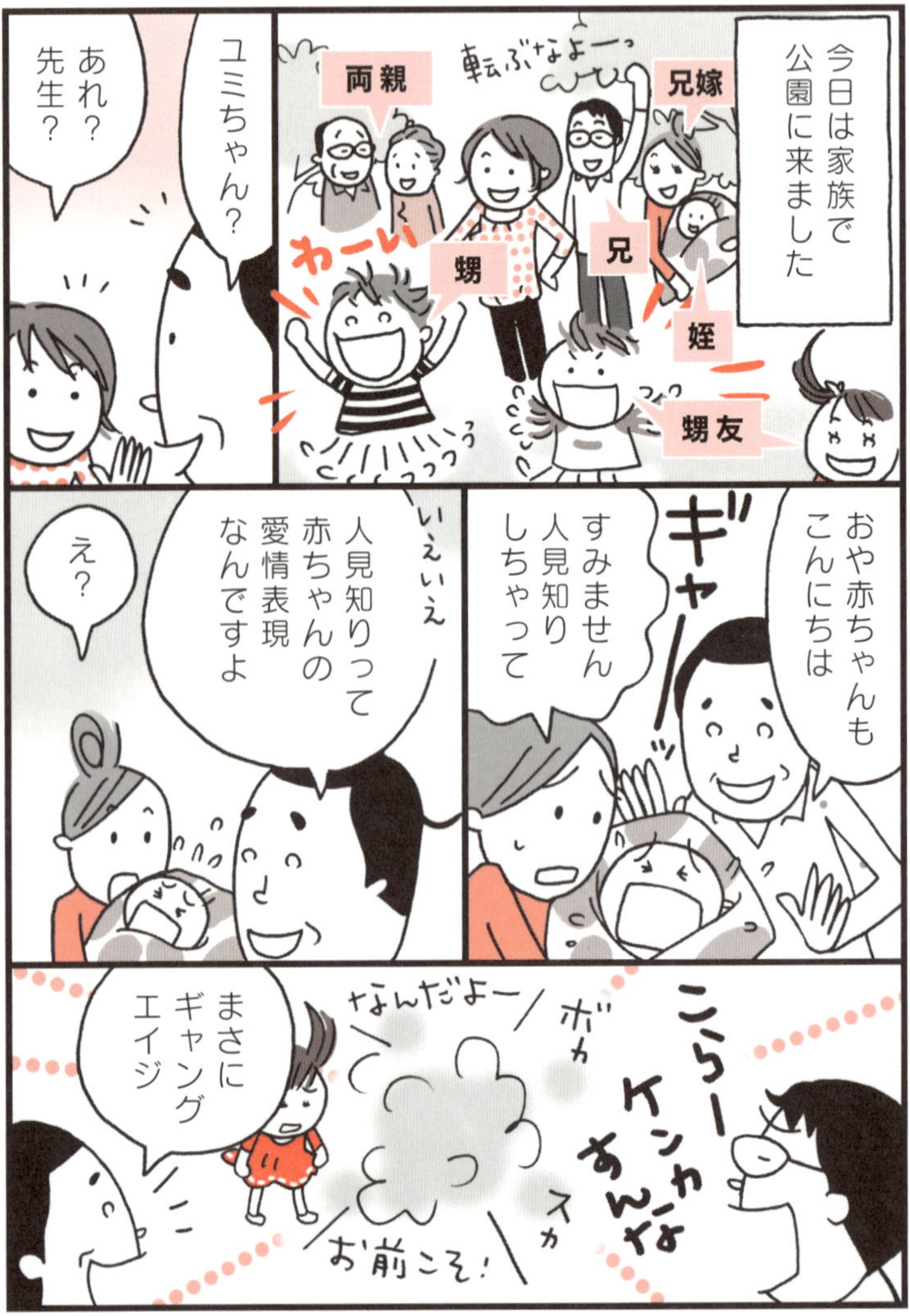
今日は家族で公園に来ました
両親
兄嫁
兄
甥
姪
甥友
転ぶなよー
わーい
ユミちゃん？
あれ？先生？
おや赤ちゃんもこんにちは
ギャー
すみません人見知りしちゃって
いえいえ
人見知りって赤ちゃんの愛情表現なんですよ
え？
こらー
ケンカすんな
なんだよー
お前こそ！
ボカ
ポカ
まさにギャングエイジ

→ **心の発達は子どものころから始まっている！**

赤ちゃん ①

感情はいつ芽生えるのか？

人間はみんな早産で生まれる!?

本来、人が十分に身体機能を発達させて生まれるには、おなかの中に21か月いる必要がありますが、大脳の発達を優先させたため10か月で生まれてきます。これを**生理《せいり》的《てき》早産《そうざん》**と呼びます。

そして誕生後、頭部から下部へ、体の中心から末端へと運動機能は発達していきます。

ところで、新生児にはこの時期しか見られない**原始反射**があります。生まれた途端、おっぱいが飲めるのも原始反射のおかげなんですよ。

情緒は早い時期に発達する

ブリッジスがまとめた、新生児から2歳までの**情緒の発達段階**によると、6か月ごろから情緒が増え始め、2歳ごろにはほぼ大人並みになります。言語、思考、社会性などと比べて、情緒は、かなり早い時期に発達するのです。

また、精神医学を学んだ**マーラー**は、赤ちゃんが自己と他者の区別をどのように行うのかについて、以下のように述べています。

①**正常な自閉期（生後数週間）**：母親と未分化で、一体感の中で生きています。

②**正常な共存期（2～5か月ごろ）**：自分の内と外の区別が少しずつできてきます。

そして、5か月ごろから3歳ごろまでの間に、母親から徐々に分離し、「自分」を自覚し、**自己**を確立していくのです。

誕生直後は母親と未分化。徐々に自他の区別ができるように

【原始反射】 外界の刺激に対応できるように、生まれつき備わっている反射。手のひらに物が触れると強く握りしめる把握反射や、口に物が触れると吸いつこうとする吸てつ反射など。

人の情緒・感情は２歳ごろまでに完成する

ブリッジスは、乳幼児から２歳までの情緒の発達段階を以下のように明らかにしました。

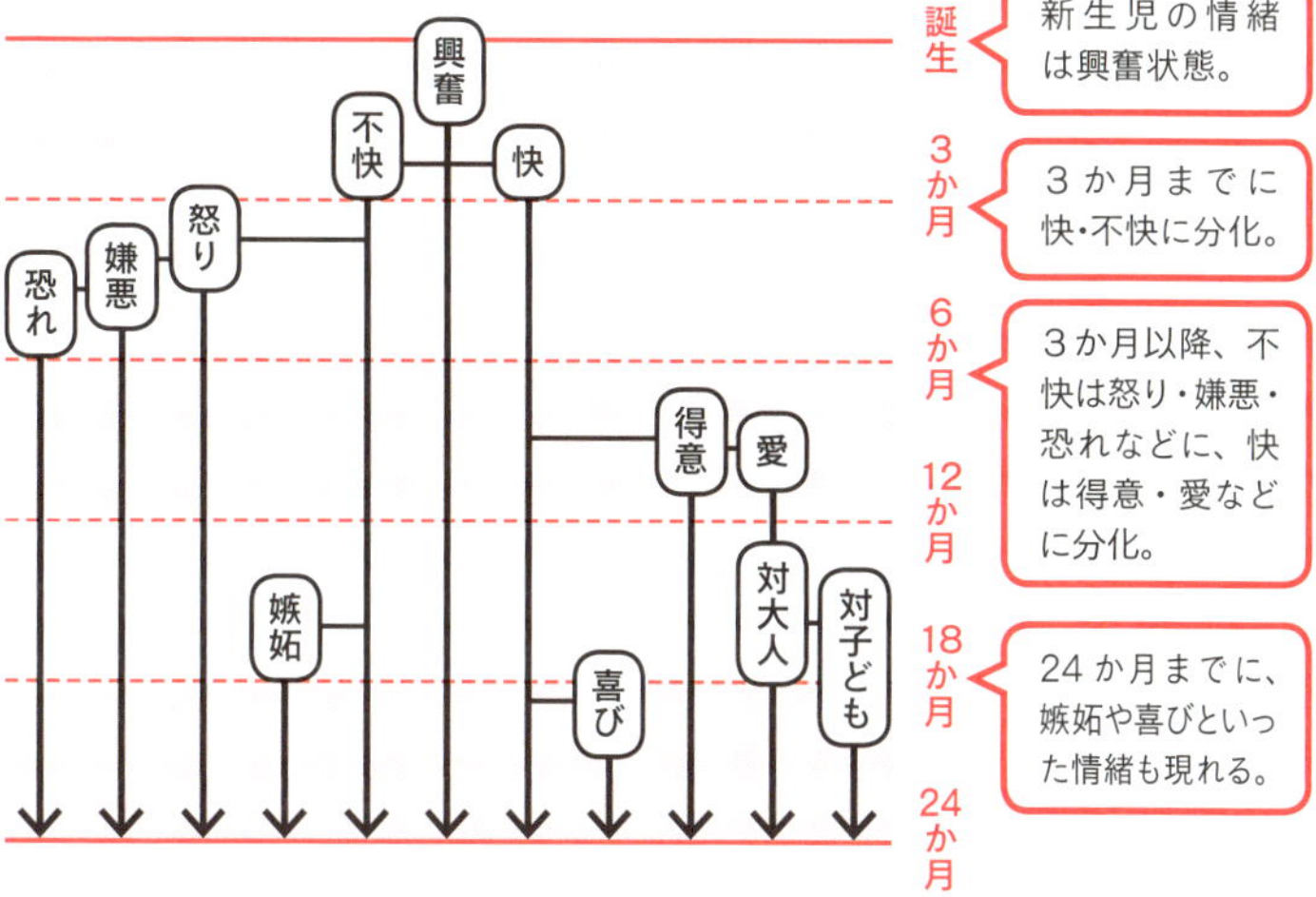
誕生
3か月
6か月
12か月
18か月
24か月
興奮
不快
快
怒り
嫌悪
恐れ
得意
愛
嫉妬
喜び
対大人
対子ども
新生児の情緒は興奮状態。
３か月までに快・不快に分化。
３か月以降、不快は怒り・嫌悪・恐れなどに、快は得意・愛などに分化。
24か月までに、嫉妬や喜びといった情緒も現れる。

ほほ笑みも発達していく

赤ちゃんは生まれてすぐから、ニッと笑っているような表情を見せることがありますが、これは「生理的微笑」というもので、自然発生的な反射。いわゆる「笑顔」とは異なり、満腹で心地いいなど生理的に満足し、眠っているときによく現れます。

周囲からのアプローチに応える手段としてほほ笑むようになるのは、３か月ごろから。周囲の人と目が合ったり、好きな物であやされたりしたときににっこりほほ笑んで応えます。これを「社会的微笑」といいます。とくに両親やきょうだいなど、見慣れた人に頻繁に笑顔を見せるようになります。

【インプリンティング（刷り込み）】　鳥類がふ化直後に見た物を親鳥だと思い込み、追いかけること。人間の赤ちゃんも生まれてから一定の期間、自分の親を認識し刷り込みが行われます。

赤ちゃん 2

親子の絆を深くするには

愛着の深さが親子の絆の深さに

赤ちゃんが心身ともに健やかに発達するために、最も必要なものは何だと思いますか？　それは**愛着（アタッチメント）**です。愛着が深くなるほど親子の絆が深くなります。

イギリスの小児科医**ジョン・ボウルビィ**は、愛着は4つの段階で形成されるとし、各段階で相手への愛着が変わることを発見しました。「誰にでもニコニコする愛想のいい子だったのに、6か月になったら急に人見知りするようになった」なんてことがよくありますが、これは母親との愛着関係ができたからこそ。赤ちゃんが順調に発達している証拠なんですよ。

赤ちゃんが母親に求めるのは「ぬくもり」

ウィスコンシン大学霊長類研究所の**ハーロー**が行った、愛着に関する実験があります。

円筒形の胴体に針金を巻き哺乳瓶からミルクが出る人形と、ミルクは出ないけれど同じ円筒形の胴体にビロードの布を巻いた人形を、赤ちゃんザルがいる檻の中に入れ、赤ちゃんザルの行動を観察。すると、ミルクを飲むときだけは針金の人形に近づきますが、それ以外の時間は布製の人形に抱きついていたのです。

この実験から、赤ちゃんが母親に求めるのはぬくもりであり、それによって愛着を抱くようになることがわかりますね。

赤ちゃんの発達に不可欠な愛着は、4つの段階で形成されるよ

【サイレントベビー】　喜怒哀楽が未発達で、泣いたり笑ったりしない赤ちゃん。おもに母親と赤ちゃんの触れ合いが不足しているのが原因として考えられます。

愛着は段階を踏んで形成される

ボウルビィによると、アタッチメント（愛着）は下記の４つのプロセスを経て形成されます。

第１段階	第２段階	第３段階	第４段階
誕生～３か月	３か月～６か月	６か月～２、３歳	３歳以降
まだ人を認識することができず、誰に対してもじっと見つめたり、ほほ笑んだりする。	母親や父親など、日常的に関わる人に対して、よくほほ笑んだり、声を出したりするようになる。	家族など特定の人のあとを追ったり、姿を探して泣きだしたりする。見知らぬ人には警戒心を持つなど、人見知りをする。	親の行動の理由や計画をある程度推察することができ、姿が見えなくても泣かなくなる。協調性を持った関係性を築き始める。

無視したり、たたいたりするのも愛着行動

アメリカの心理学者メアリー・エインスワースは、アタッチメント（愛着）を次のタイプに分類しました。

Aタイプ（回避型）

親を避けようとして、親と関わりなく行動する。
例：「こっちにおいで」と言われても無視する。

Bタイプ（安定型）

親と再会すると積極的に触れ合おうとし、親を活動拠点にする。
例：会社から帰ってきた父親にべったりする。

Cタイプ（アンビバレント型）

親からの愛情を強く求めているのに、敵意を表すような行動をとる。
例：抱っこしてほしいのに、親をたたいたりする。

【マターナル・デプリベーション（養育の喪失)】 愛着がない状態。赤ちゃんの心身の発達に悪影響を及ぼすため、積極的にスキンシップを行うなど、親子関係を見直す必要があります。

幼児期 1

幼児はどんな考え方をしている？

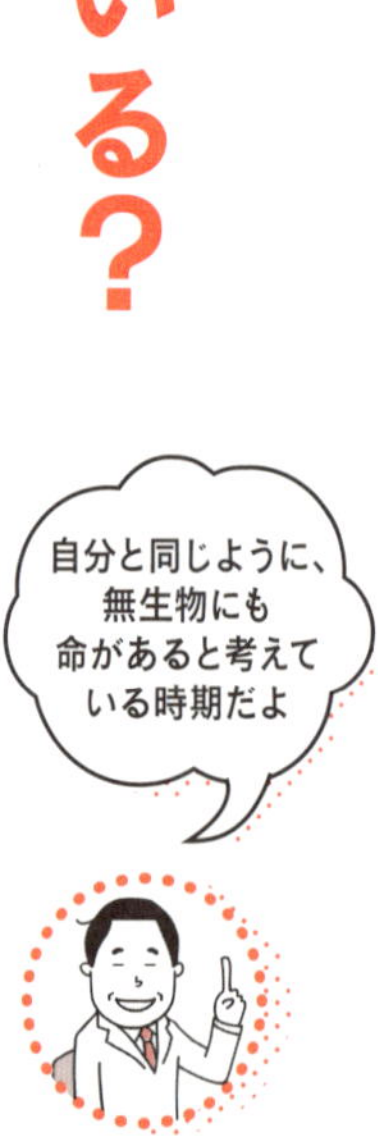
自分と同じように、
無生物にも
命があると考えて
いる時期だよ

ごっこ遊びが子どもの感性を育てる

幼児期は**身体機能**、**言語**ともに著しく発達する時期。それにともない、大人には想像もつかないような発想をしたり、行動をとったりすることがありますが、それが、子どもの情緒を豊かにし、**創造力**を高めることになります。そうした発想や行動は、遊びによって身についていきます。とくによい影響を与えるのが、ごっこ遊びです。代表的なのはおままごとですが、お店屋さんごっこや電車ごっこなど、女の子だけでなく男の子も、この時期はごっこ遊びが大好きなんですよ。

スイスの心理学者**ジャン・ピアジェ**は、子どもの成長とともに遊びは3段階に変化するとしています。2～7歳ごろは2段階目の「**象徴的遊び**」の時期。ひとり遊びが基本で、2人で一緒にいても別々に遊んでいることが多いですが、年齢が上がるにしたがって、少しずつ関わりを持って遊べるようになってきます。

ちなみに、1段階目は「**機能遊び**」で、手や足を動かすこと自体が遊びに（2歳ごろまで）。3段階目は2人以上がルールに則って行う「**ルール遊び**」です（7～12歳）。

自分を中心にしてしか物事を判断できない

2～6歳ごろの子どもは、自分が物事の判断基準の中心にいます。これを「**自己中心性**」と

【喃語《なんご》】 赤ちゃんが発する意味のない音声。「アー」「ウー」など母音から始まり、やがて「ブー」「バー」など子音も発声できるようになり、さらに「バーバー」など反復もできるように。

幼児は見た目の印象で判断する

ピアジェは、幼児はさまざまな側面で「物の数量は、その見た目が変わっても同一である」ことを認識できないと述べています。

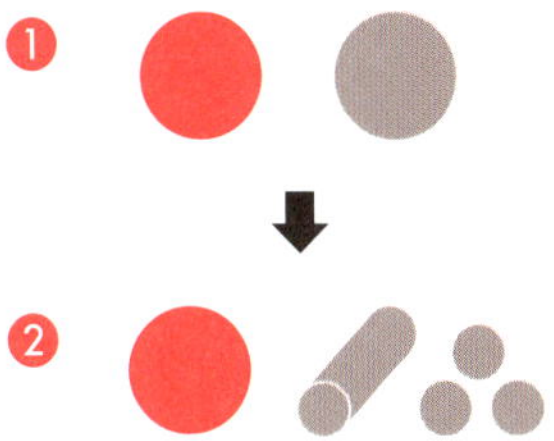

❶同じ大きさの粘土を2つ用意し、❷一方をソーセージ型に伸ばしたり、数個に分割する。すると、これらの粘土は「重さが違う」と答える。

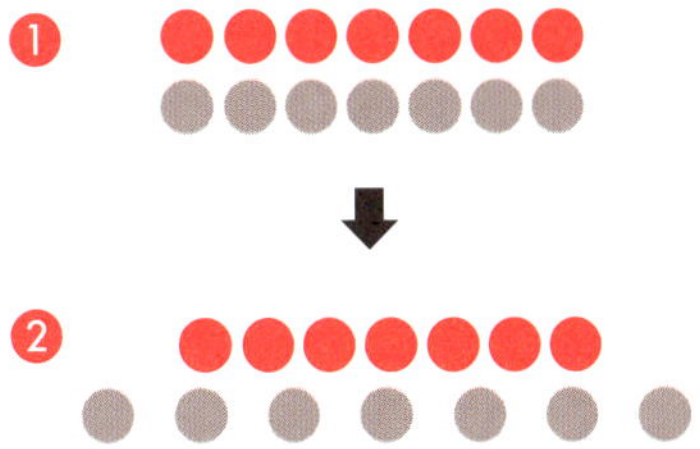

❶2列のコインを等間隔で並べているときは、「同じ枚数である」と答える。❷一方の列の並べる間隔を広げると、「間隔の広いほうがたくさんある」と答える。

いいます。そのため、いつも身近にいる人を「ママ」や「お兄ちゃん」だという認識はできても、相手の立場に立って判断することはできないので、「ママから見たら自分は子ども」という考え方をするのは難しいのです。

また、この時期の特徴に「**アニミズム**」があり、無生物も自分と同じように意思や感情を持っていると考えます。幼児がぬいぐるみにごはんを食べさせようとしたり、「太陽が笑ってるよ」などと言ったりするのは、ぬいぐるみや太陽が生きていると思っているからなんですね。

ところで、ピアジェらの研究によると、2～6歳ごろの子どもは「**物の保存の概念**」を持っていません。たとえば、同じ大きさのコップに同じ量のジュースを入れると、2つの量は同じだとわかりますが、一方を細長い容器に入れ替えてしまうと、6歳児でも80%の子どもが、2つの容器に入っているジュースの量は違うと答えてしまうのです。

【ジャルゴン】 発声のイントネーションやリズムが母国語に近づいていき、何らかの意味を含めて発せられる喃語のこと。

幼児期 2

幼児の自立と3歳児神話の真偽

3歳ごろには母親とほどよい関係に

生まれたばかりのころは母親と**未分化**で、自他の境界があいまいだった赤ちゃんも、5か月ごろから自分と他人を区別できるようになります。そして、3歳ごろまでの間に少しずつ**安全基地**だった母親から分離し、自己を確立していくように。3歳までの自立の過程は4段階に分類されます。

①分化期（5～10か月）

手を伸ばせば触れられる程度の距離だけ、母親から離れて行動するように。手を伸ばして母親の顔を触ったりして、自分と母親は同じではないこと、世の中には自分以外に他人がいることを学習していきます。

②練習期（10～16か月）

歩けるようになり、母親から少し離れた場所でひとり遊びに熱中したりしますが、母親を安全基地としてとらえ、何かあったらいつでも駆け込もうとします。

③再接近期（16～25か月）

母親から離れることに不安を感じる時期。母親から離れたり近づいたりを繰り返すことで、母親とのよい関係を模索しています。

④固体化期（25～36か月）

ここに至るまでの**愛着**で母親との絆が十分に深まり、母親との間に健全な心理的距離を確立。母親がいつもそばにいなくても情緒が安定し、

自分と母親との区別から始まり、3歳ごろには自己を確立するよ

【安全基地】　子どもにとっての母親の存在を表す言葉で、ボウルビィが提唱。安全基地があると子どもは活動範囲を広げることができ、自立心や好奇心が養われていきます。

落ち着いて過ごせるようになります。

「3歳児神話」は合理的根拠なし

P.230で赤ちゃんの健やかな発達には**愛着**が欠かせないという話をしましたが、**ボウルビィ**は**アタッチメント(愛着)理論**の中で、戦争孤児には精神発達の遅れが見られ、母親から引き離されたことが大きな要因となっていると述べました。そのため、子どもが3歳になるまでは母親が子育てをしないと、子どもに悪影響を与えると考える「**3歳児神話**」が、戦後の日本の社会通念になったのです。「子どもが3歳になる前に母親が働きに出るのは問題」とされてきました。

しかし、心理学的にも疫学的にも、3歳児神話を裏づける研究結果はありません。そのため、1998(平成10)年の『厚生白書』で、「3歳児神話には、少なくとも合理的な根拠は認められない」という記述が出されました。

COLUMN 愛着の新しいタイプが見つかり、問題に

P.231のコラムで、愛着行動には回避型、安定型、アンビバレント型の3つのタイプがあると紹介しましたが、その後の研究で、どのタイプにも分類できない親子関係があることがわかり、問題になっています。

それは「無秩序・無方向型」といい、子どもがぎこちない表情やおびえた表情を見せるなど、両親との愛着関係がうまく築けていないタイプです。虐待傾向にある母子に見られがちなタイプで、学習障害、AD/HD(注意欠陥/多動性障害)などとの関係も懸念されています。

【愛着行動の分類】 アメリカの心理学者メラビアンの提唱した法則。感情や態度について矛盾したメッセージが発せられたとき、人は視覚の情報を優先して受け止めるというもの。

学童期 1

集団遊びを通して社会を知る

学童期の子どもは遊びから社会のルールを学んでいくよ

集団遊びは子どもたちの小さな社会

それまでは**ひとり遊び**や**象徴的遊び**（▼P.232）をしていた子どもが、7歳前後になると気の合う仲間を見つけ、集団で遊ぶ楽しさを発見するようになります。

この集団は仲間意識が強く、仲間にしかわからない合言葉を使うなど、かなり閉鎖的です。また、リーダーや世話係などの役割分担があるなど組織立っており、ときには集団で大人に反抗することもあります。そのため、この時期（6～12歳ごろ）の子どもを**ギャング・エイジ（徒党時代）**と呼びます。

ときにはグループ内でもめ事が起きたり、ほかのグループとぶつかったりすることもありますが、そうしたやり取りを通して、子どもは他人との接し方や協調性など、社会で生きていくためのベースとなるものを学んでいくのです。

また、子ども同士の世界をつくることは、親からの心理的独立のきっかけにもなります。

集団遊びの経験が少ないと弊害も

しかし近年は、ゲームの普及や塾通い、外で自由に遊べる場所の減少など、子どもが集団で遊ぶ機会が急激に減少しています。そのため、ギャング・エイジは消えつつあり、ひとり遊びや少人数での遊びしか経験したことのない子どもが多くなっています。

【社会化】 社会生活に適応するために必要な知識、価値、慣習、共通言語、道徳観などを身につけていく過程のこと。ギャング・エイジは社会化が起こっていると考えられます。

学童期に集団で遊ぶ経験をしなかった場合、どのような影響があると思いますか？

子ども時代に、人間関係の基礎となる社会生活のルールを十分に学べないので、大人になってから円滑な人間関係を築けず、苦労することが考えられます。これが高じると社会ルールを守れない大人になり、トラブルメーカーのレッテルを貼られることにもなりかねません。また、いつまでも親への依存が強く自立できないケースもあるでしょう。つまり、昔ながらの子どもの集団遊びは、子どもにとってなくしてはいけない、大切な経験だということです。

ギャング・エイジの経験で社会性を身につける

6～12歳の時期に集団で遊ぶことで、子どもは多くのことを学んでいます。

ギャング・エイジ

仲間意識が芽生え、協調性や共感、社会性を身につける。
リーダー、連絡係など役割ができ、小さな社会を築く。
合言葉や秘密の共有など集団の中にルールができ、それを守る。

現代の子ども

ほかの子とのコミュニケーションに慣れず、共感性・協調性が育たない。

【集団的協同】 教え合う、助け合う、集団をまとめることができるなど、子どもが友達を選ぶときの理由のひとつ。ほかには相互的接近、同情・愛着、尊敬・共鳴があります。

子どもはなぜうそをつく？

他人の立場で物事を考えられるように

2～6歳前後の子どもの特徴として**自己中心性**（▶P.232）を挙げましたが、7歳以降になるとその特徴が見られなくなります。これを「**脱中心化**《だつちゅうしんか》」といいます。この時期になると、他人の立場に立って考えられるようになるので、「お兄ちゃんから見たら僕は弟」などの関係性も理解できるようになるのです。また、泣いている友達を慰めるなど、人の心の動きを類推して行動することもできるようになります。

うそは社会的に発達している証

ところで、学童期はうそをつくことを覚える時期でもあります。幼児もうそをつきますが、うそだという自覚はなく、相手を欺こうとは思っていないのです。ところが、学童期でつくうそは、大人がつくうそと同じレベルです。

アメリカの心理学者**マイケル・ホワイト**は「子どもが初めて親にうそをついたとき、子どもは絶対的だった親の束縛から自由になれる」と言っています。学童期のうそは自己主張の表現であり、自立への一歩と考えられるわけです。

ですから、「うそは絶対にダメ」と頭ごなしに禁止すると、子どもの自我の成長を阻んでしまうことにもなりかねません。ただし、頻繁にうそをつくときは、欲求不満や愛情不足、いじめなどが背景にないか考える必要があります。

子どものうそは
自己表現のひとつ。
悪いものと決めつ
けないで
心

【セルフ・ハンディーキャップ理論】　何かを成し遂げる自信がないときに、ハンディーキャップ（実現不可能な目標や不利な条件）をわざと設け、自分にも人にも言い訳をすること。

うそには12のパターンがある

自我の発達とともに、人はさまざまなうそをつくようになります。以下の12のパターンに分類されます。（著者の分析結果による）

予防線
理由をつけて約束を断ったりと、予想されるトラブルを避けるためにつく。

合理化
遅刻や守れなかった約束に対して、言い訳や口実としてつく。

その場逃れ
宿題をしていないのに「した」と答えるなどして、ごまかす。

利害
自分が金銭的に得をするように話を持っていこうとする。

罪隠し
「壊したのは自分ではない」など、自分のしたことを隠すためにつく。

甘え
自分を理解してほしい、擁護してほしいという思いからつく。

見栄
「昔は優秀だった」など、自分をよく見せるためにつく。

思いやり
相手を傷つけないために、真実を言わないでおこうとする。

能力・経歴
相手より優位な立場になるため、自分の経歴や能力を高く、もしくは低く言う。

約束破り
意図的にうそをついたとは限らず、何らかの理由で約束したことが守れなかった。

ひっかけ
からかいや冗談でつく。

勘違い
自分の知識不足や勘違いから、結果的にうそになってしまう。

渋谷昌三『手にとるように心理学がわかる本』（かんき出版）より

【いじめ】 文部科学省の定めた定義では「一定の人間関係のある者から、心理的、物理的攻撃を受けたことにより、精神的な苦痛を感じているもの」となっています。

青年期

アイデンティティを確立できないと…

アイデンティティが確立する時期

青年期には自分の**存在意義**について考えるようになります。アメリカの心理学者**エリク・エリクソン**はそれを「**アイデンティティの確立**」と呼びました。アイデンティティは「**自我同一性**」などと訳され、自分が自分であることを証明するために求めるものです。アイデンティティは成長とともに徐々に確立していくもので、青年期までに、基本的信頼、自律性、積極性を身につけることが求められます。

青年期は大人社会の一員になるための準備期間でもあります。そのため、社会的な責任や義務を免除されているわけですが、エリクソンはそれを「**モラトリアム**」と表現しました。

自立できないモラトリアム人間が増加

近年、青年期後もアイデンティティが確立できず、自立できない人が増加しています。こうした人たちを、精神分析学者の**小此木《おこのぎ》啓吾《けいご》**は「**モラトリアム人間**」と名づけました。知的にも身体的にも一人前なのに、社会人としての責任や義務から目をそむけているのです。

多くの人は、一定の年齢になると就職や結婚など自己を確立する出来事を迎えますが、モラトリアム人間はいつまでもやるべきことが決まりません。このような心理状況を、エリクソンは「**アイデンティティの拡散《かくさん》**」と呼びました。

社会に出る準備期間。アイデンティティの確立が重要課題だよ

【第二次性徴】　青年期に急激に起こる身体的な発達と成熟。第二次性徴は自分自身に関心を持ち、将来の自分を考えるきっかけとなります。

健全な青年とモラトリアム人間はどう違う？

以下は、小此木が定義する健全な青年とモラトリアム人間との違いです。

健全な青年	モラトリアム人間	
半人前意識	全能感意識	根拠なく、何でもできる、成し遂げられると思う。
禁欲	解放	物質的・性的にも、禁欲生活から消費中心の生活へ変化。
修行感覚	遊び感覚	勉強よりも、遊び・余暇を充実させる。
同一化	隔たり	社会の価値観と同一化せず、社会から一歩下がった距離をとる。
自立への渇望	無意欲・しらけ	何事にも積極的に価値を見出そうとせず、無関心だったり一時的な見方をする。

青年期は以前より延びている!?

これまで青年期は、12～22歳ごろまでの時期と考えられていましたが、近年、青年期の時期が延長される傾向にあります。これを「青年期延長説」と呼んでいます。

青年期が延びる理由として、①第二次性徴が出現する時期が早くなっている、②女性の高学歴化や社会進出により晩婚化が進んでいる、③学校を卒業しても定職に就かず（あるいは就職したくてもできず）自立できない、といったことが考えられます。なかなか青年期を卒業できないのが、現代人の特徴となりつつあるようです。

【発達加速現象】 子どもの体が成長するスピードが、以前よりも早くなっていること。また、親の世代より早い時期に子どもが性的成熟を迎えることは「成熟前傾現象」といいます。

成人期

成人期が多様化している!?

成人期の過ごし方は人それぞれ。一概には語れなくなったよ

「結婚・子育ての時期」とはいえない時代

人の発達段階を研究した**ハヴィガースト**は、成人期を18～35歳の**成人前期**と、36～65歳の**成人後期**の2つの時期に分けています。そして、それぞれの時期に達成しなければいけない課題があるとしました。成人前期の課題は、結婚と子育てを軸にした円満な家庭生活を送ること。成人後期の課題は、課せられた社会的役割を果たすことと、精神的安定・充実を図ることです。成人後期については、P.244からの中高年期で説明しますので、ここでは成人前期について解説したいと思います。

かつて、成人前期はいわゆる**結婚適齢期**であり、その時期にたいていの人が結婚、子育てを行い、多くの人がそれを当然だと考えていました。しかし、ライフスタイルの多様化にともない晩婚化が進み、子どもをつくらない夫婦も増えています。さらに、生涯結婚しない人も珍しくなくなりました。

特定の職業につかない人も増加

成人前期は、学校を卒業して特定の職業につく時期でもあります。就職することには、自立と社会的責任の自覚を促す効果もあるのですが、青年期のみならず成人になっても職が定まらず、アルバイトを転々としながら生計を立てる人も増えていますよね。

【結婚の幸福得点】　アメリカの心理学者ターマンが測定したもの。日本でも行ったところ、結婚当初は夫より妻の幸福度が高く、その後は夫よりも低くなっていきました。

2005（平成17）年以降の『労働経済白書（労働経済の分析）』では、**ニート**を「年齢15～34歳の非労働力人口のうち、通学、家事を行っていない者」と定義しています。さらに、内閣府はニートを、「**非求職型**」（就職を希望しているけれど、実際には就職活動をしていない人）と、「**非希望型**」（就職すること自体を希望していない人）に分類。ニートになる理由は人によってさまざまなわけです。

このように、人の生き方が多様化している現代では、成人期の発達について一概に語ることは難しくなっているんですよ。

ハヴィガーストが提示した成人期の発達課題

ハヴィガーストは、人が健全に成長していくためには、それぞれの年代で達成するべき課題があると提起しました。

成人前期（18～35歳）

- 配偶者の選択
- 配偶者との生活を学ぶ
- 第一子をもうけ、家庭生活を開始する
- 子どもの養育
- 家庭の心理的・経済的・社会的な管理
- 就職もしくは教育の継続
- 市民的な責任を負う
- 適した社会集団を見つける

成人後期（36～65歳）

- 大人としての市民・社会的責任の達成
- 一定の経済力の確保と維持
- 子どもの成長の援助
- 成人としての余暇の充実
- 配偶者と信頼関係を結ぶ
- 中年期の生理的変化の受け入れと適応
- 老年の両親の世話と適応

➡ ただし生き方が多様化している現代では画一的な見方は難しい

【キャリアの発達段階】 職業心理学者のスーパーが提唱した理論で、成長（0～14歳）、探索（15～24歳）、確立（25～44歳）、維持（45～64歳）、衰退（65歳以降）の5段階に分類。

中高年期に起こりやすいトラブル

人生の転換期で、危機も多い時期

中高年期（成人後期の36〜65歳）は、子育てが一段落して生活も安定した、人生の中で最も充実した時期である一方、さまざまな心理的危機を迎える時期でもあります。

心理学者の**ベック**は、中年期には①**身体的活力の危機**、②**性的能力の危機**、③**対人関係構造の危機**、④**思考の柔軟性**の4つの危機が訪れるとしています。つまり、それまで自分が自信を持っていたことに疑問や不安を感じる時期に来ており、それを再構築する必要があるということです。そして、その対応によって心が成熟に向かうか、退行し破滅に向かうかが決まってしまうというわけですね。さらに、中高年期をどう過ごすかは、続く老年期に大きな影響を与えることにもなります。

この時期に起きやすい心のトラブルを避け、健全な心理状態を保つには、これまでの価値観や生き方にこだわらず、新たな生き方や可能性を追求する前向きな姿勢が重要になります。

危機にどう対応するかで、その後の心のあり方が決まる時期

更年期障害が心のトラブルの原因に

中高年期の大きな特徴は**更年期**（45〜50歳ごろ）を迎えること。この時期はホルモンバランスの乱れによって自律神経系や感情の機能が不安定になり、心身ともにさまざまな症状が現れます。これを**更年《こうねん》期《き》障害《しょうがい》**といいます。精神的

【熟年離婚】　子どもが自立したころに離婚すること。中高年期の危機の代表的なもので、近年、増加傾向にあります。離婚を切り出すのは妻で、夫は会社人間であることが多いです。

には過剰にイライラしたり、情緒が不安定になり、生活に支障をきたす場合もあります。

ところで、更年期障害というと女性特有のトラブルというイメージがありますよね。ところが、更年期障害は男性にもあるのです。女性ほど急激な症状は現れませんが、中高年期男性のうつ病、心身症、血管障害は更年期障害が原因になっていることがあります。

更年期障害を乗り切るには、①バランスのよい食事と規則正しい生活、②ゆっくりできる自分のための時間、③ウォーキングなど無理なくできる運動を心がけることが大切です。

中高年期に起こりやすい心と体のトラブルを知ろう

以下は、中高年期に陥りやすい心身のトラブルです。中高年期は、人生で最も充実した時期ですが、気力や体力に衰えが見えはじめる時期でもあるのです。

燃え尽き症候群

頑張り過ぎた末に、燃え尽きて意欲をなくしてしまい、うつ状態になる。

出社・帰宅拒否

職場のストレスから出社できなくなる、または会社が終わっても家に帰りたくない。

ほほ笑みうつ病

気分がすぐれないときでもつくり笑いをしてしまい、本心ではないためストレスがたまる。周囲の人に、うつ病と気づかれない。

空の巣症候群

子育てを終えた女性が陥りやすいうつ症状。子どもが自立し母親としての役割の喪失から、虚脱感に襲われる。

更年期障害

ホルモンバランスが崩れることで、自律神経系統や感情機能が不安定になる。

女性の症状

- 発汗
- 頭痛
- イライラ
- めまい
- 不眠
- 肩こり
- 手足のしびれ

男性の症状

- 不安感
- 頭痛
- 吐き気
- めまい
- 不眠
- 肩こり
- 性欲低下

【中年期クライシス】 これまでは実感することがなかった自分の限界を目の当たりにし、青年期に確立したはずのアイデンティティが再び揺らぎ始めること。

老年期

幸せな老年期を過ごすためには

幸せな老年期を過ごす3つの考え方

長寿大国の日本では、65歳以上の**老年期**をどう生きるかが非常に重要になっています。幸せな老いを目指すことを**サクセスフル・エイジング**といい、**活動理論**、**離脱理論**、**連続性理論**の3つの考え方があります。

活動理論は定年後もこれまでと同じように活動することで、幸せな老後を目指すというもの。離脱理論は社会活動からは身を引き、自分のための時間を重視して過ごすことで、幸せになれるという考え方。連続性理論は社会環境や体の変化にゆだねるのではなく、これまでの人生で確立した欲求に沿って環境を選択することが老後の幸せにつながるという考え方です。さらに、社会の中で生産的に生きることが老後の幸せにつながると考える、**プロダクティブ・エイジング**も最近は奨励されています。

つまり、老後をどう過ごせば幸せと感じるかは一人ひとり異なり、その人らしい老後の生活を選択することが重要なんですね。

自分らしい生活を選択することが、老年期の幸せに通じるよ
心

人は5つの段階を踏んで死を受け入れる

老年期には、いずれ訪れる死を穏やかに迎えるための準備も必要となります。スイスの精神科医**エリザベス・キューブラー・ロス**は、人は死に直面したとき、①**否認**（死を信じない）→②**怒り**（なぜ自分が死ぬのかという怒り）→③

【結晶性知能】 それまでの経験が糧となる、文化、教養、知識に関する知能など、老年期になっても衰えない知能のこと。

取引（延命のために手を尽くす）→④**抑うつ**（思い悩み心が押しつぶされそうになる）→⑤**受容**（死を受け入れる決意をする）というプロセスを経ると説明しました。

また、周囲の人々を支配し、野心的に生きてきた人は死を容易に受け入れることができず、

反対に仕事や子育てなどに思い残すことがなく、人生に達成感のある人は穏やかに死を受け入れたことが明らかに。人生の最期の瞬間である死を静かに受け入れるためにも、それまでの人生を実り多いものにすることが、とても大切だということですね。

老年期に見られる５つのパーソナリティ

老年期の迎え方は、その人自身が持つパーソナリティ（人格）によって大きく変わります。アメリカの心理学者ライチャードは、老年期のパーソナリティを５つに分類しました。

適応型		**円満型** 自分の人生を受け入れ、未来に展望を持っている。
適応型		**安楽椅子型** 消極的・受身的に現実を受け入れ、気楽な隠居生活を送ろうとする。
適応型		**装甲型** 老化に否定的で、若いころの生活を維持しようとする。
不適応型		**憤慨型** 自分の人生や老化を受け入れず、他人のせいにして、非難的・攻撃的になる。
不適応型		**自責型** 自分の人生は失敗だと考えて自分を責め、愚痴や後悔が多い。

【老化現象】 予備力（身体的機能の余裕）、防衛力（病気への抵抗力や免疫力）、適応力（新しい環境への順応力）、回復力（病気、けが、疲労からの回復力）が低下すること。

どんな声で話している？ 声によって性格を判断されやすい

声はあなたの印象を左右するとても大切なもの。心理学者アディントンは、声から判断されやすい特徴を以下のようにまとめました。自分の声がどのような印象を与えているのか、知っておきましょう。

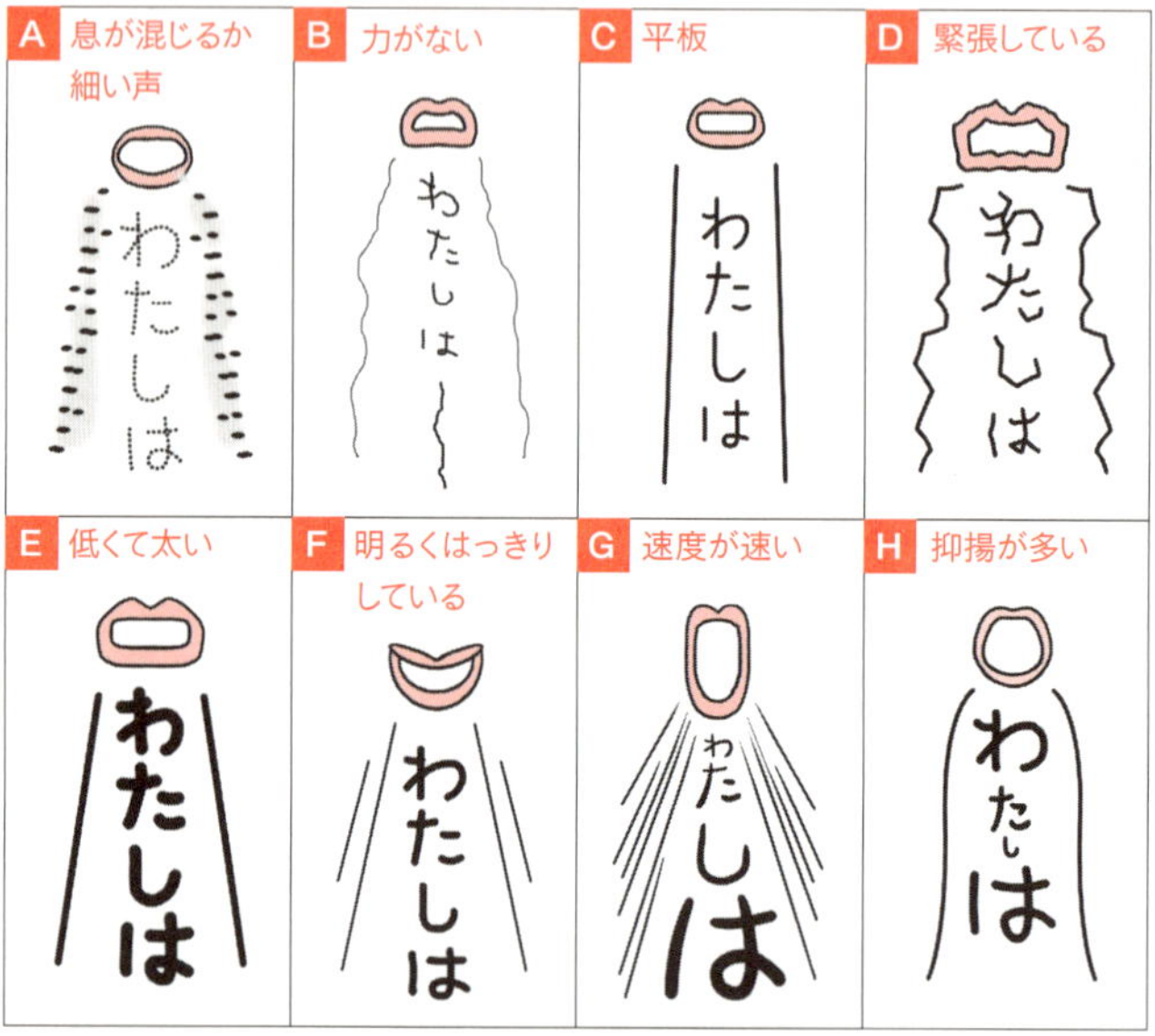

A 息が混じるか細い声
B 力がない
C 平板
D 緊張している
E 低くて太い
F 明るくはっきりしている
G 速度が速い
H 抑揚が多い
わたしは

診断結果

- A タイプ …… 男性→芸術家肌 / 女性→きれい、小柄、薄っぺらい
- B タイプ …… 男性→頼りない / 女性→社交的、感情的、感受性豊か
- C タイプ …… 男女ともに男性的、面倒くさがり、冷たい、人見知り
- D タイプ …… 男性→気取り屋、けんか好き / 女性→感情的、女性的
- E タイプ …… 男性→現実的、洗練 / 女性→男性的、やぼったい、無関心
- F タイプ …… 男性→精力的、健康的 / 女性→活動的、社交的
- G タイプ …… 男女ともに生き生きしている、人付き合いが上手
- Hタイプ …… 男性→精力的、女性的、芸術家肌 / 女性→精力的、外交的

BASIC ELEMENT IN PSYCHOLOGY

9限
人間関係で役立つ心理学

人間関係を
円滑にする
さまざまな
方法があるよ

introduction 9

モテないクンを脱出！
合コン必勝法!?

ケンの友人　あだ名カモシカ（足が細いから）
合コン大連敗中
彼女欲しいっす
スタートは見かけから！モテたいなら平均値を狙え！
渋谷の教えその1
モヒカンをおろした強風に注意
好青年
スーツ
渋谷の教えその2
そして雑談力もきたえろ
世間の大きな話題から小さな話題まで頭に入れろ
しんぶーん
ケッコーおもしろい
事件です！
NEWS
週刊
ニュース
映画
音楽
お笑い

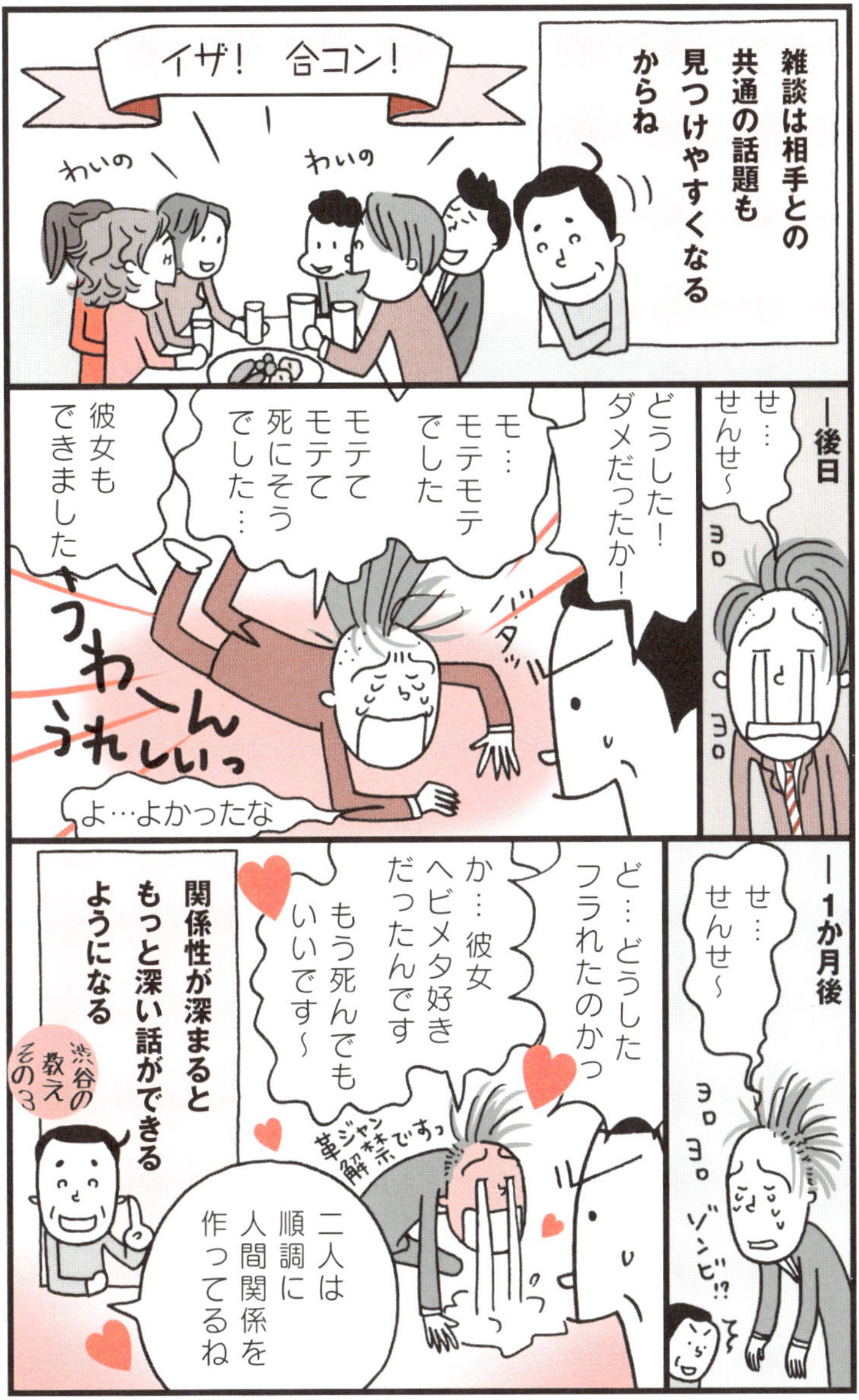

→ 人間関係の築き方、深め方がわかる！

自分をよく見せる ①

座る場所で関係が変わる!?

「リーダー席」は決まっている!?

学校のサークル活動でも会社の仕事でも、複数のメンバーが集まって会合を開くことはよくあります。そんなとき、人は無意識のうちに自分の役割に応じた席についているものです。

左の図で説明すると、会議を仕切る**リーダー**は全員が見渡せるAかEの席を選びます。CやGも全体を見渡せますが、ほかのメンバーと一体感のある席であることから、リーダーがここに座るときは、参加者の和を重視して話を進めたいとき。また、AかEにリーダーが座って会議をリードし、CかGには縁の下の力持ち的な存在の**サブリーダー**が着席し、全体の調和を図るような働きかけをすると、話がこじれることなくスムーズに進むと考えられます。

ちなみに、丸テーブルの席順にも同様の意味があります。ただし、丸テーブルは構造上、上座など意味のある席がないので、平等感があり各メンバーからの意見が出やすくなるんですよ。

ところで、アメリカの心理学者**スティンザー**が提唱した「**スティンザー効果（スティンザーの3原則）**」によると、①過去に口論した相手は会議でも口論した相手の正面に座りたがる、②ある発言が出たあとの発言は、前の発言に対する反対意見であることが多い、③リーダーのまとめる力が弱いと参加者は正面に座る者同士で私語を話し、強いときは隣同士で話す、となっ

座る位置で、相手の役割や気持ちを推測できるよ

【パワーボキャブラリー】 可能性を広げるために言い換える言葉。たとえば会議中なら、「予算がない」と全否定するのではなく、「予算が取れないだろうか」と提案する形にするなど。

座る位置でリーダーは誰なのかがわかる

会議や話し合いの場で、どこに座るかによってその人の持つ役割がわかります。

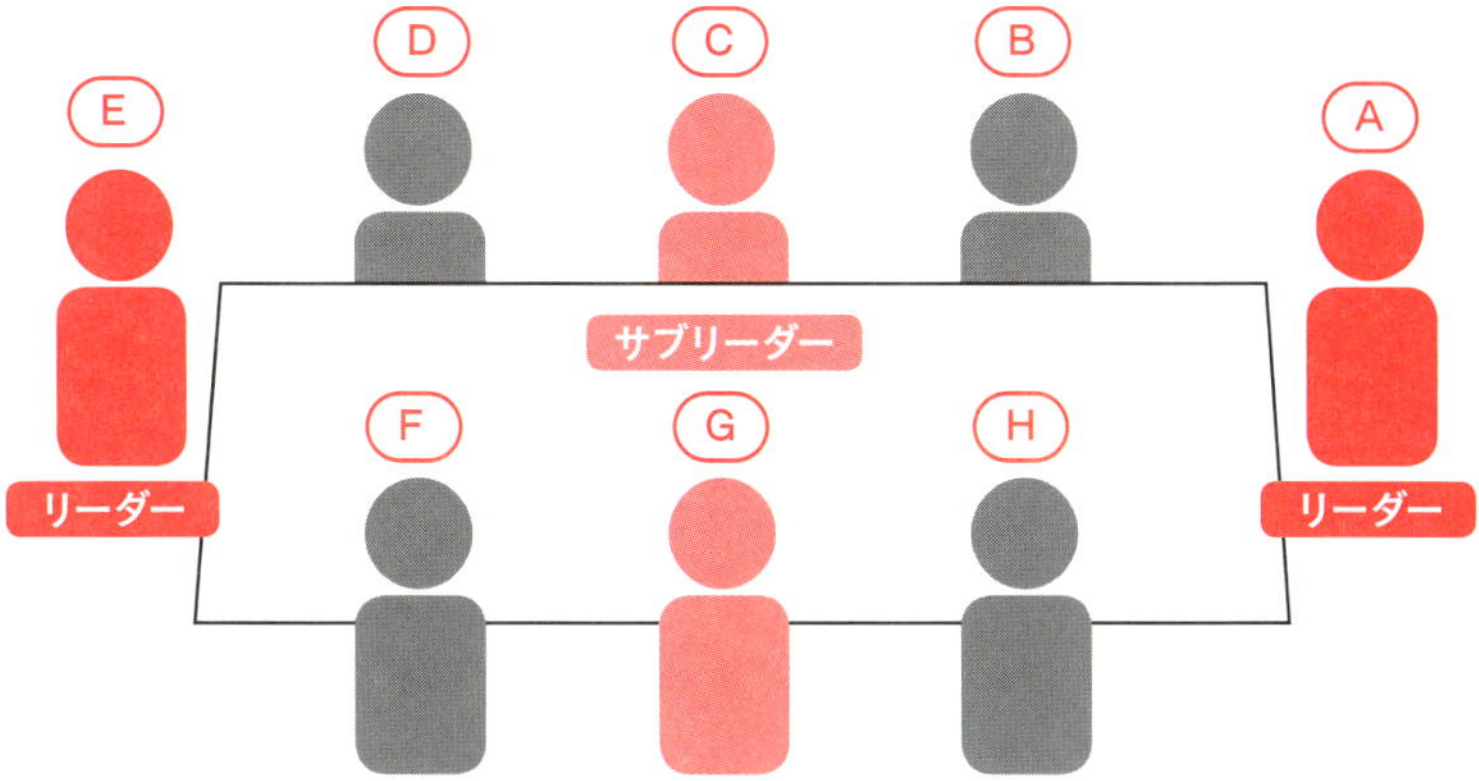
D
C
B
E
A
サブリーダー
F
G
H
リーダー
リーダー

ています。

相手が対角線上に座ったら慎重に！

今度は、2人でテーブルに着くときの、相手の心理状況を考えてみましょう。

①**角を挟んで座る**：お互いリラックスした状態。気軽に雑談ができるので、医師が診断や問診するときもこの位置に座ることがあります。

②**横に並ぶ**：体が触れ合うので、恋人同士など親密な関係である証拠。2人で共同作業するときにも利用されます。

③**対面に座る**：もっとも一般的な座り方ですが、改まった話をする、相手を説得したい、話が対立するなどのときもこの席を選びます。

④**対角線上に座る**：会話を避けたいときに座る位置。慎重に対応しないと関係がこじれます。

相手が選んだ席（＝そのときの心情）に合わせた対応をすれば、あなたの好感度が高まり、交渉事もうまくいくはずですよ！

【スリーセット理論】 出会って3回目までの印象や評価で、人の印象や評価はほぼ決まるという理論。3回会って好印象を与えられなかった相手には、多少距離を置いたほうが無難です。

自分をよく見せる 2

いつも以上の自分を見せたいときは

美人は得することが明らかに!?

人を評価するときは、先入観なしにその人の本質を見るべき。それは正論ですが、なかなかそうはいかないのが人の心理です。

それを裏づけているのが、アメリカの心理学者**シンガー**が行った実験。40人の大学教授に192人の女子学生の写真を見せ、誰が魅力的な外見をしているか選んでもらったところ、選ばれた女子学生は、成績の評価もよかったのです。つまり、「美人」というプラスの外見的特徴が教授の心理に作用し、成績の評価もよくなっていたわけです。人からよい評価を得たければ、まずは相手によい印象を与えられるよう、身なりや服装を整えることが大事なんですね。

肩書きや年収などで評価が変わる

洋服のセンスがいまいちでパッとしない男性が、20代で会社を興したやり手の青年実業家だと聞いた途端、格好よく見えてきた……なんてことも、合コンなどでありそうですね。

その人に関する新たな情報によって、それまでの認識が変わってしまうことを**ハロー効果**といいます。ハローとは「後光」のこと。評価を高める特徴が後光のように光り輝き、ほかの特徴を覆い隠し、その人の評価を高めてしまうわけです。肩書き、財産、年収、家柄、身につけている高級品などによってハロー効果は起きま

望ましい特徴によって、その人の印象がガラリと変わるよ

【寛大効果】 相手のいいところは過大に評価し、悪いところは過少評価する傾向にあること。DVの被害者が加害者から離れないのは寛大効果が働いているからです。

人の評価を変える ハロー効果

外見や学歴、地位、財産、家柄など、さまざまな要素がハロー効果となり、評価をゆがめます。

外見によるハロー効果

Bくん

- 身だしなみが整っていない
- 安物の服やアクセサリー
- 背が低くて不細工

Aくん

- 身だしなみが整っている
- 高級ブランドの服やアクセサリー
- 背が高くてイケメン

受ける評価

Bくん

毎日ダラダラしてそう。なんだか頼りない

Aくん

仕事ができそう。男らしくて頼れる感じ

す。偉大な功績を遺した人の子どもがいい思いをしたり、優遇されたりする「**親の七光り**」もハロー効果のひとつですね。

本人の中身とは関係がない、肩書や学歴で人を判断するのはどうかと思いますが、外見的特徴を整えてハロー効果を利用するのは悪いことではありませんよね。

ただし、学歴や家柄などを過剰にアピールすると嫌味になり、逆効果になってしまいます。ハロー効果はマイナスにも働き、好ましくない特徴がほかのいい特徴を帳消しにしてしまうこともあるのでご用心を！

【自己高揚的な自己呈示】 自分の力が成功に導いたことを主張して、自己評価を高めようとすること。日本に比べて欧米では、自己高揚的な自己呈示をする人が多く見られます。

自分をよく見せる 3

第一印象が大事な理由

第一印象がその人の評価として固定

初対面で「怖い」と感じた人は、その後優しくされても、怖い印象はなかなかぬぐえません。反対に、最初に「優しい」と感じた人は、後日、不愛想にされても「具合でも悪いのかな」と、それほど悪い印象は持たないもの。それくらい、人の評価は第一印象で決まってしまうのです。

アメリカの心理学者**アッシュ**は、ある人物の特徴について「知的、勤勉、衝動的、批判力がある、強情、嫉妬深い」と伝えた場合と、「嫉妬深い、強情、批判力がある、衝動的、勤勉、知的」と伝えた場合の印象について調査。同じ単語が逆に並んでいるだけなのに、前者は「多少欠点はあるけれど優秀な人」、後者は「能力はあるかもしれないけれど性格的に問題がある人」と、正反対の評価をされたのです。このように、最初に受けた印象がその人全体の評価として固定することを「**初頭効果**《しょとうこうか》」といいます（▼P.161）。

なぜ初頭効果が起こるのかというと、「**確証バイアス**」が働くからだと思われます。人は自分の判断が正しいと信じたいものなので、第一印象を裏づける情報ばかりに目がいき、それをひっくり返す情報は無視してしまうんですね。

日本では「謙遜が美徳」とされていますが、初対面であまりに自分を卑下するような言動をすると、それがそのままあなたの印象として相

人は第一印象の判断が正しいと思い込むから、初対面が重要

【確証バイアス】 先入観や自分の信念をもとに相手を観察し、自分にとって都合のいい情報だけを集め、都合の悪い情報は無視することで、自分の判断を確固たるものにしていく現象。

手に定着することに。自己紹介するときは、長所だけをアピールしたほうがいいですよ。

人は中身より見た目で評価される!?

アメリカの心理学者**メラビアン**は、人の印象は話の内容よりも、表情やしぐさなど視覚情報を優先して判断されるという「**メラビアンの法則**」を提唱しています。同じ商品を売り込むセールスマンでも、清潔感のある人とぼさぼさ頭の人の2人がいたら、清潔感のある人から買いたくなるもの。やはり外見を整えることが、好印象を得るための一番の近道かもしれませんね。

初頭効果がその後の印象も操作する

最初にどのような印象を持ったかによって、その後の評価も変わってきます。

初頭効果とその後の評価

B パターン
花子さんはケチ
A パターン
花子さんは親切

同じことに対して違う印象を持つ

旅行のお土産です
B パターン
お土産はせんべいか。やっぱりケチだなあ
A パターン
お土産をくれるなんて、やっぱり親切な人だ

自分をよく見せる 4

相手によい印象を与えよう

“売り込みたい自分”をアピールする

前のページの説明で、よい第一印象を与えないと、あとから評価を変えるのはかなり難しい、ということをご理解いただけたと思います。ここでは一歩進んで、相手によい印象を与えるにはどうすればいいかを考えてみましょう。

相手に自分のよいイメージを伝えることを「**セルフ・プレゼンテーション**」といいます。企画などを売り込むときプレゼンするのと同じで、さまざまな形で自分の印象を操作して、よりよい自分を演出するわけですね。自分の立場をよくするために、自分の印象を操作することを**印象操作**《いんしょうそうさ》といいますが、セルフ・プレゼンテーションはその中の自分を肯定的に見せる手段と考えていいでしょう。

たとえば、後輩に「仕事ができる先輩」と印象づけるには、「A社の○○さんなら話を通せる」など、取引先での人脈をさりげなく披露するなどが効果的。反対に、生真面目に見られるのが嫌な相手には、ドジを踏む場面など自分の弱みをあえて見せると、「じつは親しみやすい人」と感じてもらえます。

「印象づけたい自分」は相手によって違うので、上司には仕事に意欲的な姿、恋人には頼りがいのある姿、同僚には気さくな姿を強調するなど、アピールポイントを変えることが重要。俳優が役によって印象を変えるのと同じですね。

よりよい自分を見せるために、プレゼンテーションしよう!

【高モニター】 セルフ・モニタリングをする傾向が強い人。日本は、高モニターの人が多いといわれています。セルフ・モニタリングをする傾向が低い人は「低モニター」といいます。

周囲の人の反応に合わせて行動を決める？

人は誰でも、周囲の人との関係や自分の立場を監視しています。心理学者の**スナイダー**はこれを**セルフ・モニタリング**と呼びました。

セルフ・モニタリングをする傾向が強い人は、自分の言動が周囲にどう思われているかに強い関心を持ち、相手に合わせて自分の行動を決めようとします。一方、セルフ・モニタリングをする傾向が低い人は、自分の言動に対する周囲の反応にあまり関心がなく、自分の気持ちや感覚を優先して行動する傾向にあります。前者のほうが印象がよく、人間関係も円滑に運びそうですよね。しかし、相手に合わせてばかりいると「八方美人で信用できない」と思われてしまうことも。もちろん、我を通してばかりいると「融通の利かない困った人」になってしまいますが、相手に合わせすぎず、自分らしさを主張することも必要なんですよ。

最適なセルフ・プレゼンテーションをしよう

相手や場面に応じて、自分の見せ方を工夫することで、よい印象づくりを。

上司
絶対契約取ります！
同僚
お互い大変だな
恋人
俺に任せとけ

【ストラテジー（対人方略）】 自己呈示の具体的な方法を表す心理学用語。そのときの状況によってストラテジーは違ってきます。

自分をよく見せる 5

好かれたい相手のマネをしよう

自分のマネをする相手に好意を持つことが、実証されているよ

相手のマネをすると好感度が上がる!!

なぜ自分をよく見せたいかというと、相手に好かれたいからですよね。好かれたい人の前でぜひやってほしいことがあります。それは相手のマネをすることです。これは心理学の実験で実証されています。

初対面の2人（ひとりは実験協力者）にしばらく会話してもらい、被験者に相手の印象を尋ねるのですが、実験協力者が相手のしぐさや動作をマネしながら話したグループは、マネをしなかったグループよりも、相手への好感度が高かったのです。そのうえ、自分が相手に感じる以上に、相手は自分に好感を持っていると判断しました。つまり、マネをする（＝自分と似ている）ことが好意を持つポイントとなったわけですね。これを「**類似性**《るいじせい》**の法則**《ほうそく》」といいます。

もっとも、相手が不快に感じるほど大げさにマネをしたのでは逆効果。気づかれない程度に、さりげなくマネすることが重要ですよ。恋愛は、類似性の法則で進行していきますが、結婚となると「相補性」も大切になってきます。大ざっぱな妻と几帳面な夫、支配的な妻と服従的な夫など、補い合うほうがうまくいくでしょう。

相手の体の動きに合わせると話が弾む!?

親しい人と話に夢中になっていたら、ふと気づくと2人で同じ姿勢になっていて大笑い、な

【パーソナルスペース（個人空間）】 文化人類学者のホールは、人が相手との親密度によって使い分けている心理的距離を、密接距離、個人距離、社会距離、公衆距離の4つに分けました。

んて経験はないでしょうか。

姿勢や動作がお互いに影響し合い、2人で同じような姿勢や動作を繰り返すことを**姿勢反響**《しせいはんきょう》といいます。たとえば、飲み物に手を出すタイミングが一緒だったり、ひとりが前のめりになると相手も前のめりになっていたり……。親しい人とは姿勢反響が現われることが多いのです。

当然、話が弾まない相手や、緊張している相手などとは姿勢反響は現われませんが、そんなときは相手の姿勢や動きに合わせ、意識的に姿勢反響を起こしてみましょう。場の空気がほぐれ、話しやすくなると思いますよ。

類似性を高めれば好感度も高まる

マネをすることで、類似性の法則が働き、相手からの好感度がアップします。

しぐさをまねる

相手が頭をかいたら自分もかくなど。

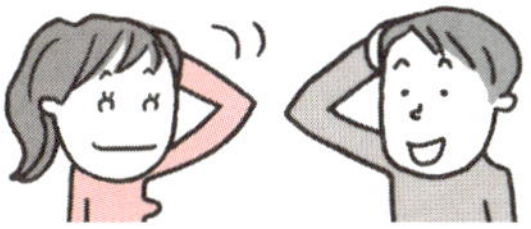

発言をまねる

同じフレーズをオウム返しする。

おいしいんですか
おいしいんですよ

会話のテンポをまねる

相手がゆっくりなら自分もゆっくり話す。

声のトーンをまねる

同じような声のトーンで話す。

【熟知性の法則】 初対面の印象がいいと、会う機会が増え、詳しく知るほど好感度が高まること。第一印象が悪いと、会うたびに嫌悪感が強くなることもあります。

人付き合いの心理学 1

人はステレオタイプで判断する？

ステレオタイプで判断するのは、単純でわかりやすいからだよ
心

人をカテゴリーに分けて判断する

先生に反抗ばかりしている問題児と、まじめで成績優秀な生徒会長が、教室の窓ガラスが割れた瞬間、その場にいました。犯人は2人のうちのどちらかだとしたら、多くの人は問題児のほうを疑ってしまいますね。

これは、「問題児はいつも困ったことをやる生徒」「生徒会長は悪いことはしない」と判断してしまうから。このように、無意識のうちに他者をカテゴリーに分けて判断する心の動きを**ステレオタイプ**といいます。「女はおしとやかで、男は雄々しい」なんていうのは、ステレオタイプの最たるものですね。

脳がステレオタイプを望んでいる!?

なぜ、人はステレオタイプで判断したがるのかというと、人の脳はけっこう怠け者で、複雑な情報処理はなるべく避け、できるだけ単純に外界を認識しようとするから。「○○はこういうもの」というカテゴリーの中で物事を判断すれば、情報処理が簡単なわけです。

人が学歴や肩書きに弱いのも、「東大卒ならまじめで信頼できる」「弁護士さんなら裏切らない」など、判断のよりどころにしやすいからです。でも、なんでもステレオタイプで判断すると、その人の本質が見えなくなり、痛い目にあうことも。注意してくださいね。

【ファミリアストレンジャー】 まったく知らない人なのに親近感を覚えること。毎朝、通勤電車で会う、名前も知らない顔見知りなどのこと。お互いに興味を持っていることが多いです。

イメージがステレオタイプをつくる

誤った情報から、実態とは異なるイメージがステレオタイプとなることも。

A 型は神経質
○○校出身者は不良ばかり
警察官はみんな優しい
○○教信者はみんな過激派
フランス人はみんな美食家

ステレオタイプは判断を鈍らせる!?

下の絵を３秒見たら、手で隠してください。

ナイフを持っているのは誰でしたか？

答えはチンピラ風の男性ではなく、品行方正に見える紳士のほうですね。「街中でナイフをちらつかせるようなふるまいをするのはチンピラ」というステレオタイプが働くと、事実をゆがめてしまうことがあります。

【ブラッドタイプ・ハラスメント】 科学的根拠のない血液型の性格判断をもとに、「A 型で神経質だから付き合いづらい」などと決めつけ、嫌がらせや差別をすること。

人付き合いの心理学 2

人付き合いのレベルは心の知能指数で決まる

人付き合いに必要なのは人格的知性

頭の回転がいい人は、その場の雰囲気や相手の気持ちを察知することができるので、人付き合いが上手ですね。こういう人がいると会話も盛り上がるため、どこにいても好かれます。

この場合の「頭の回転がいい」というのは、勉強ができることや、偏差値の高い学校を出ていることとはイコールにはなりません。**心的知性**（自分の感情を理解しつつ現実的な自己をつくり上げ、それを行動のベースとする能力）と、**対人知性**（周囲の人の気持ちを察知し、それに対応した行動をする能力）を合わせた**人格的知性**の高い人なのです。

EQが高い人が社会では評価される

IQは知能指数を測るものですが、〝心の知能指数〟を測るのは**EQ**（情動指数）。EQはある状況下でどのような行動をとるかを答えることで測定するので、質問に正解はなく、答えた内容で判断します。

IQが高いと知能が高いと判断されますが、その能力を活用するEQが備わっていなければ、社会生活はスムーズに送れません。反対に、IQが低くてもEQが高い人は思考力や共感性などに優れ、社会への適応能力が高くなります。

そのため、就職試験や昇級試験にEQを取り入れる企業も出始めているんですよ。

EQ(心の知能指数)の高さが社会生活には必要なんだよ

【IQ】 20世紀初頭にフランスの心理学者アルフレッド・ビネーが考案し、その後アメリカで改良。100が標準で、130を超えると天才と判断されます。

IQは知能を調べ、EQは情動を調べる

IQ（知能指数）だけでは人間の知性は測れません。心の能力EQ（情動指数）が、これからは重視されていきます。

IQ Intelligence Quotient （知能指数）	年代ごとに用意された問題を解くことで、生活年齢（実際の年齢）と精神年齢（知能テストで測定）を使い「IQ=精神年齢÷生活年齢×100」で計算する。たとえば、10歳の子どもが15歳用の問題のほとんどを解けた場合、精神年齢は15歳、IQは150となる。

数学
言語
知識
記号
動作

EQ Emotional Intelligence Quotient （情動指数）	ある状況において、自分がどのような行動をとるか、どのように感じるか、といった複数の質問に答える。正解はなく、解答傾向によって5つの能力構成「自己認識力、自己統制力、動機づけ、共感能力、社会的スキル」の高さを測定する。

自己認識力
動機づけ
社会的スキル
自己統制力
共感能力

【EQ】 アメリカの心理学者ピーター・サロベイとジョン・メイヤーらが提唱。共感性や柔軟性など社会適応能力を測定します。

人付き合いの心理学 3

仲間を増やしたいなら

好意を持たれるとその人を好きになる

人は「この人は私のことが好き」と実感できる相手には、好意を抱く傾向にあります。これを「**好意の返報性**」といいます。とくになんとも思っていなかった人でも、「好きです」と口説かれ続けているうちに好きになってしまうのは、好意の返報性が働いているからです。また、人は気持ちを理解してくれた相手のことは、自分もきちんと理解しようと思うもの。これも好意の返報性です。

仲間を増やしたい、自分のことを知ってほしいと思ったら、まずは相手の気持ちに寄り添い、共感するとうまくいきますよ。

苦手な人は自分との共通点を見つけよう

気が合わない人とコンビを組んで仕事をしなければいけない……すごく憂うつになるシチュエーションですね。そんなときも好意の返報性が効果を発揮します。

嫌いな人には**警戒仮説**が働くので、じつは好きな人よりも細かくいろいろなところを見ています。その人の特徴をピックアップし、できるだけ自分と共通する部分、「これはわかる」と共感できる部分を探してみてください。そして、認めている部分があることを態度に表せば、好意の返報性で相手も歩み寄ってくれる可能性が高くなりますよ。

好きになってほしいときは、相手に共感するのが効果的だよ

【警戒仮説】 嫌い、不快などの感情を引き起こす可能性のある相手ほど細かく分析し、特徴を把握しているということ。不快感情を未然に防ぐのが目的です。

好意の返報性はこうして働く！

相手からの好意には、自分も好意を返そうとする心理が働きます。

ご近所付き合い

1 ご近所さんからおすそ分けをいただく。

2 同程度の品物を後日お返しする。

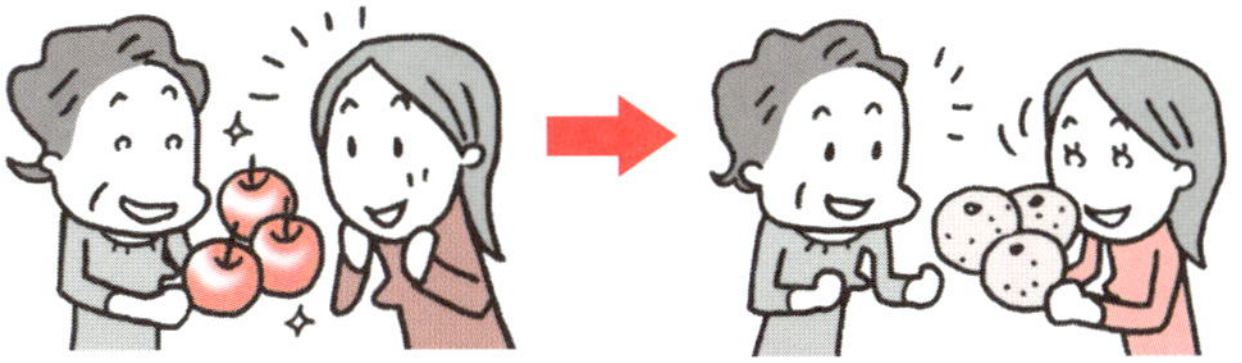

買い物

1 デパートの試食販売で、店員にすすめられ試食。

2 「いろいろ食べさせてもらったから…」と、購入。

恋愛

1 なんとも思っていなかった同僚から告白される。

2 相手を意識し始め、やがて恋愛感情に発展。

【自己開示の返報性】 自己開示（→P.104）をされると相手に対して好意がわき、自己開示された側にも自己開示をしようとする意識が働きます。

孤独が仲間を引き寄せる

不安な人に優しくすると親しくなれる

　不安なときに誰かと一緒にいたくなることは実験で証明されており（▼P.52）、人が人を求める心理を**親和欲求**といいます。アメリカの心理学者**アブラハム・マズロー**が提唱した「**欲求5段階説**」だと、ちょうど真ん中（下から三番目）にあたる欲求です（▼P.116）。2011（平成二十三）年の東日本大震災のあと、結婚を望む人が増えたのも、震災という未曾有の危機状況を経験したことで、誰かと一緒にいたいという欲求が高まった人が多かったからですね。

　この親和欲求も人付き合いに生かすことができます。とくに入学や就職、人事異動などで環境が変わり、周囲に知人がいない人は孤独で不安になっていますから、にっこり挨拶するだけであなたの好感度は急上昇。さらに、困っているときに手をさしのべれば、最上級の評価を受けること間違いなしですよ。

不安なときに
手助けされると、
その人の評価は
ぐっと高まるよ

親和欲求が強い人は自覚しておこう

　親和欲求にはマイナス面もあります。たとえば、職場の責任者が親和欲求の強い人だったらどうなるでしょうか？　部下を能力よりも「自分との親しさ」で評価してしまい、部下を公平な目で評価できなくなることが考えられます。また、親しい部下とは「なあなあ」の関係になり、きちんと育てることができなくなることもある

【ナルシスト】　自分だけを愛する人。ギリシャ神話に出てくる美少年ナルキッソスが、水に映った自分の顔を見てほれ込み、ほかの人に見向きもしなかったエピソードにちなんで命名。

でしょう。

ところで、親和欲求が強すぎると、ひとりになったときの孤独や不安に耐えられず、「誰でもいいから一緒にいて」という気持ちに。その結果、悪い仲間に入ってしまう、なんていうことも考えられます。

親和欲求は誰にでもある自然な欲求ですが、**不安や孤独に耐える強い心を持っていること**も大切なんですね。「自分は親和欲求が強いタイプかも」と思う人は、そのことを自覚しておくことも、適切な人間関係を築き、人付き合いをうまくこなすためには必要ですよ。

親和欲求が強いのはどんな人？

親和欲求が強い人には、以下のような特徴があります。

1 電話をかけたり、手紙を書いたりするのが好き。	2 友好的な状況では、相手とよく視線を交わす。
3 他人の承認を求めることが多い。	4 自分と意見の違う人に強い拒否反応を示す。
5 他人から評価を受ける局面では不安になりやすい。	6 才能のある人間より、親しくなれる人を好む。

飲み会
セッティング
したよ～

なんでメール
返さないの!

➡ 社交的だが自己中心的な面も

【自己顕示欲】 自分の存在や能力を周囲の人や社会にアピールしたいという欲求。自己主張よりも欲求がはっきりしています。

人付き合いの心理学 5

相手のしぐさで心が見える！

しぐさは言葉より多くを語る！

人は言葉のほかに、表情やしぐさ、動作などによっても相手にメッセージを伝えています。これらを**非言語コミュニケーション**といいます。人類学者の**バードウィステル**は1対1のとき言葉で伝わるメッセージは35%で、65%は非言語コミュニケーションによるものとしています。円滑な人間関係を築くには、相手の言葉だけでなく、しぐさや動作が発するメッセージにも気を配らなければいけないということです。

「話したくない」サインは要チェック！

まず知っておきたいのは「もう話したくない」という気持ちを表すしぐさ。手帳を開いたり閉じたりする、話の流れを無視してうなずく、耳や髪を触る、椅子から腰を浮かせる、頬杖をつく、足がドアのほうを向いている、足を投げ出すなどのしぐさが見られたら、話を切り上げたほうが無難。無視して続けると「話が長いしつこい人」と思われてしまいますよ。また、腕組みは警戒心の表れなので、相手が腕組みをしているときも深入りしないほうがよさそうです。

反対に、前のめりになる、身を乗り出してうなずく、テーブルの上の物をわきにどけて近づこうとするのは、あなたの話に興味を持っているとき。親密になる絶好のチャンスなので、積極的にアプローチしましょう。

相手のしぐさを見れば、話にのっているかどうかわかるよ
心

【自己親密行動】 髪や頬など自分の体に触る行動で、緊張や不安を感じたときに見られます。自分をかわいがることで、緊張や不安を癒そうとしているのです。

相手のしぐさで押すか引くかを判断しよう

相手のしぐさから、話への興味や好意、関心度を判断することができます。

前のめりになる

上体を前へ傾けているときは、話に興味を持っている。

身を乗り出してうなずく

前に乗り出して、話にうなずくときは好意と関心が高い。

テーブルの上の物をどける

テーブルの上の物を横にどけるのは、もっと近づきたい気持ち。

両腕を広げている

両腕を広げているのは、相手を受け入れていることの表れ。

やたらとうなずく

何度もうなずいたり、内容を無視してうなずいたりするのは拒否のサイン。

耳や髪を触る

耳や髪を触り始めたら、話に退屈して興味を失っている。

意味のない動作をする

手帳を何度も開くなど意味のない動作は、話をやめたがっているサイン。

腕組みをしている

自己防衛、相手を拒絶しているサイン。話を聞く気がない。

【貧乏ゆすり】 足を細かく振動させること。行儀の悪い行為とされますが、振動を脳に伝えることで、緊張やストレスを緩和させる効果があるといわれています。

人付き合いの心理学 6

目、視線で心が見える！

目の動きで相手の気持ちを汲み取ろう

「目は口ほどにものを言う」と言うように、目の動きはその人の気持ちを表しています。相手の目から心情を読み取り、それに寄り添うアプローチをすると「この人は私のことをわかってくれている！」と、信頼され、2人の距離を縮めることもできるでしょう。

また、目を合わせることで好意を示すことができますが、凝視すると相手に不快感や不安を与えることも。見つめ過ぎは禁物ですよ。

まばたきが増えたら緊張をほぐす工夫を

相手の気持ちを表す、次のような目の動きは見逃さないようにしましょう。視線を左右にそらすのはあなたに興味がない人、視線を下にそらすのはあなたを怖がっている人、上目づかいで話すのはあなたに甘えたり、頼ったりしている人、見下ろして話すのはあなたを支配したい人です。相手の気持ちがあなたの望む関係と違う場合は、**セルフ・プレゼンテーション**（▶P.258）で関係を修正するのも手です。

また、会話中に相手のまばたきが多くなったら、話の内容がその人に不安や緊張を与えています。可能なら話題を変えますが、その話が必要な場合は、相手の緊張をほぐす雑談を挟むなどの配慮をしないと、「怖い人」「嫌な人」という印象を持たれてしまうかもしれませんよ。

目の動きには気持ちが表れるから、会話中も要チェック！

【エンコーディング（符号化）】 自分の気持ちを表情などで表現すること。エンコーディングの上手下手は、自分の気持ちが相手に正確に伝わるかどうかを左右します。

相手の気持ちを示す目の動きを知ろう

目の向きや動き方で、どんなことを考えているのかがわかります。

左上を向く

過去の体験、以前に見た光景を思い出している。

右上を向く

見たことのない光景を思い浮かべている。

左下に向く

音や声など聴覚に関わるイメージを思い出している。

右下に向く

痛みなど身体的な感覚に関するイメージを持っている。

横に視線をそらす

興味がない、相手に好意を持っていない。

下に視線をそらす

相手を怖がっている、弱気になっている。

上目づかいで話す

相手に甘えたい、頼りたい。へりくだっている。

見下ろして話す

相手を支配したい。自分より格下に見ている。

【デコーディング（符号解読）】 相手が発した符号を読み取り、気持ちを理解及び推測すること。デコーディングが下手だと、相手との関係がぎくしゃくしてしまいがちです。

休み時間

会議中に垣間見える人間関係

会議中は、複数の人が一定時間狭い空間で過ごすことになります。
そのうえ、利害関係や普段の力関係がからむこともありますね。
会議のときに座る位置で、その人の意思や関係性が見えてきます。

●テーブルの一辺の端に座る

会議の内容にあまり興味がなく、積極的に参加しようと思っていない人。あなたが会議の進行役の場合は、意識的にこの人に意見を求めるようにすると、会議が活気づきます。

●最も離れた席に座る2人

顔を合わせたくない、話をしたくないなど、関係がこじれている2人は、距離ができるだけ離れた位置に座ります。この2人の意見が衝突すると、会議は非常に荒れるでしょう。また、意見が対立している人は正面の席を選ぶことが多いです。穏やかに会議を進めたい場合は、穏便な理由をつけて会議開始前にどちらかの席を移動させておくのがおすすめ。ちなみに、隣同士の席を選ぶ2人は親しく、意見も一致しています。

●中央の席を選ぶ

P.252で解説したように、会議が見渡せる中央の席はリーダーの席。リーダーでないのにこの席を選んだ人は、その会議でリーダーシップを取りたいと考えています。また、役割分担を決める会議でこの席に座った人は、リーダーになることを望んでいる可能性大。リーダーをお願いすると、快く引き受けてくれるでしょう。

BASIC ELEMENT IN PSYCHOLOGY

10限
集団の心理学

集団になると
個人とは違う
心理が働く
ことがあるよ

introduction 10

会社を動かす裏のボス!?

忙しい
ふぅ
終わらないよー
どさっ
誰か手伝ってー
しらんぷり
あー忙しい
忙しい
もーっ
レナちゃんお願い
ハイ
先輩にきらわれてると思ってましたよ
そんなことないよー
具体的に指名したほうが協力してもらいやすいんだ
仕事を手伝う機会が増えればその相手に自然に好意を感じるようにもなるんだよ
解説しよう
あのお店ってさー
あはは
今日の飲み会楽しみですねー
そうだねー
え? 何ソレ

あれ？課長知りませんでした？
オレたちFacebookで知りましたよー
う
あ　課長　こないだの飲み会でセクハラ発言してたって
山田さんに聞きましたよー
そのウワサ知ってるー
発信源は山田さんか
飲み会も山田さんが発案者だよ
う
情報を持っている人は優位に立ちやすい
グループの中心的存在になっていくんだ
解説しよう！
キリッ
課長は呼ばないわっ
そういえば彼女昇進ってウワサあるけど
それも彼女発信だったりして
オレ知らんっ
どーせオレはきらわれてるよっ
飲み会中止！
みんな残業！
えーーっ
冗談です

→ **集団の心理を知れば仕事もスムーズに進む！**

集団の心理学 1

集団＝人間関係
自分の立場を把握しよう

メンバーの
力関係や、
情報伝達の仕方を
把握する方法が
あるよ

集団内の関係性がわかるソシオグラム

人が複数集まり**集団**になると、好き・嫌い、発言力が強い・弱いなどの力関係が必ずできるもの。オーストリアの精神分析医**ヤコブ・モレノ**は、集団内の力関係を**ソシオメトリック・テスト**を使って分析しました。集団内のメンバーに、好きな人、一緒にいたい人、反感を覚える人を選んでもらい、どの点を改善すれば集団内が今よりもまとまるかを分析するという方法です。このテストに使われたのが、集団内の構造や力関係をまとめた**ソシオグラム**という図式。自分が所属するサークルや職場のメンバーを思い浮かべ、ソシオグラムを書いてみましょう。

書き出してみると、意識していなかった意外な人間関係が明らかになることも。集団内の関係性を理解することは、集団内での自分の立場を把握することにつながり、円滑な人間関係をつくるのに役立ちます。

とくにビジネスシーンでは、根回しが必要になることが多いですよね。ソシオグラムをつくって集団内の力関係を読み、うまく立ち回ると、仕事を有利に運ぶことができるでしょう。

集団のネットワークの形を調べよう

心理学者の**リービット**は、集団内の**コミュニケーション・ネットワーク**について研究。5人の小集団を4種類つくり、作業効率や作業への

【集団】 共通の目的がある、役割分担がされている、協力関係がある、定められたルールがある、集まる魅力がある、のいずれかの条件を満たした、複数の人間の集合体のこと。

ソシオグラムとコミュニケーション・ネットワーク

ソシオグラムで人間関係を図式化。コミュニケーションの型もわかります。

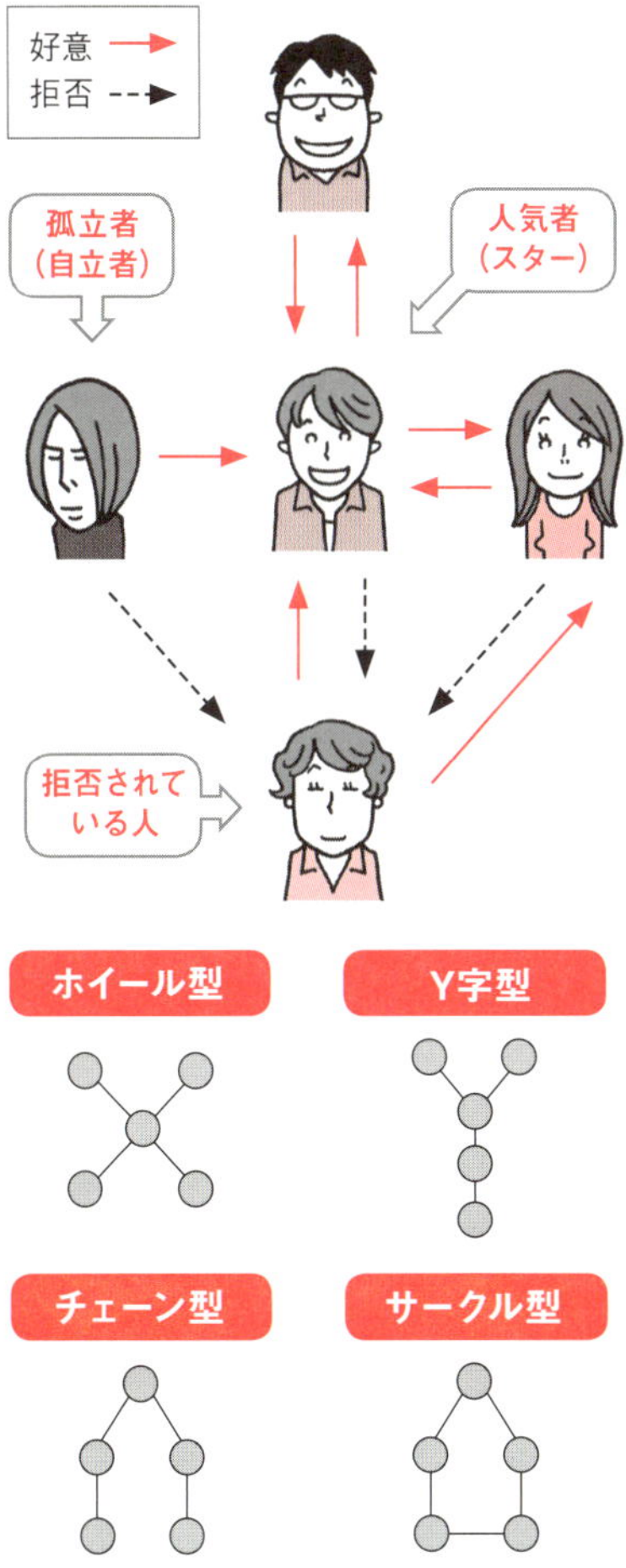
好意
拒否
孤立者（自立者）
人気者（スター）
拒否されている人
ホイール型
Y字型
チェーン型
サークル型

満足度を調べました。

①**ホイール型**：リーダーが中心となり、情報や指示が素早く伝わる。

②**Y字型**：リーダーは不在だが、双方向に情報伝達ができる。

③**チェーン型**：複雑な課題には有利だが、派閥をつくりやすい。

④**サークル型**：リーダー不在で作業効率は悪いが、作業の満足度は高い。

サークルや職場でのコミュニケーションがうまくいかないと感じたときは、ネットワークのあり方を見直してみるといいですよ。

【準拠集団】 実際にその集団に所属しているかどうかは問わず、心理的に関係し、その集団のルールや規範などに従っていること。

集団の心理学 2

人が多いほどうそが広がる？

集団の偏見がうそを真実にしてしまう

本当は違う意見を持っていても、多くの人が同意したことに賛同してしまうことは実験で明らかになっています（▼P.46）。これは**同調行動**という心理で、大勢の人と同じ意見だと安心できるわけです。一方、数人でうわさ話をすると、それが偏見をともなって広がっていくこともわかっています。

つまり、「これは偏見だ。事実ではない」とわかっていても、人が集まる場所では「とりあえず合意しておこう」という気持ちになるので、真実が捻じ曲げられて伝えられたり、根も葉もないうわさが真実として広がってしまうわけです。集団が偏見を広げていくことを**集団エゴイズム**といいます。

こうした集団のデメリットは、事故や事件などの目撃証言にも現れます。複数の人を集めて事故の状況を話してもらうと、偏見や思い込みで不正確な情報ばかり増えてしまい、正確な情報が出てこなくなってしまうのです。

さらに結束力が強すぎる集団では、なんでも全員一致を原則とするようになり、どんなにいい意見でも、集団の結束を乱すような意見は言えなくなることも。これはとても不健全な状態です。集団がひとつの意見に凝り固まらないようにするには、集団内の風通しをよくし、自由に意見を出せる雰囲気をつくることが大切です。

集団は偏見が
広がりやすく、
うそが真実として
定着しやすい

【不敗幻想】 自分が属する集団には力があるのだから、どんなことでも乗り越えていけると信じる幻想のこと。集団の結束力が強化され、反対意見が言えなくなります(→ P.283)。

集団エゴイズムで偏見が広がっていく

うわさ話は伝えられていくうちに、以下のように変容していくとされています。

A さんが居酒屋でよっぱらいに絡まれて口論になった

↓

平均化

簡略化され、単純な内容に。

A さんが酒を飲んでケンカした

↓

強調化

目立つ部分が強調・誇張される。

A さんは酒を飲むと暴力をふるう

↓

同化

伝達者の主観が介入し、再構成される。

A さんは酒乱！　酒が入ると大暴れして手がつけられなくなる

時間がたつと根拠のない話が真実に⁉

ところで、最初は「根拠のない話」と取り合わなかったうわさ話を、しばらくしたら「本当のことかも」と思うようになっていた、という経験はないでしょうか。これは**スリーパー効果**という現象です。

最初は「誰かのでっちあげ」と思っていても、時間とともにその部分が忘れ去られ、うわさ話の内容だけが印象に残ります。その結果、「本当にあった話」として認知され、定着してしまうというわけです。

【スリーパー効果】 信憑性が低いと判断された話でも、時間の経過とともに情報だけが記憶に残り、説得力が高まってしまう効果。

集団の心理学 3

みんな中流!? 没個性化時代

同レベルの人と比べるから誰もが中流

社会心理学者の**フェスティンガー**は「判断のための客観的基準がないとき、人は自分と類似している意見や能力の持ち主を比較対象として選び、自分の意見や能力を評価しようとする」と言っています。これをよく表しているのが、日本人の「**中流意識**」ではないでしょうか。

内閣府実施の『国民生活に関する世論調査』では、過半数の人が自分の家の生活水準を「中の中」と回答。「中の上」と「中の下」を合わせると9割にも達します。「生活水準」の客観的な基準がないため、多くの人は自分と同レベルの生活能力を持つ人を比較対象とします。そして「うちも同程度」と判断するため、ほとんどの人が中流意識を持つわけですね。

客観的に比べられないから、「中流」と答えてしまうんだよ

没個性化すると責任感が低下

人にはみな**個性**がありますが、総中流化状態で周囲と同じでいることを求めると、**没個性化**（▶P. 71）してしまいます。

この没個性化、じつはかなり怖いもの。匿名性が確保された没個性化の状態、つまり、自分であることを他人に認識されない状態だと、人は責任感が低下し、普段は考えられないような攻撃行動に出ることがあります。群集が暴徒と化して残虐な行為を働くときには、没個性化しているのです。

【個性】 他人と区別された、その人ならではの性格、能力、外見などの特徴。「個」は分割できない、ほかと置き換えられないという意味。

集団の中で働く心理

集団になると、人は周りに流されたり、「集団思考」に染まって自分の意見や個性を押し殺してしまったりすることがあります。

普遍感

多数派の価値観に従えば間違いないと思う心理。責任感が薄れ、罪悪感を感じずに悪事に加担してしまうことも。

みんなで渡れば怖くない！

不敗幻想

自分たちの集団には力があり、絶対に負けないといった幻想に支配され、集団の結束を乱すような反対意見は言えなくなる。

帝国軍は無敵だ！

同調行動

個人の意見よりも周りの雰囲気に合わせて、集団から逸脱しないようにする。流行の服を着ることも同調行動のひとつ。

二次会行くぞ～
はあ～い

集団極性化

集団で意思決定をする際は、極端な方向に偏りやすい。過激な方向に偏るリスキー・シフト、慎重になりすぎるコーシャス・シフトがある。

1000人リストラ！

【ユニークネス欲求】 アイデンティティが侵害されそうになったときに、他人とは異なる自分を強調したいと願う欲求のこと。

集団の心理学 4

「見て見ぬふり」他人まかせの人助け

助けを求める声を聞いたのに助けない

人は誰もが、困っている人を助けたいという心を持っています。そして、助けるために行動することを「**援助行動**《えんじょこうどう》」といいます。社会心理学で援助行動を研究するきっかけとなったのは、1964年にアメリカ・ニューヨークで実際に起こった事件でした。

深夜、帰宅途中の女性が暴漢に襲われ、殺されたのですが、事件現場は住宅街。女性は大声で助けを求め、近隣住人も声に気づいていたのに、誰も助けに出ることはありませんでした。当時の新聞は「目撃者が多かったにもかかわらず誰も助けなかったのは、都会人の冷たさの表れ」と報道しました。しかし、心理学者の**ダーリー**と**ラタネ**は、「目撃者が多かったからこそ助けなかったのだ」と主張したのです。

集団が大きくなるほど助けなくなる

援助行動は人の自然な行動なのですが、その場に自分以外の人がいると、行動にブレーキがかかってしまいます。「自分が助けなくても誰かが助けるだろう」と責任が分散してしまうわけです。そして結局、誰も助けないという結果に。これを「**傍観者効果**《ぼうかんしゃこうか》」といいます。

さらに、周囲の人の判断や行動も、援助行動に影響を与えます。「ほかの人が何もしないのに、自分だけ行動を起こすのは恥ずかしい」「誰

集団だと責任が分散し、誰も人助けをしなくなるんだよ

【共感利他的援助】 相手の窮状に共感し、その状況から抜け出せるように援助したいと考える心理。純粋に相手を助けたいと考える心理メカニズムです。

人はなぜ「見て見ぬふり」をしてしまうのか

集団になると、傍観者効果と相互抑制効果が働き、「見て見ぬふり」をしてしまいます。

傍観者効果
責任が分散し、行動しない。

誰かが助けるだろう…
自分だけあわてたら恥ずかしい
みんな動かないからほっとこう

相互抑制効果
気持ちが抑制され、行動しない。

も動かないということは、助けるほどの事態じゃないのかも」と、羞恥心や疑問を抱き、「助けなきゃ！」という気持ちが抑制されてしまうのです。これを「**相互抑制効果**《そうごよくせいこうか》」といいます。

傍観者効果も相互抑制効果も、その場にいる人数が増えるほど大きく働きます。つまり、集団が大きくなるほど、助ける人がいなくなるということです。万一、あなたが窮地に陥って周囲の人に助けを求めるときは「誰か助けて」ではなく、「あなたに助けてほしい」とターゲットを絞って訴えましょう。すると責任の分散が起こらず、助けてもらえますよ。

【不快感解消的援助と報酬獲得的援助】 援助行動の利己的な考え。前者は人の窮状を見るのが自分にとって不快だから助け、後者は見返りを求めて援助を行います。

集団の心理学 5

集団パニックが起こる原因

パニックの原因は不安と恐怖と情報不足

ビルが大火災を起こし、**パニック**状態で逃げ惑う人々……パニック映画などで見かけるシーンですね。パニックとは、強い不安や恐怖などを感じ、混乱した心理状態。とくに日常とは異なる状況で、正しい情報が伝えられないとパニックが拡大します。

パニックに結び付く3つの要素に、**デマ**、**流《りゅう》言《げん》**、**うわさ**があります。「デマ」は悪意の中傷など意図的につくられた情報、「流言」は必ずしも意図的ではないけれど、自然に広まったあてにならない情報。「うわさ」は比較的狭い範囲で流通する信憑性の低い情報。正しい情報がない中ではこの3つが広まりやすく、パニックをあおることに。さらに、事態を統率する人がいないと、状況はますます混乱し、人々が無秩序な行動をとるようになります。

パニック時は問題行動を起こしやすい

パニックが怖いのは、群集が**モッブ（暴衆《ぼうしゅう》）**と化す可能性が高くなること。人がモッブになるのは、①大勢の中にいると周囲の人と同じ行動をとりやすくなる、②興奮して合理的な判断ができなくなり、雰囲気に流される、③群集は匿名性が高く、問題行動を起こすことに遠慮がなくなる、といった理由からです。

モッブには、災害などから逃げ出そうとする

恐怖などから
逃れようとして、
混乱状態に
なるのが
パニック

【アジテーター（扇動者《せんどうしゃ》）】 同じ不安や不満を持つ人々を巻き込み、モッブに変えさせ、暴動を起こすきっかけをつくる人。もともと社会に不満を持つ人がなるとされます。

逃走的モッブ、バーゲンセールなどに殺到する**利得的《りとくてき》モッブ**、騒ぐこと自体を目的とする**表出《ひょうしゅつ》的《てき》モッブ**などがありますが、最も怖いのは暴動騒ぎなどを起こす**攻撃的モッブ**。集団リンチや強奪はパニックのときに起こりやすいのです。

テレビ、ラジオ、インターネットなど情報手段の多様化により、災害時も情報が遮断されることは少なく、現代はパニックが起こりにくくなっています。しかしその反面、マスコミが伝える災害情報がかえって人々の不安をあおり、パニックを起こすという可能性もあり、災害報道のあり方が問われています。

パニックはこうして起こる！

災害発生時など普段とは違う状態のとき、正しい情報が伝えられないとパニックが起こりやすくなります。

1. 地震が起きて不安な中、さらに大きな地震が来るかもしれないとの報道。

NEWS
震度7の可能性も！
大地震のおそれ

2. 情報が大げさに捻じ曲げられて広まり、パニックが起きる。

火山も噴火!?
ライフラインが全滅!?
食料確保を!

3. 扇動者《せんどうしゃ》が現れ、群衆がモッブに。暴動などが起きる。

食料よこせー

【災害心理学】 災害など非常時におけるパニックのあり方やデマの広がり方、二次災害予防のための法則などをテーマとする心理学の分野。

集団の心理学 6

人間にもなわばりがある？

間柄によって近寄っていい距離は違う

初対面の人に急接近されたら、嫌悪感を持ちますよね。これは**パーソナルスペース**（個人空間）を無視した行動に対する不快感です。

パーソナルスペースを専門的に調べたアメリカの文化人類学者**エドワード・ホール**は、人の空間行動に関する研究を**プロクセミックス**と呼びました。そして、パーソナルスペースを①**密接距離**、②**個人距離**、③**社会距離**、④**公衆距離**の4つに分け、さらにそれぞれ**近接相**と**遠方相**の2つに分類。①は家族、恋人、親友、②は友人、知人、③仕事相手、④見ず知らずの人に立ち入ることを許す距離。冒頭の例だと、本来は④の場所にいるべき人がいきなり①まで入り込んだので、**防衛本能**から拒絶したわけです。

相手を安心させる距離をとろう

パーソナルスペースに関するこんな実験もあります。図書館で女子大生の真横に座ったところ、多くの人が相手から視界を遮る姿勢をとったり、荷物を間に置いたりして境界線をつくろうとしました。そして、70%の人が30分以内にその席から立ち去ったのです。パーソナルスペースを侵害され、落ち着かなくなったのですね。

相手と自分の関係性を理解し、親密度合いに応じた距離感で接することが、スムーズな人間関係には欠かせないということです。

間柄を理解して近づかないと、きまずい思いをするよ
心

【職場でのパーソナルスペース】 デスク1台分が職場でのパーソナルスペースといわれています。デスクに私物をたくさん持ち込む人は、自分のなわばりを主張していると見ることができます。

親しさの度合いで心地よい距離感は違う

日常生活の中で使われる対人距離は、以下のように分けられます。

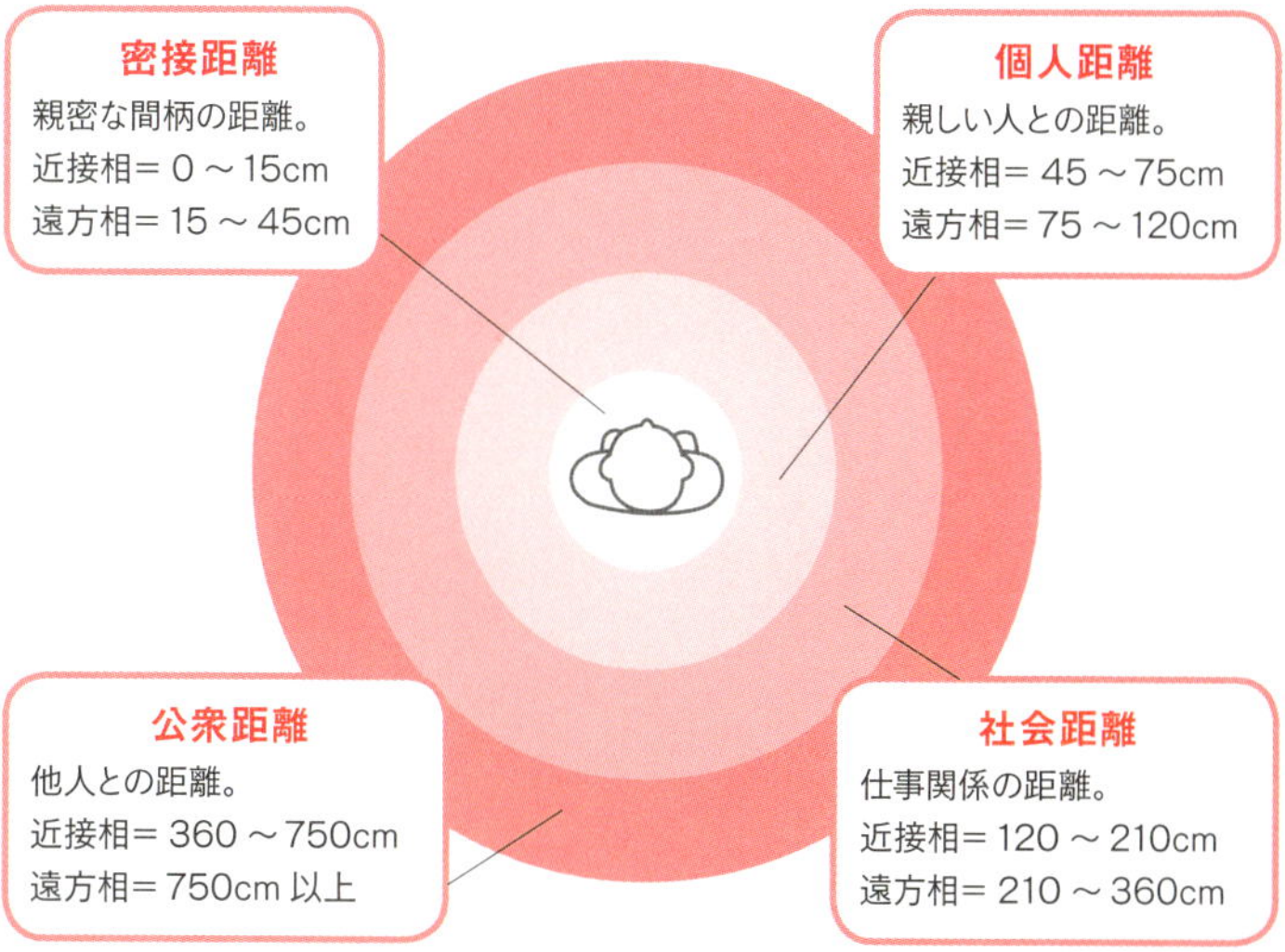
密接距離
親密な間柄の距離。
近接相＝0～15cm
遠方相＝15～45cm
個人距離
親しい人との距離。
近接相＝45～75cm
遠方相＝75～120cm
公衆距離
他人との距離。
近接相＝360～750cm
遠方相＝750cm 以上
社会距離
仕事関係の距離。
近接相＝120～210cm
遠方相＝210～360cm

性別で変わる距離感

狭い場所に複数でいる場合、男性は競争的で攻撃的になり、女性は協力的で友好的になることがわかっています。これもパーソナルスペースの影響です。

男性は女性より活動性が高く、快適に活動するには広い空間が必要。狭い空間では活動が制限されるため、イライラして怒りっぽくなるのです。反対に、女性は狭い場所で接近することを好む傾向にあるため、関係が前より親密になるのです。

ピリピリ イライラ

わきあいあい

【握手戦術】 握手によって肌が触れ合うことで、相手との距離感が縮まり、信頼感を持つようになること。選挙の立候補者が有権者と握手して支持を得るなど。

集団の心理学 7

多数派に勝つ方法

少数意見を
述べるときは、
声援や拍手で
盛り上げよう

少数意見はにぎやかにアピール

多くの人が賛同した意見に異を唱えたいとき、あるいは、少数派の意見に耳を傾けてほしいとき、あなたならどうアピールしますか？

どんなに熱弁をふるっても、その場がシーンと静まり返ってしらけた雰囲気だと、多くの人は耳を傾けてくれません。もしあなたのほかにひとりでも賛同者がいるなら、あなたが意見を述べている途中、頃合を見計らって「その通り！」など賛成の声を上げてもらったり、盛大に賛同の拍手をしてもらいましょう。その雰囲気につられて「なんだか、こっちのほうがいいことを言っている気がする」と、意見を翻す人が出てくる可能性が高まります。また、最終的に多数決で意見を決めるとなったら、「ハイッ！」と大きな声を上げて手をピンと伸ばし、自信たっぷりの態度で少数意見に一票を投じます。すると、つられて挙手する人が現れるものです。

このように、拍手や声援で発言を盛り上げ、周囲の同意を得ることを「**バンドワゴンアピール**」といいます。バンドワゴンとは、笛や太鼓を演奏する楽隊を乗せて練り歩く車のこと。楽隊のにぎやかな演奏を聴いていると気分が盛り上がるように、派手なアピールで人の心をつかむ効果を狙っています。

国会中継で、同じ政党の議員が意見を述べたあとに、大きな拍手や声援を送る姿が見られる

【信頼蓄積理論】 集団の規範に従い、業績を上げ、十分に信頼を蓄積した人は、集団内からリーダーとして期待され、変革や革新を起こしてほしいと望まれるようになるという説。

バンドワゴンアピールで賛同者を増やせ

拍手や掛け声など、派手なアピールで周囲の注目をひくテクニックで、自分の立場を有利にできます。

この案がいいと思います
盛り上がってるな…
その通り!
さすがAくん!
パチパ

ことがありますよね。あれはバンドワゴン効果でほかの人の同意を狙っているわけです。

少数意見が集団を動かす方法がある!

フランスの心理学者**セルジュ・モスコビッチ**は、少数派の意見が集団の意見を変える、**マイノリティ・インフルエンス(少数者の影響)**には、2つの方法があるとしています。

1つめは、過去に集団に対して大きな実績を残した人が、その信頼をもとに集団の理解と承認を得ていく方法。これを**ホランダーの方略**といいます。2つめは、実績のない者が何度却下されても自分の意見を繰り返し主張することで、集団の意見を覆させる方法。これを**モスコビッチの方略**といいます。

しかし、あまりにも現実とかけ離れた意見では、マイノリティ・インフルエンスは作用しません。少数意見を主張するときは、実現可能かどうか検討してからにしましょうね。

【集団同一視】 自分が属している集団に高い価値を見出し、その集団にいる自分にも誇りを感じている状態。ほかの集団を否定したり、差別視することもあります。

リーダーの心理学 1

よいリーダーになるには？

リーダーの条件を心理学から探る

産業心理学は、会社や学校など組織に所属する人の行動を研究し、組織に関するさまざまな問題を心理学的に解決することを目指した分野です。集団の性質は、その集団を統率するリーダーのタイプによって大きく左右されるため、**リーダーシップ**も大きなテーマとして扱われています。リーダーシップは、以下の3つのアプローチで研究されてきました。

①**特性論的アプローチ**：優れたリーダーに共通する特性を探り、法則を見出す。

②**行動論的アプローチ**：優れたリーダーに共通する行動パターンを探り、一般化する。

③**コンティンジェンシーアプローチ**：集団の立場や状況に適したリーダーシップの特性と行動パターンを探る。

さらに、世情の変化が著しい近年は、変化に柔軟に対応し、組織を変革に導く、革新的なリーダーシップの研究も行われています。

リーダーには4つのタイプがある

心理学者の**三隅《みすみ》二不二《じゅうじ》**は、行動論的アプローチから、リーダーの行動特性を考察しました。リーダーの行動には、目標達成のためメンバーへ働きかけたり、計画を練ったりする**P機能**（Performance function＝目標達成機能）と、メンバーが心地よく感じる雰囲気をつくり出し

リーダーシップは、集団の性質を左右する重要なものだよ

【リーダーシップ】 集団や組織のメンバーを自分が意図する方向に導くプロセスのこと。リーダーシップの質によって、メンバーが受けるメリット・デメリットが左右されます。

て集団行動をスムーズに進め、全体をまとめようとする**M機能**（Maintenance fundtion＝集団維持機能）の2つがあるとしました。これを「**PM理論**《ピーエムりろん》」と呼びます。

Ｐ機能はメンバーに的確な指示、命令を下す機能で、組織運営には欠かせないものですが、それだけでは不十分。現場の立場を理解し、トラブルの仲裁や、メンバーを公平に評価するＭ機能も併せ持たないと、組織は正常に機能しません。三隅は、この2つの機能の強弱によってリーダーシップを下図の4タイプに分類しました。その結果、メンバーの満足度が高く、さらに生産性も高いのは、ＰＭ型のリーダーがいる集団だということがわかりました。

現在、リーダーを務めている人は、ＰＭ型リーダーになれるよう頑張ってみましょう。また今は〝ヒラメンバー〟の人も、いつ、どこでリーダーになるかわかりませんから、覚えておいて損はありませんよ！

「PM理論」による4タイプのリーダー

PM理論では、P（目標達成）機能と、M（集団維持）機能の組み合わせで、リーダーのタイプを以下の4タイプに分類しています。

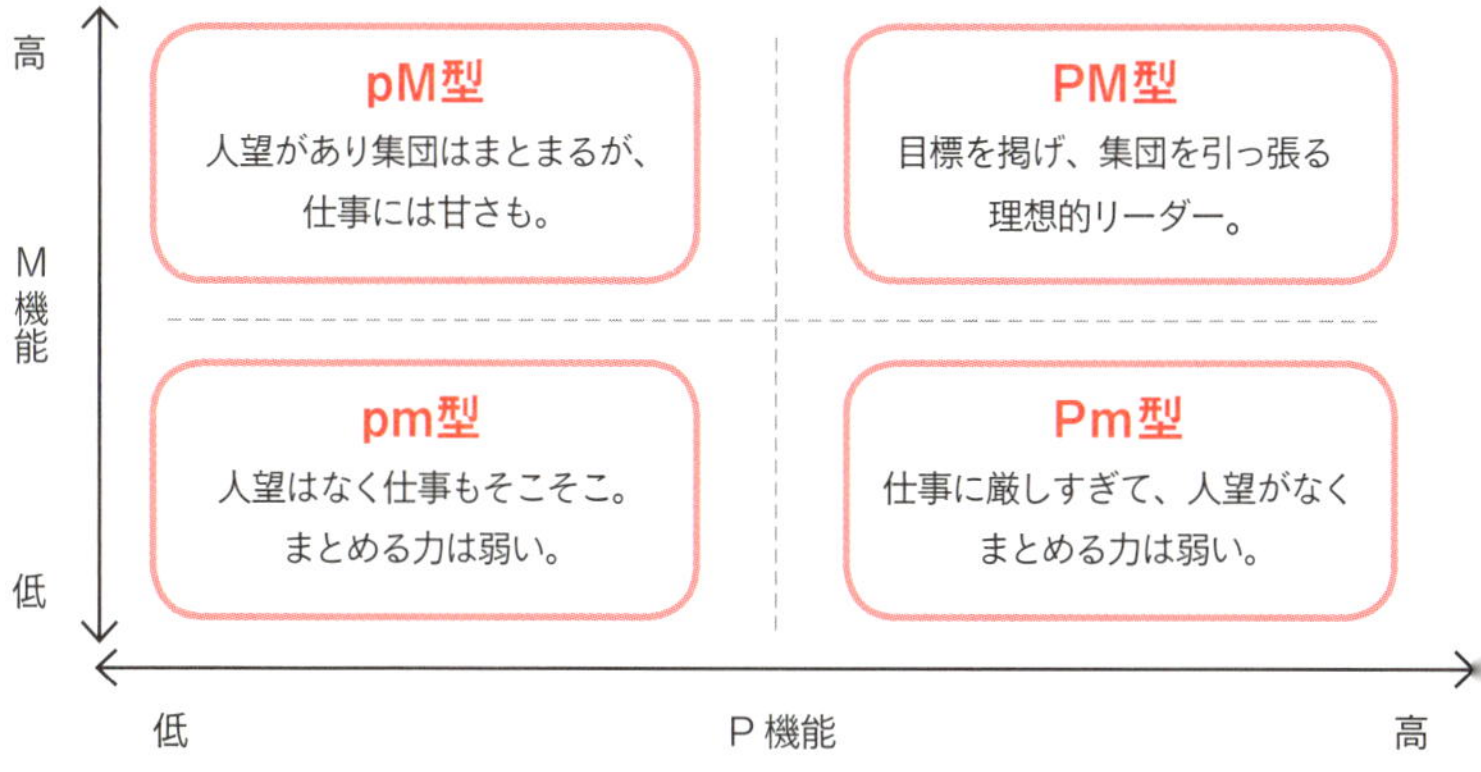
高
M機能
低
pM型
人望があり集団はまとまるが、仕事には甘さも。
PM型
目標を掲げ、集団を引っ張る理想的リーダー。
pm型
人望はなく仕事もそこそこ。まとめる力は弱い。
Pm型
仕事に厳しすぎて、人望がなくまとめる力は弱い。
低
P機能
高

【状況即応モデル】 リーダーシップが効果的に発揮されるには、リーダーの特性だけでなく、集団が活動する状況も考慮しなければならないという説。心理学者のフィードラーが提唱。

リーダーの心理学 2

モチベーションを上げる2つの要素

報酬だけでモチベーションは上がらない!?

「全員がモチベーションを上げてこのプロジェクトに取り組もう」など、上司が部下に発破をかけるときによく使う「**モチベーション**」とは、**動機づけ**のこと。動機は行動を起こすきっかけとなるもので、動機づけは行動を継続的に続けさせるもののことです。金銭や賞賛など外的報酬による「**外発的動機づけ**」と、見返りはないけれど自分の興味や満足感、達成感による「**内発的動機づけ**」があります。

外的報酬があればモチベーションは高くなりそうですが、必要以上に報酬の話をするのは逆効果。「報酬のために働かされている」と受け取ると、やりがいを感じていた仕事がつまらなく思え、内発的動機づけが失われるからです。

また、仕事の内容もモチベーションに大きく作用。人は仕事に対して「**達成動機欲求**《たっせいどうきよっきゅう》」と、「**失敗回避欲求**《しっぱいかいひよっきゅう》」の2つの欲求を持っています。達成動機欲求が高い人には「難しい仕事で失敗する可能性も高いけれど、やり遂げられるのは君しかいない」という言い方をすると、非常にモチベーションが上がり、能力以上の結果を出すことがあります。反対に、失敗回避欲求が強い人に難しい仕事を依頼すると「自分じゃなくても失敗する」とネガティブな安心感を持ち、やり遂げることができません。こういうタイプには、本人が安心して取り組めるやり慣れた仕

部下が意欲的に取り組める動機づけを用意することが大切

【コントラスト効果】 最初に心理的な負担の高い条件を示し、その後に軽い条件を出すと、後者を選択するようになる心理効果。やる気のない社員の指導に使われることがあります。

モチベーションを上げるには

モチベーションを高めるための動機づけには、以下の2種類があります。

外発的動機づけ

給料など外的報酬による動機づけ。

このプロジェクトを
成功させれば昇給できる

内発的動機づけ

やりがいなど内的報酬による動機づけ。

このプロジェクトで
新しい経験が積めそうだ

事を依頼すると、確実にこなしてくれます。

宣言することでやる気が高まる

集団や組織を活気づかせ、生産性を高めるために、メンバーのやる気を喚起するのもリーダーの重要な役割です。

部下一人ひとりに、「今月は10件契約を取ります」などと目標を設定させ、みんなの前で宣言させる上司がいますが、これはやる気を高めるいい方法。「**パブリック・コミットメント（誓約・公約を公表する）**」という心理的な働きで、大勢の前で目標を宣言すると、その目標に向かって努力する確率が高くなるのです。

ところで、任意で集まるサークルなども、メンバーのやる気がないと、集団としてうまく機能しないのは会社と同じ。「書記をやります」「会計をやります」など、やるべきことを全員に発表してもらうようにすると、責任のある仕事を避ける「幽霊会員」が出なくて済みますよ。

【ワーク・キャリア】 生涯を通じた職業経験の連鎖。個人の視線で見たものと、組織の視点から見たものがあり、それぞれとらえ方が異なります。

リーダーの心理学 3

ごほうびの与えすぎは逆効果？

謝礼があると作業への関心が下がる

P.294で「報酬のことばかり話すとモチベーションが下がる」という話をしましたね。アメリカの心理学者**エドワード・デシ**は、このことを実験で証明しています。

Aグループはパズルを解くごとに1ドル報酬を与え、Bグループはいくつ解いても報酬はなしという条件で、とてもおもしろいパズルをやらせました。すると、Aグループは休憩時間は各自違うことをして過ごしていましたが、Bグループは休憩時間も全員がパズルに熱中。純粋にパズルを楽しめていたのですね。

この実験から、報酬がなければ作業そのものにやりがいやおもしろさを見つけ、モチベーションが高まるのに、報酬という外発的動機づけが関与すると、作業への関心は薄れてしまうことがわかります。これを「**アンダーマイニング現象**」といいます。

謝礼がないほうが、興味と意欲が高まり、成果が上がることも

謝礼は多すぎないほうが不満が出ない!?

謝礼に関して、**フェスティンガー**と**カールスミス**が行った、こんな実験もあります。

とてもつまらない作業をさせた被験者に、次に作業を行う人に「とてもおもしろい作業」だと伝えるように依頼し、Aグループにはその謝礼として1ドルを、Bグループには20ドルを渡しました。A・Bともにきちんと「おもしろ

【退行】 ショックなどを受けた影響で、以前の発達段階に戻ること。仕事で過度のストレスを受けた男性が、恋人や妻に子どものように甘えるなどがこれにあたります。

かった」と伝えましたが、その後本当はどうだったのか尋ねたところ、Aグループは「おもしろかった」、Bグループは「つまらなかった」と答えたのです。

Aグループはたった1ドルでうそをついたことに不快感を持ち、それを解消するために、自分がした作業はじつはおもしろかったのだと思い込むことで、うそを**合理化**したわけです。

この心理をビジネスシーンに置き換えると、相手にとって不本意な仕事を依頼するときは、**謝礼は不必要に多くしないほうが、不平や不満は出にくくなる**ということです。

アンダーマイニングで不良を退治!?

アンダーマイニングについて、デシはこんな寓話を紹介しています。

1. 店の前で騒ぐ不良に10セント与える。

2. 翌日も騒ぐ不良に「今日は5セントしかない」と渡す。

3. 翌日は「1セントしかあげられない」と言うと、騒ぐ目的が報酬を受け取ることになっていた不良は、「こんなはした金で騒げない」と帰ってしまう。

【万能感】「自分は何でもできる」と錯覚し、高揚した気持ちになること。天狗になったり、調子にのったりする状態です。

リーダーの心理学 4

アメとムチの上手な使い方

アメとムチでやるべきことが明確に

人のやる気を引き出す方法として、「**アメとムチ**」はよく知られていますね。望むような成果を出したときは**アメ（報酬）**を与え、成果が現れないときは**ムチ（ペナルティ）**を与えるやり方です。アメとムチを使い分けることで、人の意欲を高めることを、行動心理学では「**条件づけ**」と呼んでいます。

「アメとムチ」の条件づけについて、ネズミで確かめた実験があります。「左方向だけに進みたがるネズミ」を育てるために、左図のような3つの装置をつくりました。Aは左に進むという望ましい行動をしたらアメ（えさ）を、右へ進むという望ましくない行動をしたらムチ（電気ショック）を与えるアメとムチ方式、Bはムチだけ、Cはアメだけと条件を変えたところ、望ましい行動だけに意欲を持つ効果が高かったのはAでした。アメだけでも、ムチだけでも意欲は育たないのです。

ムチが過ぎると無気力に

前述のように「アメとムチ」は効果があり、古くから教育の王道といわれてきました。しかし近年、ムチは逆効果になることも指摘されるように。先の実験でも、電気ショックが強いとネズミはおびえてしまい、その場から動かなくなってしまいました。そのうえ、解剖してみた

アメもムチも、タイミングと加減を間違えると逆効果に…

【随伴性《ずいはんせい》の認知】　いいことをしたらいいことが起きて、悪いことをしたら悪いことが起きると信じ込ませること。上記の実験で、ネズミは随伴性を学習したのです。

らストレス性胃潰瘍になっていたのです。ムチが怖すぎると、挑戦することも学習することも放棄してしまうのですね。

人間も同様で、叱られたりペナルティを科せられたりするくらいなら、何もしないほうがましと考え、やる気はまったく育たなくなります。

やる気は**自尊感情**の先にあるものなので、やる気を育てるには、自尊感情を刺激することが重要。ムチはほどほどにし、成果を適正に評価しましょう。とはいえ、アメばかりだと慢心してこれも意欲低下のもと。微妙なさじ加減でやる気を引き出すのが、デキるリーダーです。

意欲を引き出す「アメとムチ」の効果

行動心理学の実験で、「アメとムチ」の効果が証明されています。

1. T字路を左に進むよう、ネズミに学習させるため、以下の3タイプの装置を用いて実験を行った。
   A：左に進むとえさ、右に進むと電気ショックがある
   B：右に進むと電気ショックがある
   C：左に進むとえさがある

2. 一番学習効果が高かったのは、Aタイプだった。

3. ただし、電気ショックを強くしすぎると、まったく動かなくなってしまった。

【即時フィードバックの原則】 外発的動機づけで行動を起こして結果が出たときは、いいことも悪いこともその場で反応（ほめる、注意するなど）しないと効果がないということ。

リーダーの心理学 5

よいリーダー＝よいコーチ？

コーチングはスポーツから生まれた指導法

最近、「**コーチング**」に注目が集まっているのをご存知ですか？　コーチングとは、その名の通り人をコーチすることで、スポーツの指導者が選手などに教えることを指していました。その後、**教育学者**や**心理学者**も研究対象として取り上げるようになったのです。

さらに、子どものモチベーションを引き出すためのコーチングなど、一般向けのコーチングが紹介されるように。ビジネスシーンでは、部下の指導に役立つコーチングがあり、上司が身につけておくことが望まれる基本スキルとして、定着しつつあります。

共感したあと具体的なゴールを示す

コーチングは、共感したうえで成功例を示すのが基本。まず部下の話をじっくり聞き、共感しましょう。適切な質問を挟み、より具体的な意見を引き出すことも忘れずに。そのうえで現実的なゴールを、具体的な例を出して提案します。「私はこうやってクリアした」という体験談でもいいですし、「○○さんも同じことで悩んだことがあったけれど、こうして乗り越えた」とほかの人の話を例に出してもＯＫです。

部下が思ったように成果を上げられないときは、コーチングの本などを読んで、指導法を確かめてみるといいですよ。

成功への道を
指し示す
コーチングは、
知っておきたい
指導法だよ

【ゴマすり】　相手に取り入ること。心理学的には迎合行動（特定の相手の好意を得るための言動）のひとつとして考えられています。適度なゴマすりは人間関係の潤滑油として効果的。

コーチングで部下の悩みを解決しよう

一方的に部下を指導するのではなく、話に共感し、意見を引き出しながら具体的に悩みを解決に導くのがコーチングです。

部下の話をじっくり聞き、共感する	適切な質問を挟み、意見を引き出す	具体例を出して現実的なゴールを示す

わかるよ。大変だな
こういう場合はどうなの？
こうすれば○日までにできそうかな

がんばります

→ **悩みを解決し、前向きに取り組めるようになる**

言い訳もきちんと聞くのがよいリーダー

ミスをした部下が言い訳をしようとすると、頭ごなしにしかりつける上司がいますが、これはよくありません。失敗した事情も聞かずに否定したのでは、部下から不信感を持たれるし、十分にコミュニケーションが取れず、ミスを報告しづらくなるからです。まずは話を聞く姿勢を見せ、部下が報告をしやすい雰囲気をつくることで、ミスも減っていくでしょう。

言い訳はするな！
とりあえず聞こうか
ホッ

【言い訳】 自分のミスの原因が、自分の責任ではないことを主張する言葉。言い訳は高度な知的産物で、うそとは違うもの。精神的に成熟していないと言い訳はできません。

社会と心理学 1

「風紀の乱れは心の乱れ」実は心理学的裏付けアリ

小さな非道徳的行為でも放置されると、犯罪を誘発するよ

落書きや割れた窓が犯罪を呼ぶ!?

壁の落書きがいつまでも消されない街や、窓が割れた車が放置してある街は、風紀が乱れて犯罪が起きやすいといわれます。

実際、郵便受けの近くの壁に落書きがあったり、ゴミが捨てられていたりしていると、その郵便受けから郵便物が盗まれる割合が25%にも上るという調査結果があります。また、オランダの社会心理学者**キース・カイザー**はフィールド調査を繰り返し、落書きがあるだけでゴミの投げ捨てや窃盗などの件数が2倍以上になると報告していますよ。

こうした悪の連鎖現象を、アメリカの犯罪学者**ジョージ・ケリング**は「**割《わ》れ窓《まど》現象《げんしょう》**」と呼びました。

不安や心のもろさが犯罪を連鎖

小さな落書きや、1枚の割れた窓ガラスが、犯罪を呼び込んでしまうのはどうしてなのでしょうか? 重要なポイントは、落書きや割れた窓ガラスが放置してあることです。

小さな風紀の乱れがいつまでも更生されないと、「この周辺では何かあっても見て見ぬふりをされる」という不安が広がり、それが高じると暴力的になることが考えられます。この場合は過剰な**自己防衛本能**が要因になっています。

また、人は長期間続くストレスにはとても過

【反社会性人格障害】 気に入らないことがあると暴力をふるったり、人を傷つけることに良心の呵責（かしゃく）を感じないなど、神経症よりもさらに悪化した人格障害。

敏。落書きや割れた窓ガラスという非道徳的なものが放置されているのを見続けることで苛立ちがピークに達し、犯罪に手を染めることも考えられます。これは人の心のもろさが原因です。

さらに、人には他人の行動をまねる**モデリング**心理があるので、モラルが低下した状態にいると、それにならって自分も犯罪を起こしてもいいと思うようになるのです。この場合は人の特性が原因になっています。

汚れたものはすぐきれいにする、壊れたものは撤去する。すごく単純なことですが、犯罪の抑止には不可欠で、高い効果を発揮します。

割れた窓ガラスが犯罪を誘発する！？

割れた窓ガラスなど小さな風紀の乱れから悪の連鎖が起きることを、「割れ窓現象」といいます。

1. 窓ガラスが割られたり、壁に落書きがされたりした状態が放置されている。

2. 放置期間が長くなると、人々の間に、不安や苛立ちがつのってくる。

3. 「自分もやってやろう」という人も出てきて、犯罪が増加する。

【攻撃行動】 危険から逃れるために、他人に意図的に危害や損害を加えること。攻撃本能は一部の人が持つ異常なものではなく、誰もが持っている本能というのが定説になっています。

社会と心理学 2

いじめはどうしてなくならない？

いじめに走る原因は過剰な攻撃性

いじめによる被害はあとを絶たず、自殺者も出るなど、深刻な社会問題となっています。いじめは子どもの間だけで起こるものではなく、職場やさまざまなグループの中でも起こっています。

いじめは攻撃性の表れであり、攻撃性は①本能的なもの、②フラストレーションの結果生じるもの、③攻撃的なモデルを観察することで学習するもの、の3つがあると考えられます。また、アメリカの人類学者**ヘンリー**は、「集団の平和はひとりの犠牲者がいることによって成り立つ」という「**スケープゴート理論**」を主張。

つまり、加害者が自分の高まった攻撃性のはけ口として、自分より弱い者を**スケープゴート**に選び、攻撃を加えるのがいじめなのです。いじめる側が「いじめている」と意識して故意に行っているケース以外に、本人はいじめているつもりはなく、悪意のないケースもあります。

ところで、いじめる心理と行動は、集団になることで強化されるのが特徴。**群集心理**によって、ひとりではできないような凶暴な行為へとエスカレートしていくのです。さらに、いじめる側にも「いつ自分がいじめられる側に回るかわからない」という不安がつきまとっており、その不安を打ち消すために行為がエスカレートするという面もあるようです。

高まった攻撃性を弱者にぶつけ、発散するのがいじめだよ

【スケープゴート】 古代ユダヤ教で贖罪（しょくざい）のために生贄にされたヤギのこと。転じて、犠牲者として選ばれた人のことを意味するようになりました。

いじめが起こる構造

いじめはさまざまな要因で攻撃性が高まった集団が、スケープゴートを攻撃することで起こる。

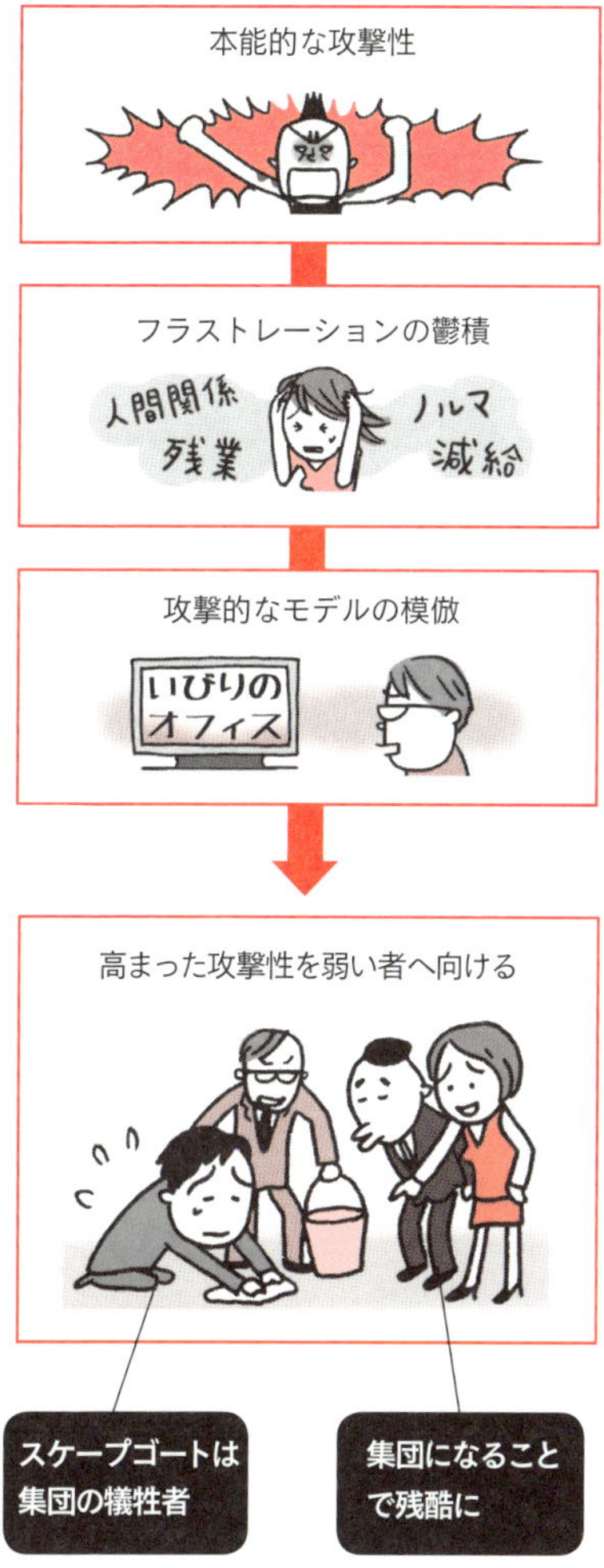
本能的な攻撃性
フラストレーションの鬱積
人間関係
残業
ノルマ
減給
攻撃的なモデルの模倣
いびりのオフィス
高まった攻撃性を弱い者へ向ける
スケープゴートは集団の犠牲者
集団になることで残酷に

被害者を孤立させない対応が必須

　いじめ問題を論じると、「いじめられる側にも問題があるのでは」という意見が出てきます。たしかに、からかわれやすい人には**ヴァルネラビリティ（被《ひ》虐《ぎゃく》性《せい》）**が高いという特徴がありますが、そう考えることでいじめから目をそらすのは大きな問題です。

　いじめに気づいたら、まず被害者を孤立させないように対応することが重要。そのうえで、**スクールカウンセラー**など心の専門家も交え、解決策を探っていきます。

【ネットいじめ】 パソコンやスマートホンなどを使ったネット上のいじめ。最近急増していますが、学校や保護者が把握しにくいため、通常のいじめより対応が遅くなりがちです。

休み時間

公衆トイレの落ち着く場所は男女で違う

駅やデパートなど、たくさんの人が利用するトイレに入りました。
幸い空いていて、どこの場所も選ぶことができます。
あなたは、どの場所が一番落ち着いて用を足すことができますか？

実際にトイレで観察したところ、男性は入り口から最も遠い奥の場所が一番利用され、続いて、洗面台からひとつ離れた場所がよく利用されていました。また、2人同時に利用するときは、お互いになるべく離れた場所を選ぶこともわかりました。これはパーソナルスペース（▶P.288）に関連した心理。

隣り合う場所を利用すると、お互いのパーソナルスペースが重なってしまい、落ち着かないから、なるべく離れたいと思うわけです。

では、両端の便器を使用不可にし、隣り合わせにならないと利用できない状況をつくると、どうなるかというと……端の場所を利用するときより、トイレの滞在時間が短くなったのです。パーソナルスペースに他人が侵入する時間を、少しでも短くしたいという心理の表れですね。

一方、女性は男性と正反対で、両側を挟まれた中ほどの場所に好んで入る傾向にありました。孤立感のある端の個室だと不安を感じてむしろ落ち着かず、中ほどの場所のほうが安心できるようです。

女性は心理的に、狭い場所にまとまっているほうが安心できるので、それがトイレの場所選びにも反映されているのです。

用語・人名・
お悩みさくいん

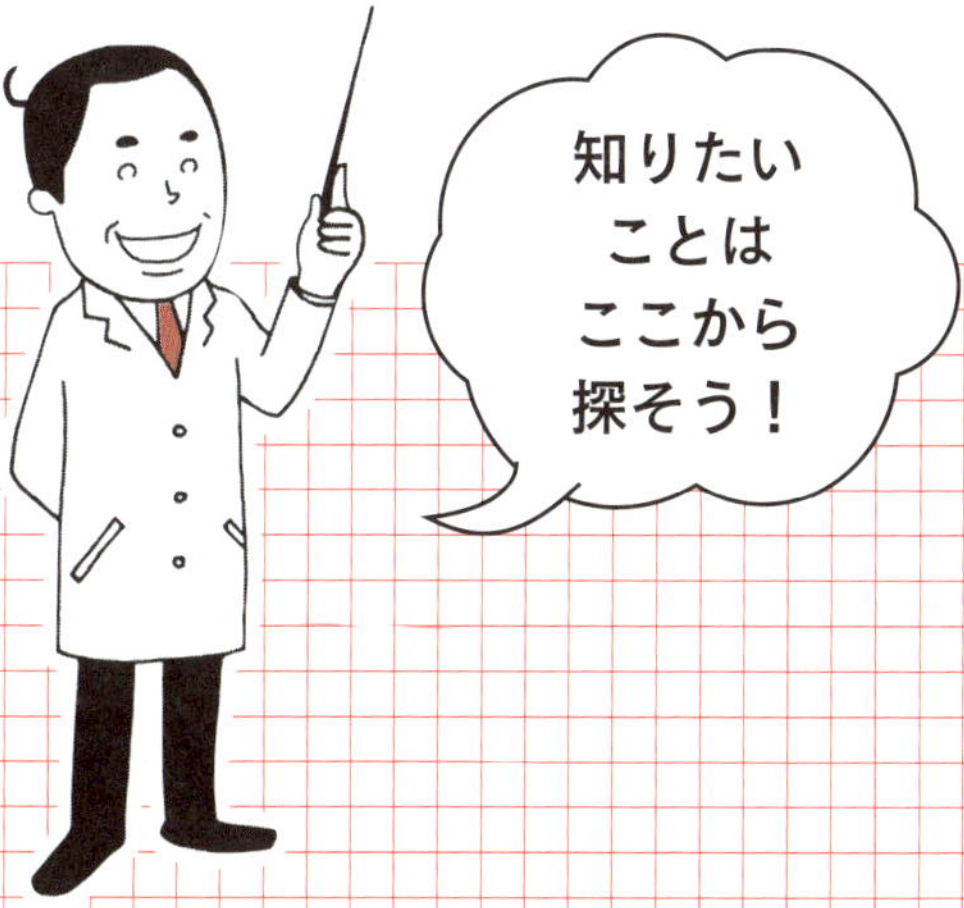
知りたい
ことは
ここから
探そう！

対人関係

健康・生命

好意・恋愛

仕事・勉強

ジンバルドー (Zimbardo,P.G.)………………70
スーパー (Super,D.E.)………………………243
スキナー (Skinner,B.F.)………………………39
ストルツ (Stoltz,P.G.)…………………25、108
セリエ (Selye,H.)……………………178、180

● た行

ダーリー (Darley,J.M.)………………………284
ダットン (Dutton,D.G.)………………………58
ダンケル (Dunkell,S.)…………………………42
デカルト (Descartes,R.)………………39、204
デシ (Deci,E.L.)………………………………296
テモショック (Temoshok, L.R.)……………179

● な行

ナッシュ (Nash,J.F.)…………………………172

● は行

ハーロー (Harlow,H.F.)………………………230
バーン (Berne,E)………………………………92
バーン (Byne,D)………………………………134
ハヴィガースト (Havighurst,R.J.)…………242
パブロフ (Pavlov,I.P.)…………………………40
バンデューラ (Bandura,A.)…………………106
ピアジェ (Piaget,J.)………39、41、158、232
フェスティンガー (Festinger,L.)…………142、282、296
フリードマン (Freedman,J.L.)………………62
フリードマン (Friedman,M.)………………179
ブリッジス (Bridges,K.M.B.)………………228
フロイト (Freud,S.)……39、40、101、118、124、125、126、127、128、136、144、223
ベック (Beck,A.T.)……………………………244
ボウルビィ (Bowlby,J.)…………230、234、235
ホール (Hall,E.T.)……………………260、288
ホール (Hall,G.S.)……………………………158

● あ行

アッシュ (Asch,S.E.)…………46、161、256
アトキンソン (Atkinson,J.W.)………………169
アドラー (Adler,A.)…………………39、100
アロン (Aron,A.P.)……………………………58
アロンソン (Aronson,E.)……………………60
ウィトマー (Witmer,L.)……………………164
ヴェルトハイマー (Wertheimer,M.)…39、213
ウォーカー (Walker,L.E.)…………………191
ウォルピ (Wolpe,J.)…………………………198
ヴント (Wundt,W.)……………38、39、40
エインスワース (Ainsworth,M.D.S.)……231
エビングハウス (Ebbinghaus,H.)……24、214
エリクソン (Erikson, E. H.)…………39、41、158、240
エリス (Ellis,A.)………………………………196
オオウチ (Ouchi,W.G.)……………………166
小此木啓吾…………………………240、241

● か行

カールスミス (Carlsmith,J.M.)……………296
河合隼雄……………………………141、197
クレッチマー (Kretschmer,E.)………84、85
ケーラー (Kohler,W.)………………39、114
コッホ (Koch,K.)………………………………91

● さ行

ザイアンス (Zajonc,R.B.)……………………56
ジェームズ (James,W.)……………………102
シェルドン (Sheldon,W.H.)…………………85
ジェンセン (Jensen, A.R.)……………………81
シャイン (Schein, E.H.)……………………140
シャクター (Schachter,S)……………………52
ジャニス (Janis, I.L.)…………………………68
ジョンソン (Johnson,D.L.)…………………82

用語さくいん

● か行

● さ行

● た行

内発的動機づけ……151、294
ナッシュ均衡……172
喃語……232、233
ニート……243
人間関係嗜癖……188、190
人間性心理学……41
認知行動療法……192、193、194、196
認知心理学……18、39、113、157、170、220
認知的不協和……53、142
認知のゆがみ……198
NEO 性格調査表……89
脳科学……170
脳幹……204、210
脳機能イメージング……156

●は行

パーソナリティ……80、88、247
パーソナリティ障害……194
パーソナルスペース(個人空間)……260、288、306
バーナム効果……90
バウム・テスト……91
破壊的カルト……140
破壊的行動障害マーチ……195
暴露療法……187
箱庭療法……197
パターン認知……170
発生的類型論……85
発達心理学……18、39、41、157、158、159
パニック障害……178、186、187
場の理論……142
母親元型(グレートマザー)……126
パブリック・コミットメント(誓約・公約を公表する)……295
パブロフの犬……40
ハロー効果……254
パワーブレックファスト……68
パワーボキャブラリー……252
般化……73
犯罪心理学……19、39、157、162
短期記憶……218
男根期……124
男性性……97
単なる接触の効果(単純接触の原則)……56
知覚心理学……39、157
父親元型(オールドワイズマン)……126
中期記憶……218
中年期クライシス……245
中胚葉型(筋肉質型)……85
長期記憶……218
超自我……124
調和関係……95
直接指示……145
ツェルナーの錯視……214
DV(ドメスティックバイオレンス)……27、37、190、254
適応障害……182
デコーディング(符号解読)……273
デジャ・ヴュ……223
デマ……286、287
転移学習……112
ドア・イン・ザ・フェイス・テクニック……63
同一化……241
投影法……90
動機づけ……150、179、265、294
洞察……114
同調……46、66、197
同調行動……47、280、283
頭頂葉……204
動物磁気説……144
特性論……84、88
特性論的アプローチ……292
トラウマ(心的外傷)……184、186
トリックスター……126

●な行

内観療法……198
内向……82、86、199
内的……110、295
内胚葉型(肥満型)……85

●ま行

● わ行

● や行

● ら行

参考文献（50音順）

『イラストレート　心理学入門』齋藤勇（誠信書房）

『面白いほどよくわかる！心理学』渋谷昌三（西東社）

『面白いほどよくわかる心理学』保坂隆監修（日本文芸社）

『おもしろくてためになる　心理学雑学事典』渋谷昌三（日本実業出版社）

『かくれた自分がわかる　心理テスト』渋谷昌三（PHP 研究所）

『ココロの不思議を解く心理実験室』渋谷昌三（河出書房新社）

『しぐさを見れば心の９割がわかる！』渋谷昌三（三笠書房）

『史上最強図解　よくわかる心理学』渋谷昌三監修（ナツメ社）

『心理学』鹿取廣人／杉本敏夫／鳥居修晃（東京大学出版会）

『心理学』大村政男（ナツメ社）

『心理学がイッキにわかる本』渋谷昌三監修（西東社）

『心理学を変えた 40 の研究』ロジャー・R・ホック編、梶川達也監訳・翻訳、花村珠美翻訳

（ピアソン・エデュケーション）

『図説　現代心理学入門』金城辰夫監修（培風館）

『他人の心理学』渋谷昌三（西東社）

『手にとるように心理学がわかる本』渋谷昌三、小野寺敦子（かんき出版）

『電車で楽しむ心理学の本』渋谷昌三（三笠書房）

『プロが教える心理学のすべてがわかる本』大井晴策監修（ナツメ社）

『本当にわかる心理学』植木理恵（日本実業出版社）

● 著者

渋谷昌三（しぶや・しょうぞう）

1946年、神奈川県生まれ。目白大学教授。社会心理学専門。東京都立大学大学院博士課程修了、文学博士。非言語コミュニケーションの観点から、さまざまな人間関係の疑問や不思議を分析・研究している。『癖の心理学』（東京堂出版）、『「気おくれ」しない7つの習慣』（河出書房新社）、『「性格がいいね」といわれる人の共通点』（新講社）など著書多数。

● スタッフ

編集協力／株式会社スリーシーズン（齊藤万里子、伊藤佐知子、松本ひな子、佐藤綾香）
デザイン・DTP/Zapp！（倉又美樹、東條真理絵、瀧下裕香）
漫画・イラスト／上田惣子
執筆協力／東裕美
校正／株式会社鴎来堂
編集担当／ナツメ出版企画株式会社（梅津愛美）

渋谷《しぶや》先生《せんせい》の一度《いちど》は受《う》けたい授業《じゅぎょう》 今日《きょう》から使《つか》える心理学《しんりがく》

2013年11月26日　初版発行
2017年 3月10日　第8刷発行

著　者　渋谷《しぶや》 昌三《しょうぞう》
発行者　田村正隆

発行所　株式会社ナツメ社
東京都千代田区神田神保町1-52 ナツメ社ビル1F（〒101-0051）
電話　03（3291）1257（代表）　FAX　03（3291）5761
振替　00130-1-58661
制　作　ナツメ出版企画株式会社
東京都千代田区神田神保町1-52 ナツメ社ビル3F（〒101-0051）
電話　03（3295）3921（代表）
印刷所　ラン印刷社

ISBN978-4-8163-5513-4
Printed in Japan
〈定価はカバーに表示してあります〉
〈落丁・乱丁本はお取り替えします〉